Engel
Alzheimer und andere
Demenzen

W0265629

Prof. Dr. Sabine Engel ist freie Mitarbeiterin in einer Gedächtnisambulanz in Erlangen und Vorstand des Vereins Dreycedern, der eine Beratungsstelle für Angehörige und Menschen mit Demenz führt. In ihrer klinischen Arbeit berät sie Menschen mit Demenz und ihre Angehörigen in allen anstehenden Fragen. Ihr Schulungsprogramm »EduKation demenz« für Angehörige von Menschen mit Demenz ist bislang einzigartig in Deutschland. In ihrer langjährigen Arbeit hat Sabine Engel immer wieder die Erfahrung gemacht, wie schwierig die Situation für die Angehörigen ist, die ihr Bestes bei der Betreuung und Versorgung der erkrankten Person geben. Oft sind Probleme in der Kommunikation mit dem Kranken die Ursache dieser Belastungen. Sabine Engel ist darüber hinaus Professorin für Gerontologie und Entwicklungspsychologie an der Katholischen Hochschule NRW, Mitglied der Friedrich-Alexander-Universität Erlangen-Nürnberg und Geschäftsführerin des Privaten Instituts für gerontologische Intervention und Edukation bei Demenz GmbH. Sie hat bereits mehrere Artikel und Bücher zum Thema Demenz veröffentlicht.

Prof. Dr. Sabine Engel

Alzheimer und andere Demenzen

Die Methode der einfühlsamen Kommunikation

TRIAS

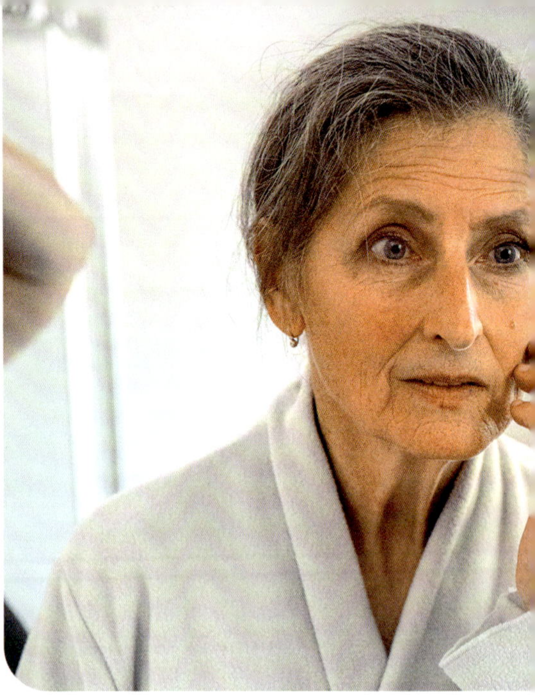

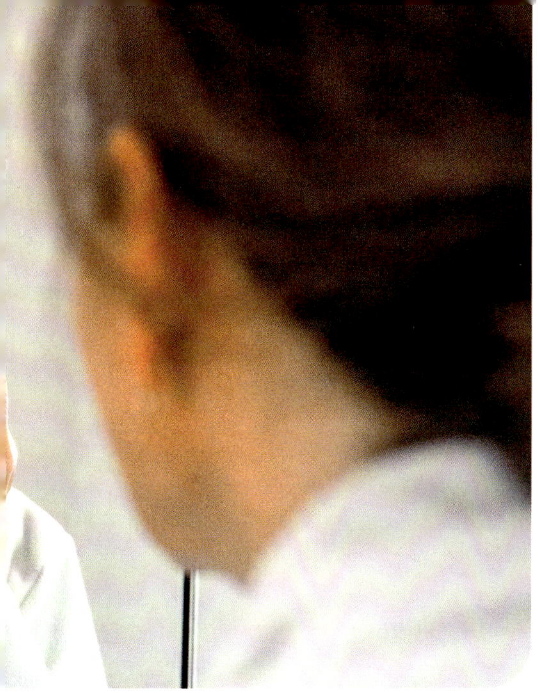

Hintergrundwissen

Liebe Leserin, lieber Leser,

im Laufe meiner fast 20-jährigen Beratungstätigkeit habe ich diese Erfahrung gemacht: Angehörige, die einen Menschen mit Demenz betreuen, sind oft verunsichert und ratlos, weil sich der erkrankte Mensch zunehmend verändert. Angehörige geraten darüber manchmal bis an den Rand ihrer Nervenkraft. Und das ist sehr verständlich, denn der erkrankte Mensch wird nicht nur vergesslicher, sondern verliert seine Fähigkeit, selbstständig Tätigkeiten auszuüben, für sich zu sorgen und Beziehungen zu pflegen. Er wird immer hilfloser, was nicht nur für ihn selbst eine kritische Lebenserfahrung darstellt, sondern auch für die Angehörigen.

Angehörige brauchen bei der Bewältigung dieser oft sehr belastenden Aufgabe Unterstützung. Eine zentrale Rolle spielen hierbei verlässliche und verständliche Informationen: über »Demenz«, Untersuchungsmethoden und Behandlungsmöglichkeiten, über das subjektive Erleben der erkrankten Menschen und über Entlastungs- und Unterstützungsmöglichkeiten. Daneben benötigen sie aber auch ganz konkrete Hilfestellungen, wie sie lernen können, einfühlsam mit dem erkrankten Menschen zu kommunizieren, ihn in seinem Selbsterleben zu stärken, dafür zu sorgen, dass er so selbstbestimmt wie möglich am gemeinsamen Leben teilhaben kann, Konfliktsituationen mit ihm zu entschärfen und sich auf Krisensituationen vorzubereiten. Und schließlich erleben sie psychische Stabilisierung und Stärkung, wenn sie sich daran erinnern, wie sie ihr eigenes Wohlbefinden verbessern können.

Alle diese Inhalte werden im vorliegenden Buch, das zugleich Begleitmaterial des von mir entwickelten Angehörigenkurses »EduKation demenz« darstellt, verständlich und aus Sicht der Angehörigen behandelt.

Immer wieder bin ich bin dankbar für den Austausch mit all den Angehörigen, den Menschen mit Demenz und den engagierten Fachkräften, denen ich im Rahmen meiner Beratungsarbeit, in Train-The-Trainer-Seminaren und Fortbildungen begegne. Ihnen allen wünsche ich alles Gute!

Buckenhof, im November 2020
Sabine Engel

Demenz und Menschen mit Demenz verstehen

Welche Formen der Demenz gibt es? Welche Ursachen sind bekannt? Wie wird die Diagnose gestellt? Welche Behandlung ist möglich?

Was ist Demenz und wie entsteht sie?

Demenz ist nicht gleich Demenz. Es gibt mehr als 70 unterschiedliche Demenzformen. Die meisten entstehen durch Erkrankungen des Gehirns.

Der Begriff »Demenz« setzt sich aus den beiden lateinischen Wörtern »de« (weg) und »mens« (Geist) zusammen. Ein Mensch mit einer Demenz leidet also unter einer Gehirnerkrankung, in deren Verlauf seine geistigen Fähigkeiten allmählich verschwinden. Doch eine Demenz beeinträchtigt nicht nur den Bereich der geistigen Leistungsfähigkeit, sondern alle Bereiche, die das Menschsein ausmachen.

Definition. In ihrer »Klassifikationen der Erkrankungen« (ICD) definiert die Weltgesundheitsorganisation (WHO) »Demenz« so: Eine Person leidet an einer Demenz, wenn es bei ihr aufgrund anhaltender oder sogar zunehmender Störungen ihrer Hirnfunktionen zu stärker werdenden Beeinträchtigungen vieler ihrer geistigen Fähigkeiten kommt, insbesondere zu:

- Gedächtnisstörungen, d. h., es zeigen sich einerseits Beeinträchtigungen ihrer Fähigkeit, sich Neues zu merken, und andererseits vergisst sie Dinge, die sie schon wusste.
- Einbußen können sich auch im Bereich ihrer Sprachfähigkeit bemerkbar machen, d. h., sie kann Schwierigkeiten haben, Objekte und Dinge zu benennen, und Probleme beim Verstehen von gesprochener oder geschriebener Sprache haben.
- Auch beim Ausführen von Handlungen (z. B. beim Zähneputzen oder beim Anziehen) können sich Beeinträchtigungen zeigen.
- Probleme können sich auch beim Erkennen von Objekten zeigen, d. h., sie kann ihr eigentlich bekannte Gegenstände nicht erkennen (z. B. das Essbesteck, das vor ihr auf dem Tisch liegt).
- Sie hat möglicherweise Orientierungsprobleme (sie findet vielleicht den Weg nach Hause nicht mehr) und ihre Urteilsfähigkeit und das logische Denken sind beeinträchtigt. Auch hinsichtlich ihres Verhaltens in Kontakt mit anderen Menschen können sich Veränderungen zeigen.
- Alle auftretenden Störungen verschlechtern sich schon seit einem Zeitraum von mindestens 6 Monaten und sind bereits

so stark, dass sie die Alltagsaktivitäten des Betroffenen beeinträchtigen.

Während Sprachstörungen, Probleme beim Ausführen von Handlungen und Beeinträchtigungen des Objekterkennens meist erst im späteren Krankheitsverlauf auftreten, machen sich bei den meisten Menschen mit Demenz Gedächtnisstörungen schon in sehr frühen Krankheitsphasen deutlich bemerkbar: Sie können sich z. B. nicht mehr an kürzlich geführte Gespräche erinnern, vergessen Verabredungen, wissen bald nicht mehr, wo sie im Urlaub waren, und verlegen häufig Dinge.

Primäre und sekundäre Demenz-Formen

Grundsätzlich unterscheidet man zwischen primären und sekundären Formen der Demenz. Der Begriff »sekundär« meint, dass das Gehirn selbst ursprünglich gar nicht erkrankt ist. Es ist nur als Folge einer anderen Erkrankung oder der Beeinträchtigung einer anderen Körperfunktion nicht mehr voll funktionstüchtig. Das Gehirn reagiert somit »nur« auf ein anderes körperliches Problem. Eine sekundäre Demenz kann etwa durch chronische Vergiftungszustände (z. B. durch Medikamente), Stoffwechselstörungen (z. B. Schilddrüsenunterfunktion), Organversagen (z. B. Niereninsuffizienz) oder Mangelzustände (z. B. Austrocknung des Körpers) verursacht werden.

Häufig ist die der sekundären Demenz zugrundeliegende Erkrankung behandelbar – in diesen Fällen können auch die demenziellen Auswirkungen oft verbessert, manchmal sogar geheilt, zumindest aber stabilisiert werden. Man spricht daher davon, dass sich sekundäre Demenzen zumindest potenziell, d. h. im günstigsten Fall, wieder weitgehend zurückbilden.

Bei primären Demenzformen ist das Gehirn primär, also »direkt« erkrankt, und diese hirnorganischen Erkrankungen sind nicht heilbar. Man bezeichnet die primären Demenzformen daher auch als progredient, was so viel heißt wie fortschreitend. Diese primären Demenzformen untergliedern sich in zwei große Hauptgruppen:

- neurodegenerative Demenzerkrankungen
- vaskuläre Demenzerkrankungen

Diese sollen im Folgenden näher beschrieben werden.

Was bedeutet neurodegenerative Demenz?

Der Begriff »neurodegenerativ« setzt sich aus dem Begriff »Neuron« (Nervenzelle) und dem Begriff »Degeneration« (Rückbildung) zusammen. Das menschliche Gehirn besteht aus etwa 86 Milliarden Nervenzellen. Bei dieser Form der Demenz beginnen im mittleren bis späteren Lebensalter Nervenzellen im Gehirn abzusterben.

Die Ursache des Zellsterbens liegt dabei in der Bildung schwer löslicher Eiweißablagerungen zwischen den Nervenzellen des Gehirns und unterschiedlich zusammengesetzter Einschlüsse innerhalb dieser Zellen. Diese Ablagerungen und Einschlüsse führen dazu, dass die Kontaktstellen zwischen den Gehirnzellen, die sogenannten Synapsen, funktionsuntauglich und schließlich zerstört werden. In Folge sterben schließlich die Gehirnzellen selbst ab. Wenn 10 % aller Nervenzellenkontaktstellen im Gehirn zerstört sind, treten die ersten wahrnehmbaren Krankheitszeichen, meistens zuerst Vergesslichkeit, auf.

Am häufigsten ist eine Alzheimer-Erkrankung die Ursache

Die Demenz vom »Alzheimer-Typ« ist die häufigste Unterform der neurodegenerativen Demenzen. Der Psychiater Alois Alzheimer erkannte Anfang des 20. Jhs. bei einer Patientin als Demenzursache eine bestimmte Erkrankung des Gehirns, bei der Nervenzellen absterben aufgrund von flächigen Eiweißablagerungen zwischen diesen Zellen (sogenannte »Amyloid-Plaques«) und fadenförmigen Eiweißablagerungen innerhalb der Zellen (sogenannte »Neurofibrillenbündel«). Diese Krankheit wird heute als Alzheimer-Krankheit bezeichnet. Bei mehr als zwei Drittel aller Menschen mit Demenz ist sie Ursache der Demenz – entweder ausschließlich oder in Kombination mit einer weiteren Erkrankung des Gehirns.

Hippocampus. Von der Krankheit betroffen sind zunächst nur bestimmte Gebiete des Gehirns, z. B. die beiden Hippocampi (»Seepferdchen«), die wegen ihrer Form so genannt werden und die tief im Inneren des Gehirns jeweils an den Innenseiten der beiden Gehirnhälften liegen. Sie spielen eine wichtige Rolle bei Gedächtnisprozessen.

Großhirnrinde. Daneben sind auch Gebiete der Großhirnrinde sehr früh betroffen. Diese nur wenige Millimeter dicke äußerste Schicht des Gehirns ist wesentlich

Die verschiedenen Demenzformen und ihre statistischen Häufigkeiten.

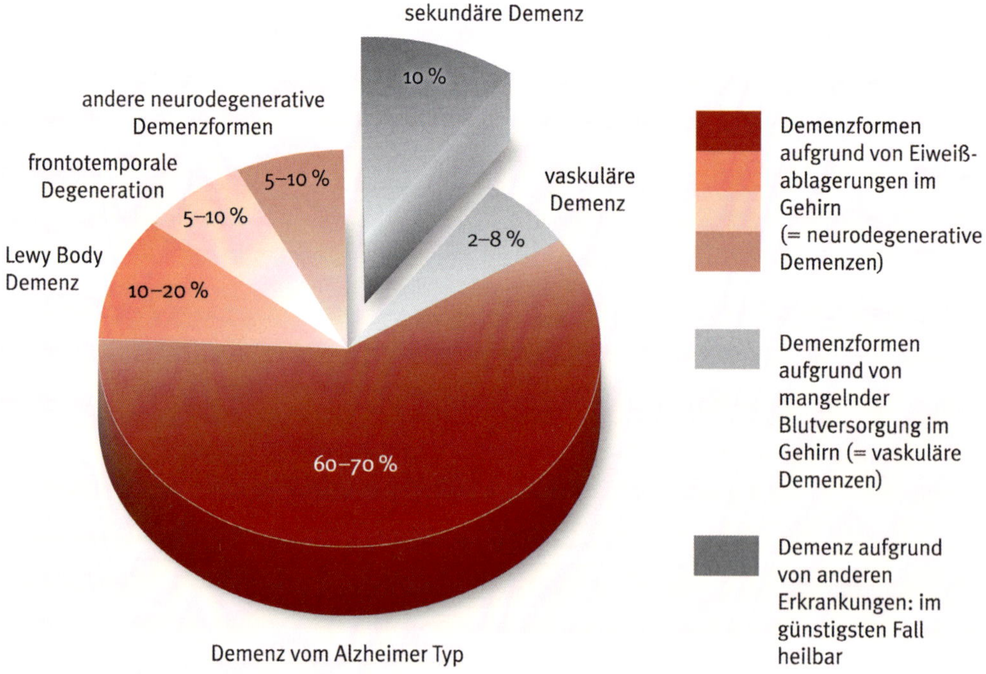

an der Durchführung höherer geistiger Aufgaben beteiligt, also Sprache, Denken, Orientierung, Urteilen, Gedächtnis, Rechnen und Schreiben etc. Deshalb kommt es bei Menschen, die an einer Demenz vom Alzheimer-Typ leiden, schon in sehr frühen Stadien zu Orientierungsproblemen, Sprachstörungen und Vergesslichkeit.

Demenz aufgrund einer Lewy-Körperchen-Erkrankung

Neben der Demenz vom Alzheimer-Typ gibt es eine Reihe weiterer neurodegenerativer Demenzformen. Sie werden ebenfalls durch Gehirnerkrankungen verursacht. Bei diesen bilden sich andere Eiweißablagerungen in teilweise unterschiedlichen Gehirnregionen. Daher zeigen sich diese Demenzformen auch durch verschiedenartige Störungsbilder.

So kommt es bei einer Demenz aufgrund einer Lewy-Körperchen-Erkrankung (Lewy-Body-Demenz) abgesehen von den Gedächtnis-, Orientierungs- und Sprachstörungen auch zu starken Aufmerksamkeitsbeeinträchtigungen. Oft zeigen Betroffene parkinsonähnliche Symptome (d. h. Gang- und Gleichgewichtsstörungen, Sturzneigung, Steifheit bei körperlichen Bewegungen, Zittern) und erleben optische Halluzinationen. Viele zeigen im Schlaf motorische Aktivitäten, weil sie Trauminhalte körperlich ausagieren (z. B. bewegen Betroffene ihre Beine, wenn sie träumen zu laufen).

Demenz aufgrund einer Erkrankung des Stirnhirns, die auch den Schläfenlappen mitbetreffen kann (frontotemporale Demenz)

Bei diesen neurodegenerativen Demenzformen, bei welchen vordere Gehirnregionen besonders betroffen sind, kommt es meist zu sehr starken Persönlichkeits- und Wesensveränderungen, oft begleitet von starken Beeinträchtigungen der Sprachfähigkeit.

Wie kommunizieren Gehirnzellen?

Das Gehirn besteht aus einem Netzwerk von Zellen, deren Verschaltung schon vor der Geburt beginnt: Sie bilden Fortsätze und verbinden sich so zu einem Geflecht. An den Kontaktstellen berühren sie sich nicht – es bleibt ein Spalt.

Diese Kontaktstelle zwischen zwei Nervenzellen wird Synapse genannt. Läuft ein Reiz – in Form eines elektrischen Signals – entlang eines Nervenfortsatzes bis hin zu dessen Ende, kann er den kleinen Spalt zwischen den beiden Nervenzellen nicht einfach überspringen. Eine Überbrückung muss geschaffen werden. Dies geschieht durch Botenstoffe, die in kleinen Bläschen am Ende des Nervenzellfortsatzes (der als »Dendrit« bezeichnet wird) gespeichert sind. Werden die Bläschen durch einen ankommenden Reiz angeregt, schütten sie den Botenstoff in den Spalt – also die Synapse – aus. Der Botenstoff heftet sich an Kontaktstellen der nächsten Zelle, den sogenannten Rezeptoren, an, woraufhin diese den Reiz an die Zelle weiterleiten.

Der Botenstoff wird, nachdem er seine Funktion der Reizübertragung erfüllt hat, in seine chemischen Bestandteile zerlegt. Dann werden sie in die Bläschen zurücktransportiert, zu neuem Botenstoff wiederaufbereitet und bis zur nächsten Ausschüttung bereitgehalten.

Die wissenschaftliche Bezeichnung für den Botenstoff ist »Neurotransmitter«. Es gibt eine ganze Reihe unterschiedlicher Neurotransmitter, die mit verschiedenen Namen bezeichnet werden: Acetylcholin, Dopamin, Serotonin, GABA, Adrenalin, Noradrenalin und noch einige mehr.

In den Gehirnregionen, die die geistigen Fähigkeiten steuern, ist Acetylcholin ein wichtiger Botenstoff. Ihre Zellen heißen daher cholinerge Zellen. Die Substanz, die den Botenstoff Acetylcholin nach getaner Arbeit in seine chemischen Bestandteile zerlegt, wird Acetylcholin-Esterase genannt.

Was passiert bei neurodegenerativen Demenz-Formen?

Bei Gehirnerkrankungen, die neurodegenerative Demenz-Formen verursachen, bilden sich Ablagerungen aus verklumpenden Eiweiß-Bruchstücken – und zwar sowohl innerhalb der Gehirnzellen als auch zwischen ihnen.

Bei der Alzheimer-Demenz werden die Ablagerungen, die zwischen den Zellen entstehen, »Plaques« genannt. Sie zerstören

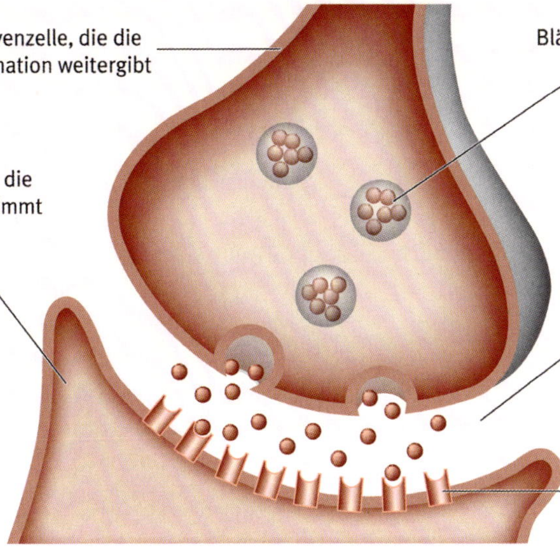

Schematische Darstellung einer Synapse.

die Kontaktstellen zwischen den Zellen und verhindern auf Dauer ihre Informationsweitergabe-Prozesse. Dies führt schließlich zu deren Isolation.

Die sich innerhalb der Zellen bildenden Eiweißveränderungen heißen »Neurofibrillen«. Sie stören einerseits die Nährstoffversorgung der Zelle und schwächen andererseits die Stabilität der Zellstruktur. Beide Formen von Eiweißablagerungen führen letzten Endes zum Zelltod: Die Gehirnzellen sterben ab. Dieser Prozess verläuft progredient, d. h. fortschreitend.

Bei der Demenz vom Alzheimer-Typ werden schon in einem sehr frühen Stadium Nervenzellen geschädigt und daher in ihrer Funktion eingeschränkt – und zwar insbesondere cholinerge Nervenzellen. Durch diese Schädigungen gerät das Acetylcholin-System aber in ein folgenreiches Ungleichgewicht: Auf der einen Seite können die geschädigten und beeinträchtigten Zellen nicht mehr ausreichend Acetylcholin nachproduzieren, doch auf der anderen Seite ist die Acetylcholin-Esterase nach wie vor genauso aktiv wie früher und zerlegt nach wie vor das noch vorhandene Acetylcholin und baut somit die Reserven stetig weiter ab. Dieser Mangel an dem Botenstoff Acetylcholin wirkt sich nun dementsprechend negativ auf die Leistungsfähigkeit der Gehirnzellen aus: Weil nicht mehr genügend Botenstoff vorhanden ist, können die Reize die Synapsen nicht mehr überwinden, und der Austausch und die Kommunikation der Gehirnzellen untereinander gelingt immer schlechter. Dies führt letztendlich dazu, dass die Leistungsfähigkeit des Gehirns abnimmt.

Weil auch cholinerge Gehirnzellen absterben, also die Gehirnzellen, die den Botenstoff Acetylcholin produzieren, funktioniert die Reizübermittlung zwischen den einzelnen Gehirnzellen immer weniger. Die Zellen können Informationen immer schlechter untereinander weiterleiten, weil die Synapsen immer seltener überbrückt werden können, die Gehirnleistung nimmt stetig ab.

Was bedeutet vaskuläre Demenz?

Das Blut fließt durch die Adern des Gehirns und versorgt die Gehirnzellen mit den für sie lebensnotwendigen Nährstoffen, insbesondere Zucker (Glukose) und Sauerstoff. Da die Nervenzellen des Gehirns sehr empfindlich sind, sterben sie schnell ab, wenn sie nicht ausreichend versorgt werden.

Wenn die versorgenden Blutgefäße nicht ausreichend Blut zu den Nervenzellen bringen und dadurch Nervenzellen des Gehirns absterben und solche Gehirnerkrankungen zum fortschreitenden Verlust geistiger und anderer Fähigkeiten führen, so spricht man von einer »vaskulären Demenz«.

Es gibt unterschiedliche Ursachen dafür, dass Blut nicht mehr in ausreichenden Mengen durch die Adern und Äderchen im Gehirn fließen kann. Die Gefäße können durch Blutgerinnsel verschlossen sein. Für den Verschluss eines Blutgefäßes im Gehirn können auch Ablagerungen verantwortlich sein, die sich an der Innenseite der Gefäßwand bilden und schließlich so dick werden, dass sie den Blutfluss erheblich oder gar völlig verhindern. Blutgefäße, deren Wände durch Ablagerungen stark verdickt sind, werden außerdem spröde und können leicht reißen. Eine Gehirnblutung ist die Folge.

Häufig sind es andere Grunderkrankungen, die die Blutgefäße im Körper schädigen, z. B. eine nicht behandelte Zuckerkrankheit oder ein nicht behandelter Bluthochdruck. Auch bestimmte Nierenerkrankungen und andere Stoffwechselstörungen können die Blutgefäße schädigen. Grundsätzlich erhöhen alle Verhaltens- und Lebensweisen, die eine schädigende Wirkung auf die Blutgefäße haben, die Gefahr, an einer vaskulären Demenz zu erkranken (z. B. Bewegungsmangel, Rauchen, übermäßiger Alkoholgenuss, zu hohe Cholesterinwerte, zu geringe Flüssigkeitszufuhr usw.).

Mischformen

Die Gruppe der Mischformen ist insofern von Bedeutung, als dass viele Fälle von Demenz Mischformen sind. So sind bei vielen Menschen, die an einer neurodegenerativen Demenzform leiden, auch Blutgefäße im Gehirn geschädigt. Viele Menschen mit Alzheimer-Erkrankung haben auch eine Lewy-Körperchen-Erkrankung und bei den meisten Menschen mit einer vaskulären Demenz bilden sich im Laufe der Zeit auch die für eine neurodegenerative Demenz typischen Eiweißablagerungen im Gehirn. Neuere Forschungsergebnisse zeigen, dass vaskuläre Demenzerkrankungen in »reiner Form« nur bei 10 % aller bekannten Demenzerkrankungen vorkommen.

Wie wird eine Demenz diagnostiziert?

Grundsätzlich gilt es als empfehlenswert, eine Demenz bereits frühzeitig zu diagnostizieren, damit rechtzeitig eine angemessene Behandlung begonnen werden kann.

Im Rahmen einer Demenzdiagnostik sollte nicht nur festgestellt werden, dass eine Demenz vorliegt (»Syndromdiagnose«), sondern auch, um welche Form und um welches Stadium es sich handelt. Nachdem eine Demenz mithilfe psychometrischer Testverfahren (Seite 18) und auf der Grundlage von Erkenntnissen aus Gesprächen mit der Person und ihren Angehörigen festgestellt wurde, sollte die verursachende Erkrankung festgestellt werden (»ätiologische Differenzialdiagnose«). Dabei gilt es zunächst, mögliche Erkrankungen zu identifizieren und auszuschließen, die ursprünglich andere Körpersysteme betreffen und nicht primär das Gehirn. Hier haben laborchemische Blutuntersuchungen und Untersuchungen des Herz-Kreislauf-Systems (Seite 18) eine besondere Bedeutung.

Weitere Untersuchungen dienen dazu, mögliche krankhafte Veränderungen des Gehirns zu erkennen. Routinemäßig sollte in diesem Zusammenhang eine statische Bildgebung des Gehirns, also eine CT oder MRT, durchgeführt werden. Danach kann auf der Grundlage aller verfügbaren Untersuchungsergebnisse häufig bereits eine eindeutige Differenzialdiagnose gestellt werden. Ist dies der Fall, so sind keine weiteren Untersuchungen notwendig. Nur wenn Ergebnisse in unterschiedliche Richtungen weisen, die Situation klinisch noch nicht klärbar ist oder sich zusätzlich nicht eindeutig erklärbare Symptome zeigen, sollten weitere Verfahren eingesetzt werden: z. B. eine Lumbalpunktion (»LP«, wenn sich Hinweise auf eine entzündliche Gehirnerkrankung zeigen), eine PET oder SPECT (wenn eine Differenzialdiagnostik der jeweiligen Demenzform bislang noch nicht möglich ist) oder ein EEG (wenn sich Hinweise auf ein Anfallsleiden zeigen). Da die meisten dieser Zusatzuntersuchungen kostenintensiv und teilweise nicht ganz frei von unerwünschten Wirkungen oder gesundheitlichen Risiken sind, sollten sie aber nicht routinemäßig bei allen Fällen der Demenzdiagnostik eingesetzt werden. Die einzelnen Verfahren werden im Folgenden dargestellt.

Anwendung von psychometrischen Tests

Wenden sich Personen mit Verdacht auf Demenz an eine spezielle Institution, bei der Demenzdiagnostik durchgeführt wird (z. B. eine Gedächtnisambulanz), wird in einem ersten Schritt durch sogenannte psychometrische Tests festgestellt, ob, und wenn ja, welche geistigen Leistungsbereiche beeinträchtigt sind und wie stark die Beeinträchtigungen sind. Geprüft werden Orientierungsfähigkeit, Wahrnehmung, Erkennens- und Benennensleistungen, Informationsverarbeitungsgeschwindigkeit, Konzentration, Kurzzeitgedächtnisleistungen, Konsolidierung (= Festigung) von Gedächtnisinhalten, sprachliche Fähigkeiten und kommunikative Kompetenzen, aber auch die Fähigkeit, Informationen aus dem Langzeitgedächtnis abzurufen.

Von großer Bedeutung ist darüber hinaus das Erkennen einer möglichen Depression. Depressionen können eine Demenz begleiten, sie können aber auch eine Demenz vortäuschen, denn sie können ebenfalls Gedächtnisleistungen, Konzentration und Informationsverarbeitungsgeschwindigkeit derart stark beeinträchtigen, dass sich das Verhalten einer depressiven Person unter Umständen kaum von dem einer Person mit Demenz unterscheidet. Die Frage, ob es sich um eine Depression oder eine beginnende Demenz oder ein gemeinsames Auftreten von Demenz und Depression handelt, ist in manchen Fällen nicht leicht zu klären und bedarf häufig einer längerfristigen Beobachtung und mehrmaliger Testungen.

Sprechen die Ergebnisse für das Vorliegen einer Demenz, muss in einem nächsten Schritt nun nach der verursachenden Erkrankung gesucht werden. Zunächst muss geklärt werden, ob die Ursache eine Erkrankung des Gehirns oder eine andere Erkrankung oder Störung ist, ob es sich also um eine primäre oder sekundäre Demenz handelt oder möglicherweise um eine Mischform. Zur Erkennung von Krankheitsprozessen, die ihren Ursprung nicht im Gehirn haben, sind allgemeinmedizinische Untersuchungen (Seite 18) notwendig. Kann man eine sekundäre Demenz ausschließen, muss nach der verursachenden Erkrankung des Gehirns mittels spezieller Bildgebungsverfahren (Seite 19) gesucht werden.

Allgemeinmedizinische Untersuchungen

Um z. B. Stoffwechselstörungen, Nieren- und Lebererkrankungen, Diabetes, Schilddrüsenunterfunktion, Mangel an Vitamin B_{12} oder Folsäure zu erkennen, sind Blutuntersuchungen erforderlich. Zeigen sich Hinweise auf derartige Störungen, müssen evtl. weitere internistische Untersuchungen durchgeführt werden. Durch Erkennen und Behandeln solcher internistischen Krankheiten oder Störungen wird außerdem das Risiko für (weitere) vaskuläre Schädigungen im Gehirn verringert.

Untersuchung des Herz-Kreislauf-Systems

Wichtig ist bei älteren Personen eine kardiologische Diagnostik, durch die die Funktionstüchtigkeit des Herz-Kreislauf-Systems untersucht wird. Denn Herz-Kreislauf-Erkrankungen können das Risiko einer vaskulären Demenz erhöhen: Hoher Blutdruck schädigt die Blutgefäße – insbesondere die hauchdünnen, feinsten Äderchen –, begünstigt die

Bildung von Ablagerungen an der Innenseite der Aderwand und steigert somit das Risiko von Gehirninfarkten und -blutungen.

Bestimmte Herzrhythmusstörungen fördern außerdem die Bildung kleinster Blutgerinnsel, die möglicherweise ins Gehirn gepumpt werden und dort ein Äderchen oder vielleicht sogar ein größeres Gefäß verschließen. Als Folge dieser Blutgefäßschädigung sterben immer betroffene Gehirnzellen ab, weil sie nicht mehr ausreichend mit Nährstoffen und Sauerstoff versorgt werden können.

Der Blick ins Gehirn: bildgebende Verfahren

Durch bildgebende Verfahren versucht man, verursachende Gehirnerkrankungen zu erkennen und andere auszuschließen (z. B. einen Gehirntumor). Wenn bei einer Person, deren psychometrische Testergebnisse deutliche Beeinträchtigungen zeigen, bildgebende Verfahren besondere Regionen zeigen, in denen ein beträchtliches Maß an Gehirnmasse abgestorben ist, erhärtet sich der Verdacht, dass hier eine neurodegenerative Demenz vorliegt. Je nach genauem Ort und Umfang des darstellbaren Zelluntergangs im Gehirn lässt sich nun meist auf die jeweilige Unterform der Demenz schließen.

In der Praxis weisen die Befunde bildgebender Verfahren und die Ergebnisse psychometrischer Testverfahren jedoch nicht immer in die gleiche Richtung. So ist es durchaus möglich, dass eine Person mit leichter Demenz vom Alzheimer-Typ bereits deutliche Gedächtnisstörungen hat, einfache bildgebende Verfahren aber noch keine ausgeprägten Auffälligkeiten der Gehirnstrukturen zeigen. Bei dieser Person führen offenbar schon geringere Zellverluste, die noch gar nicht besonders darstellbar sind, zu deutlichen Störungen. Bei einer anderen Person kann die Gehirnmasse stark zurückgebildet sein, ohne dass bei bereits Störungen der geistigen Fähigkeiten aufgetreten sind. Dies lässt sich dadurch erklären, dass die Funktionsfähigkeit des Gehirns nicht nur von der Menge der (noch vorhandenen) Nervenzellen abhängt, sondern auch von der Güte ihrer Vernetzungen. Sind die Zellen nicht vielfach und nicht eng miteinander vernetzt, reichen offenbar schon geringe Zellverluste, um Störungen auszulösen. Sind die Zellen dagegen gut vernetzt, können sie noch immer ein funktionierendes Netzwerk bilden, auch wenn schon viele abgestorben sind. Folgende bildgebende Verfahren werden in der Demenzdiagnostik eingesetzt:

Computertomografie (CT)

Durch die Computertomografie ist es möglich, Röntgenbilder der Gehirnmasse zu erstellen. In Schichten wird das Gehirn geröntgt. Helle Stellen deuten auf besonders dichtes, dunklere Stellen auf weniger dichtes Gewebe hin. Die Lücken, die abgestorbene Gehirnsubstanz zurücklässt, füllen sich mit Gehirnwasser (= Liquor) und zeigen sich im CT-Bild als dunkle Stellen. Man kann durch eine CT »vergrößerte Liquorräume« diagnostizieren: Dort, wo sich jetzt das Gehirnwasser ausgebreitet hat und wo es hineingeflossen ist, haben sich früher Gehirnzellen befunden, die abgestorben und mittlerweile verschwunden sind.

Magnetresonanztomografie (MRT)

Wie die CT ist die MRT ein bildgebendes Verfahren, durch das die Substanz der Gehirnmasse in Schichten dargestellt wird.

Im Gegensatz zur Computertomografie werden hier jedoch keine Röntgenstrahlen eingesetzt, sondern Magnetfelder. Die Bilder haben meist eine höhere Auflösung als CT-Bilder und lassen auch kleinere Details erkennen; sie werden besonders bei Verdacht auf Erkrankungen der Blutgefäße des Gehirns eingesetzt.

Einschränkend soll jedoch betont werden, dass die Gehirnerkrankungen, die eine Demenz verursachen, in sehr frühen Stadien durch eine CT oder MRT häufig nicht eindeutig erkannt werden können: Da Gehirnzellen auch im normalen Alterungsprozess absterben, müssen erweiterte Liquorräume nicht unbedingt auf eine krankhafte Veränderung hinweisen. Bei vielen älteren Menschen ohne Demenz ist die Gehirnmasse an bestimmten Stellen ebenfalls bereits so reduziert, dass dies durch eine CT oder MRT sichtbar wird.

Wichtigstes Kriterium für das Vorliegen einer Demenz bilden nach wie vor die im Alltagsleben bemerkbaren und in der psychometrischen Untersuchung objektiv feststellbaren Beeinträchtigungen und Veränderungen. Durch die Bildgebung können bestimmte Gehirnerkrankungen ausgeschlossen und Hinweise auf andere gefunden werden. Auch ohne Bildgebung kann man also das Vorliegen einer Demenz diagnostizieren, aber um die verursachende Erkrankung zu bestimmen, spielen bildgebende Verfahren eine zentrale Rolle.

Funktionelle bildgebende Verfahren (SPECT und PET)

Das Wissen um den Zusammenhang von Nervenzellaktivität und -stoffwechsel macht man sich bei der funktionellen Bildgebung zunutze. Diese Verfahren basieren auf dem Prinzip, bestimmte Substanzen sichtbar zu machen, z. B. Bestandteile des Blutes, wie Sauerstoff- oder Glukosemoleküle, aber auch andere Substanzen, die man dem Blutkreislauf erst durch Injektion zuführt. Dadurch kann man sehen, wie viele dieser Substanzen sich zum Zeitpunkt der Bildgebung in welchen Gehirnregionen befinden. Durch das Sichtbarmachen von Sauerstoff- oder Glukosemolekülen im Gehirn kann man so auf den Stoffwechsel der Nervenzellen schließen: Welche haben diese Bestandteile verstoffwechselt und welche haben dies aufgrund von Inaktivität nicht (mehr) geleistet? »Funktionell« heißt diese Form von Bildgebung also deshalb, weil sie das Funktionieren der Gehirnzellen darzustellen vermag und nicht nur einfach das Vorhandensein von Gehirnmasse abbildet. Im Folgenden werden bestimmte funktionelle Verfahren kurz beschrieben.

Glukose-SPECT (»Single-Emissons-Tomografie«) und Glukose-PET (»Positronen-Emissions-Tomografie«) Bei diesen Verfahren wird zunächst eine Lösung vorbereitet, in der bestimmte Glukose-Moleküle an eine radioaktive Trägersubstanz gebunden werden. Diese Lösung wird der Person nun gespritzt. Dies ist durch die geringe Radioaktivität für den Organismus nicht gefährlich. Die radioaktiv markierten Moleküle verteilen sich mit dem Blutfluss zunächst im Blutsystem des ganzen Körpers und passieren schließlich die Blut-Hirn-Schranke, d. h., sie gelangen ins Gehirn. Nun lässt sich anhand der Stärke der radioaktiven Strahlung das Ausmaß der Zellaktivität in den verschiedenen Gehirnregionen bestimmen. Da aktive Nervenzellen mehr Nährstoffe benötigen als inaktive, wird der Blutfluss in einer aktiven Gehirnregion erhöht, sodass mehr nähr- und sauerstoffreiches Blut zu den aktiven Zellen gelangt. Es gilt: Hohe Zellaktivität ist ein Zeichen für Leistungsfähigkeit. Geminderte Aktivität weist dagegen auf eingeschränkte, möglicherweise sogar dauerhaft geminderte Leistung der entsprechenden Zellen hin.

Amyloid-SPECT Beim Amyloid-SPECT werden ebenfalls mithilfe eines radioaktiven Trägerstoffs Bestandteile im Gehirn sichtbar gemacht, und zwar die sogenannten »Amyloid-Plaques«, also genau die Eiweißablagerungen, die sich bei einer Alzheimer-Erkrankung (Seite 12) im Gehirn bilden. 2002 gelang es Forscherinnen und Forschern erstmals, eine kurzfristig radioaktive Trägersubstanz zu entwickeln, die sich an die Amyloid-Plaques im Gehirn anheftet. Seit dieser Zeit ist es also möglich, die Alzheimer-Krankheit zu Lebzeiten einer Person zu diagnostizieren.

SPECT zur Erkennung einer Lewy-Körperchen-Erkrankung (DAT-Scan) Bei der Lewy-Körperchen-Erkrankung kommt es zu einem Untergang bestimmter Nervenendigungen in zwei Gehirnregionen, die jeweils an den Innenseiten der beiden Gehirnhälften liegen und »Striatum« (Streifenkörper) heißen. An diese Nervenendigungen dockt in gesundem Zustand der Botenstoff Dopamin an, sodass Signale weitergeleitet werden. Viele der speziellen Krankheitszeichen, die bei Personen mit einer Lewy-Körperchen-Krankheit auftreten, haben ihre Ursache in der Funktionseinbuße dieser Dopamin-Signal-Weiterleitung in den Streifenkörperchen. Mithilfe einer speziellen Trägersubstanz kann bei einem DAT-Scan der Untergang dieser Nervenendigungen sichtbar gemacht werden.

Untersuchung des Gehirnwassers: Liquordiagnostik

Wenn Nervenzellen im Gehirn absterben, hinterlassen sie Abbauprodukte im Gehirnwasser, dem »Liquor«. Diese können durch laborchemische Verfahren nachgewiesen werden. Dafür benötigt man einige Milliliter Gehirnwasser, die durch eine Lumbalpunktion (LP) gewonnen werden können. Hierfür wird mit einer besonderen Punktionsnadel weit unten an der Wirbelsäule in den Rückenmarkskanal gestochen und das Gehirnwasser mithilfe einer Spritze abgezogen. Die Haut wird vorher betäubt, der Eingriff ist also an sich schmerzfrei. Eine solche Untersuchung wird empfohlen, wenn der Verdacht auf eine entzündliche Gehirnerkrankung vorliegt oder wenn auf anderem Wege die Abgrenzung einer primären von einer sekundären Demenz nicht möglich scheint. Diese Untersuchung ist jedoch unzureichend, um zwischen verschiedenen primären Demenzformen zu differenzieren.

Elektroenzephalografie (EEG)

Bei der EEG wird die elektrische Aktivität der Nervenzellen im Gehirn aufgezeichnet. Dazu werden kleine Elektroden auf der Kopfoberfläche angebracht. Bei Demenz zeigt sich – jedoch meist erst in späteren Stadien – eine verlangsamte Gehirnaktivität. Dies kann jedoch nicht nur bei einer Demenz, sondern auch bei anderen Störungen vorkommen. Die EEG hat daher weder bei der Früherkennung noch bei der Verlaufskontrolle von Demenz eine besondere Bedeutung. Man setzt die EEG dann ein, wenn der Verdacht besteht, dass eine andere neurologische Erkrankung vorliegen könnte, wie beispielsweise Epilepsie.

Welche Behandlungen gibt es?

Eine Behandlung der Demenz ist mit verschiedenen Medikamenten, aber auch mit nicht medikamentösen Verfahren wie Gedächtnisaktivierung, Erinnerungs-, Kunst- und Musiktherapie möglich.

Trotz bestehender Behandlungsmöglichkeiten sollten Angehörige sich darüber im Klaren sein, dass die bis heute zur Verfügung stehenden Therapien den Verlauf einer Demenz zwar oft verlangsamen, aber nicht heilen können.

Am Anfang des Kapitels über Behandlungsmöglichkeiten sollen zunächst die Überlegungen stehen, welche Ziele im Rahmen einer Demenztherapie überhaupt erreichbar sind. Das ist wichtig, weil es oft sehr entmutigend und enttäuschend ist, wenn man sich unrealistische Therapieziele steckt. Nur mit fundiertem Wissen über die Erkrankung kann man der Situation eines Menschen mit Demenz gerecht werden, ihn unterstützend begleiten und positiv in das Krankheitsgeschehen eingreifen.

Die Grundlage allen therapeutischen Handelns ist die Anerkennung und Akzeptanz der Tatsache, dass es keine Behandlungsform gibt, durch die eine primäre Demenz geheilt oder ihr fortschreitender Verlauf vollständig zum Stillstand gebracht werden kann.

Man sollte sich aber nicht von einem »Alles-oder-nichts-Prinzip« leiten lassen, das leider immer noch viele Menschen, auch manche Ärzte und Ärztinnen, vertreten. Sie meinen, dass man bei einer Demenzerkrankung, die nicht heilbar ist, eben gar nichts mehr tun könne. Diese Position ist grundfalsch: Tatsächlich gibt es einige Möglichkeiten, positiv in das Krankheitsgeschehen einzugreifen, den Krankheitsprozess zu verlangsamen bzw. hinauszuzögern und belastende Begleit- und Folgeerscheinungen zu lindern oder gar zu vermeiden.

Eine Demenztherapie orientiert sich also nicht an dem Ziel der Heilung, sondern richtet sich viel eher auf die folgenden wichtigen Ziele:

- Das Erleben der Person, trotz der Demenz noch immer sie selbst zu bleiben – d. h. ihr Identitätserleben –, wird gefördert und erhalten.

- Ihr Wohlbefinden und ihre subjektiv empfundene Lebensqualität werden beibehalten oder verbessert.
- Ihre Alltagskompetenzen werden so lange wie möglich aufrechterhalten.
- Angehörige werden entlastet, auf ihr Wohlbefinden, ihre psychische Stabilisierung und ihre Gesunderhaltung geachtet.

Antidementiva: den Krankheitsverlauf verlangsamen

Zunächst sollen Medikamente vorgestellt werden, die insbesondere auf die geistigen Fähigkeiten des Menschen mit Demenz Einfluss nehmen. Diese Substanzen werden als Antidementiva bezeichnet. Es gibt unterschiedliche Wirkgruppen. Doch unabhängig davon, welcher Wirkgruppe ein Antidementivum angehört, haben alle diese Medikamente eines gemeinsam: Sie führen leider nicht zur Heilung, sondern können den Verlauf der Demenz nur verlangsamen.

Acetylcholinesterase-Hemmer

Eine Gruppe der Antidementiva basiert auf dem Prinzip der Acetylcholinesterase-Hemmung. Diese Medikamente hemmen den Abbau des Botenstoffs Acetylcholin (Seite 14) und sorgen damit zumindest vorübergehend dafür, dass die Mengen des Botenstoffs nicht weiter reduziert werden. Somit bleibt eine gewisse Menge des wichtigen Botenstoffs erhalten.

Es gibt derzeit drei verschiedene Acetylcholinesterase-Hemmer:

- Donepezil (z. B. Aricept)
- Rivastigmin (z. B. Exelon)
- Galantamin (z. B. Reminyl)

Für alle drei gilt, dass ihre Wirksamkeit nach einer bestimmten Dauer der Einnahme wahrscheinlich erschöpft ist. Die Dauer der Wirksamkeit schwankt von Person zu Person sehr stark. Sie hängt ab von Form und Schwere der Demenzerkrankung, vom Alter und dem körperlichen Gesundheitszustand und möglicherweise auch von der psychischen und sozialen Situation des Menschen mit Demenz und erstreckt sich von mehreren Monaten bis hin zu vielen Jahren. Die Empfehlungen der Fachgesellschaften lauten daher, dass Medikamente dieser Gruppe bei guter Verträglichkeit fortlaufend gegeben werden können. Beim Absetzen konnten häufig Verschlechterungen der klinischen Situation beobachtet werden.

Weil ein Antidementivum in vielen Fällen keine wahrnehmbare Verbesserung der Krankheitssymptome bewirkt, sondern »nur« eine Stabilisierung bzw. Verlangsamung der Verschlechterung, ist die Wirksamkeit dieser Medikamente für die Betroffenen und ihre Angehörigen im Alltagsleben häufig nicht offensichtlich. Und wenn ich als Angehörige eines Menschen mit Demenz nicht über die Wirkungsweise der Antidementiva informiert bin und erlebe, dass sich trotz der Medikamente keine Verbesserung einstellt, schlussfolgere ich vielleicht vorschnell, dass das Arzneimittel gar nicht »hilft«.

Deshalb ist es sehr wichtig, dass ich als Angehörige eines Menschen mit Demenz um die stabilisierende, verlangsamende Wirkung von Antidementiva weiß. Andernfalls setze ich das Medikament vielleicht schon nach kurzer Zeit ab, weil ich meine, es wirke ja doch nicht.

Memantin schützt Zellen

Ein weiterer Botenstoff im Gehirn ist Glutamat. Bei Menschen mit Demenz wird durch die bereits gestörten Prozesse im Gehirn verstärkt Glutamat freigesetzt. Während dieser Botenstoff in normalen Mengen für das Funktionieren der Prozesse im Gehirn unersetzlich ist, schädigt er in größeren Mengen die Nervenzellen des Gehirns, die dann in Folge absterben.

Memantin ist eine Substanz, die den schädigenden Prozess reduziert. Demzufolge spricht man von einer zellschützenden (neuroprotektiven) Wirkungsweise von Memantin. Die Präparate heißen u. a.: Axura, Ebixa, Memando, Memantin.

Nootropika

Der Begriff »Nootropika« setzt sich aus den beiden griechischen Wörtern noos (zu deutsch: Verstand) und tropein (zu deutsch: ernähren) zusammen. Bei Nootropika handelt es sich also um Medikamente, die die geistigen Funktionen verbessern sollen. Nootropika bilden aber keine einheitliche Substanzgruppe. Vielmehr werden Präparate unterschiedlichster Wirkmechanismen unter dem Begriff »Nootropika« zusammengefasst:

Ginkgo biloba Die Inhaltsstoffe der Ginkgo-Blätter schützen Nervenzellen vor schädlichem Einfluss, dienen als Fänger von freien Radikalen und verbessern die Fließeigenschaften des Blutes. Klinische Studien zeigen positive Hinweise auch bei Menschen mit Demenz, doch kann noch nichts Genaues über die Langzeitwirkung von Ginkgo ausgesagt werden. Experten bezeichnen es aber als vielversprechenden Kandidaten für die zusätzliche Behandlung bei Demenz.

Vitamin E Anders als früher angenommen gilt Vitamin E mittlerweile nicht mehr als wirksam in der Therapie von Demenz.

Darüber hinaus gibt es noch eine Reihe weiterer Stoffe, die als »klassische Nootropika« bezeichnet werden. Sie sind zwar zur Behandlung von Hirnleistungsstörungen zugelassen, doch genügen die meisten Studien, in denen die Wirksamkeit dieser Präparate untersucht wurde, den Ansprüchen moderner klinischer Forschung nicht mehr.

Welche Medikamente lindern depressive Symptome?

Viele Menschen mit Demenz leiden unter depressiven Symptomen, z. B. Antriebslosigkeit, negativ getönte Stimmung, Ängstlichkeit, Traurigkeit, Verzweiflung. Die Ursachen können sehr verschieden sein.

Zum einen gibt es Menschen mit Demenz, die schon ein ganzes Leben lang immer wieder unter depressiven Episoden gelitten haben. Bei diesen Menschen ist auch im Alter die Wahrscheinlichkeit einer erneuten depressiven Störung höher als bei Menschen, die nie in ihrem Leben Depressionen hatten. In diesem Fall haben die depressiven Störungen wahrscheinlich gar nichts mit der Demenzerkrankung zu tun. Zum zweiten können depressive Stimmungen bei Menschen mit Demenz auch als Reaktion auf die empfundenen Einschränkungen und die Beeinträchtigungen ausgelöst werden.

Und drittens können depressive Symptome bei Menschen mit Demenz durch die organischen Veränderungen des Gehirns bzw. die Veränderungen der komplizierten

Wie ein Mangel an Serotonin die Stimmung drückt

Letztlich kennt man bis heute noch nicht die genauen chemischen Prozesse im Gehirn, die für die Entstehung einer Depression mitverantwortlich sind. Doch mehren sich die Hinweise, dass bei depressiven Menschen die Regulierung verschiedener Botenstoffe im Gehirn ins Ungleichgewicht geraten ist.
Der Botenstoff Serotonin scheint hierbei eine zentrale Rolle zu spielen: Depressive Symptome stehen offensichtlich in engem Zusammenhang mit einem Serotoninmangel im Gehirn. Diese Vermutung wird insbesondere gestützt durch die Behandlungserfolge mit »Serotonin-Wiederaufnahme-Hemmern«. Hierbei handelt es sich um Medikamente, welche die Menge an Serotonin im synaptischen Spalt zwischen den Nervenzellen im Gehirn erhöhen. Und zwar indem sie verhindern, dass der Botenstoff schnell wieder in die Speicherbläschen aufgenommen wird. Dadurch wird der bestehende Serotoninmangel ausgeglichen. Mit einer zeitlichen Verzögerung von wenigen Wochen nach Beginn der Therapie stellt sich meist eine Verbesserung der depressiven Anzeichen und Symptome ein.

Botenstoffsysteme im Gehirn – insbesondere durch einen Serotoninmangel – hervorgerufen werden.

Serotonin-Wiederaufnahme-Hemmer (SSRI)

Der Vorteil dieser antidepressiv wirkenden Medikamentengruppe ist, dass sie »selektiv« wirkt, d. h nur auf das Serotonin und keinen anderen Botenstoff. So greifen SSRIs auch nicht in das Acetylcholin-System ein, führen also nicht zu einer Abnahme von Acetylcholin im synaptischen Spalt.

Diese spezialisierte Wirkweise ist von großem Vorteil bei der Behandlung von Menschen mit Demenz, die unter depressiven Symptomen leiden. Da es ein wichtiges Ziel der Demenztherapie ist, dem Abbau von Acetylcholin im Gehirn entgegenzuwirken, sollten Menschen mit Demenz möglichst keine weiteren Medikamente nehmen, die den Abbau von Acetylcholin fördern. Serotonin-Wiederaufnahme-Hemmer haben solche unerwünschten Nebenwirkungen nicht.

Herausforderndes Verhalten: Medikamente nur als letztes Mittel der Wahl

Im Verlauf einer Demenz kann es zu psychischen Veränderungen und Verhaltensveränderungen kommen. Bei einigen erkrankten Menschen treten Unruhezustände auf, Halluzinationen, Wahnsymptome oder aggressives Verhalten. Wenn alle anderen möglichen nichtmedikamentösen Maßnahmen nicht wirksam sind, können Neuroleptika kurzfristig helfen, diese Krankheitszeichen zu unterdrücken.

Auch Neuroleptika greifen in das komplizierte Botenstoff-System unseres Gehirns ein und unterdrücken auf diese Weise psychotische Symptome. Jedoch ist bei Menschen mit Demenz wieder darauf zu achten, dass die verabreichten Neuroleptika nicht in das Acetylcholin-System eingreifen, d. h. nicht zu einer weiteren Verminderung des Acetylcholins führen.

Bei Gehirnerkrankungen, die eine Demenz verursachen, sollte deshalb auf Neuroleptika der neueren Generation zurückgegriffen werden. »Alte« Neuroleptika, die die Mengen verfügbaren Acetylcholins sehr reduzieren, verstärken die geistigen Abbauprozesse und verbieten sich daher bei älteren Patienten.

Doch in der modernen Gerontopsychiatrie weiß man, dass diese Verhaltensveränderungen oft Zeichen unbefriedigter Bedürfnisse des Menschen mit Demenz sind. Bevor ihm Medikamente gegeben werden, sollten daher unbedingt immer nichtmedikamentöse Behandlungsformen in Betracht gezogen werden.

Nicht medikamentöse Behandlungsmöglichkeiten

Es gibt eine ganze Reihe nicht medikamentöser therapeutischer Maßnahmen, die das Wohlbefinden der erkrankten Person steigern, ihre Selbstständigkeit erhalten und somit zu einer Entlastung der Angehörigen führen können. Diese verschiedenen therapeutischen Ansätze werden in den Abschnitten »Einfühlsame Kommunikation (Seite 98)« und »Die Identität erhalten (Seite 128)« ausführlich vorgestellt und sind hier nur kurz aufgelistet:

- einfühlsame Kommunikation – wie geht das? (Seite 117)
- Anregung und Aktivierung von Gedächtnisleistungen (Seite 150)
- Musik- und Kunsttherapie (Seite 136)
- Erinnerungstherapie (Seite 140)
- Selbst-Erhaltungs-Therapie (Seite 133)
- verschiedene Entspannungsverfahren (Seite 151)

Wie eine Demenz verläuft

Der Verlauf einer Demenz lässt sich nicht sicher voraussagen. Die ersten Symptome sind oft eher »unauffällig« – Alltagsgegenstände liegen am falschen Platz, Namen werden vergessen.

Trotz möglicher Unterschiede verlaufen primäre Demenzen immer fortschreitend – meist schleichend. Man nimmt an, dass beim Auftreten der ersten geistigen Probleme der Hirnabbauprozess schon viele Jahre bis Jahrzehnte vorher begonnen hat. Auch ab dem Zeitpunkt der ersten Symptome ist der weitere Verlauf fortschreitend, doch kann er insbesondere durch Antidementiva für eine gewisse Zeit verlangsamt werden. Es ist also von verschiedenen Faktoren abhängig, wie schnell sich der Zustand der erkrankten Person verändert.

Die geistigen Leistungen, speziell die Gedächtnisleistungen, zeigen dabei große Schwankungen: Während es sehr schlechte Tage gibt, scheint an anderen Tagen das Gedächtnis der erkrankten Person fast überhaupt nicht beeinträchtigt zu sein. Diese »hellen« Tage sind zwar nicht Zeichen einer langfristigen Verbesserung, aber mir als Angehöriger bieten sie eine kurze Pause des Verschnaufens. Nutzen Sie sie für sich!

Einteilung der Demenzstadien

Nach einer Einteilung, die mit CDR (Clinical Dementia Rating) abgekürzt wird, unterscheidet man insgesamt 5 Stufen (siehe Abbildung (Seite 28)).

CDR 0 Dies ist die Stufe geistiger Gesundheit.

CDR 0,5 Auf dieser Stufe zeigen sich bei der Person erste leichte Gedächtnis- und/oder Orientierungsstörungen: Sie kann sich nicht mehr erinnern, was man ihr vor Kurzem erzählt hat, weiß die aktuelle Jahreszahl nicht, hat leichte Probleme beim Lösen von Alltagsaufgaben, zieht sich vermehrt von Freunden und Verwandten zurück oder hat erste Schwierigkeiten bei der Selbstversorgung.

CDR 1 Menschen mit einer leichten Demenz werden dem CDR-1-Stadium zugeordnet: Diese Ebene ist definiert durch mittelschwere Gedächtnisbeeinträchtigungen und durch deutliche Probleme im Alltagshandeln: So

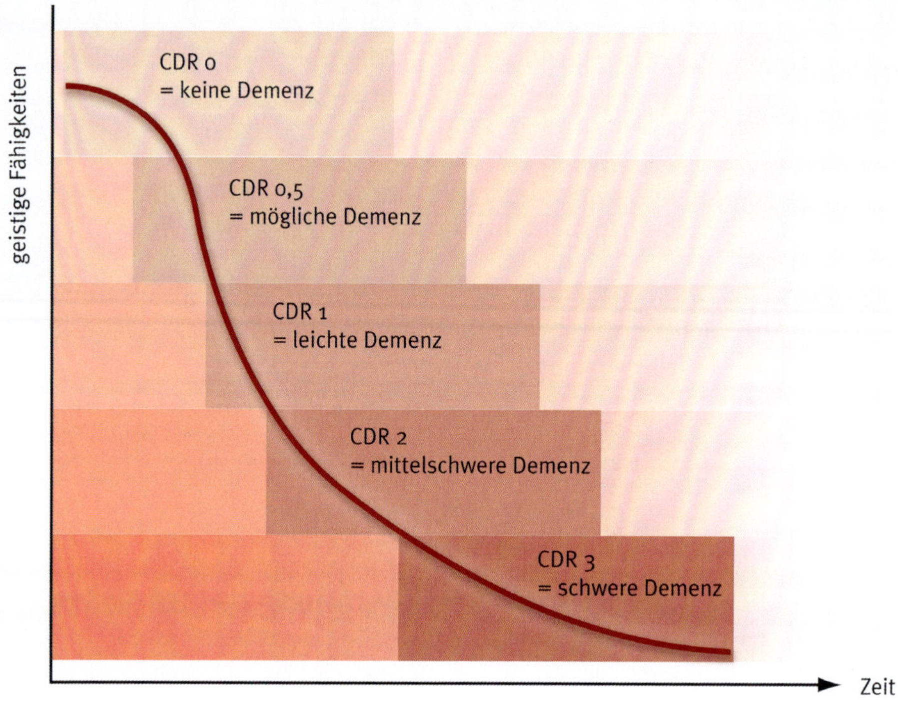

Die Stadien des Demenzverlaufs.

sind viele Menschen mit leichter Demenz alleine nicht mehr in der Lage, den Haushalt zu bewältigen, finanzielle Angelegenheiten zu regeln, Routinehandlungen durchzuführen oder gesellschaftlichen Aktivitäten nachzugehen. Oft müssen sie bereits zur Körperpflege aufgefordert werden.

CDR 2 Auf dieser Stufe der mittelschweren Demenz sind die Gedächtnisprobleme schon so ausgeprägt, dass die Person

- sich gar nichts Neues mehr merken kann,
- ein Erlebnis schon nach wenigen Minuten wieder vergisst,
- zeitlich schon so stark desorientiert ist, dass sie gar nicht mehr genau weiß, welcher Monat oder welches Jahr gerade ist,
- außerhäusliche Beschäftigungen oder Hobbys bzw. häusliche Arbeiten gar nicht mehr allein ausführen kann und
- Hilfe bei der Körperhygiene und beim Anziehen braucht.

CDR 3 Im Stadium der schweren Demenz haben die meisten betroffenen Personen nur noch wenige Erinnerungsbruchstücke an ihre frühere Lebensgeschichte, die sie nicht mehr in einen richtigen zeitlichen Zusammenhang bringen können. Sie sind zu kaum einer Alltagshandlung mehr imstande, und ihre Körperpflege muss vollständig von einer Pflegeperson übernommen werden. Viele sind in diesem Stadium urin- und auch stuhlinkontinent. Sie benötigen viel Pflege.

Diese Einteilung in Stadien führt bei vielen Laien zu der fälschlichen Vorstellung, dass Menschen, die sich im CDR-Stadium 0 befinden, keinerlei pathologische Veränderungen im Gehirn haben können. Dies stimmt leider nicht! Die moderne Hirnforschung hat gezeigt, dass viele pathologische Veränderungen des Gehirns oft schon zwei oder drei Jahrzehnte vor dem ersten bemerkbaren Anzeichen einer Demenz beginnen – unbemerkt und unaufhaltsam.

Wie lange kann man mit einer Demenz leben?

Es ist nur allzu nachvollziehbar, dass Angehörige wissen möchten, wie hoch die Lebenserwartung ihres Familienmitglieds mit Demenz ist. Die Veröffentlichungen hierzu sind nicht einheitlich.

So heißt es in manchen Studien, dass die durchschnittliche Überlebensdauer nach Diagnosestellung 3 Jahre beträgt, in anderen Studien ist von 5 bis 8 Jahren die Rede.

Für den einzelnen Menschen mit Demenz haben diese durchschnittlichen Angaben letztendlich wenig Bedeutung. Wesentlich wichtiger ist dagegen die Information, dass es auch hier erhebliche Schwankungen gibt. Der Schwankungsbereich liegt zwischen zwei und über 20 Jahren. Zunehmendes Wissen über primäre Demenzen legen ohnehin die Vermutung nahe, dass es sehr viel mehr Unterformen gibt, bei denen in den Anfängen die Beeinträchtigungen in den verschiedenen geistigen Bereichen unterschiedlich stark sind und deren Verläufe sich genau betrachtet auch in der Geschwindigkeit des Fortschreitens deutlich voneinander unterscheiden.

Demenz ist die Folge einer lebensbegrenzenden Erkrankung

»Stirbt man an Demenz?« Diese Frage wird von Experten unterschiedlich beantwortet.

»Ja« sagt die eine Gruppe von Experten und begründet dies so: Bestimmte Regionen im Gehirn, die für die Regulierung der vegetativen Funktionen (wie Blutdruck, Verdauung, Immunabwehr, Atmung, Schlaf etc.) zuständig sind, werden so stark durch das Zellsterben geschädigt, dass diese lebenswichtigen Prozesse nicht mehr ausreichend funktionieren und es dadurch zum Tod kommt. In den USA wird »Demenz« immerhin zunehmend in Sterbeurkunden als Grund genannt, der mit zum Tod beigetragen hat.

»Nein«, antworten die anderen Experten und begründen ihre Position damit, dass sogenannte »Sekundärkomplikationen«, wie Schluckstörungen, Inkontinenz, Bettlägerigkeit etc., zum Tode führen, die Gehirnerkrankung selbst also nur indirekt mit dem Sterben in Verbindung gebracht werden kann.

Es ist also eher Einstellungssache, ob man die Gehirnerkrankung selbst als Todesursache ansieht oder nicht. Tatsache ist aber, dass Menschen mit Demenz eine reduzierte Lebenserwartung haben.

Störungen der geistigen Fähigkeiten

Die zunehmende Gedächtnisschwäche, aber auch Schwierigkeiten bei der räumlichen und zeitlichen Orientierung schränken die Handlungsfähigkeit des Erkrankten ein.

Um zu verstehen, welche Krankheitszeichen (Symptome) im Verlauf einer Demenz auftreten können, muss man sich noch einmal ihre Ursache vergegenwärtigen: Gehirnzellen sterben ab, und dadurch funktionieren die betroffenen Regionen des Gehirns immer weniger gut. Das Gehirn ist aber die Schaltzentrale für alle Fähigkeiten, Fertigkeiten und Körperfunktionen. Probleme können daher in allen diesen Bereichen auftreten. In der Fachliteratur werden vier große Bereiche unterschieden:

- Störungen der geistigen Fähigkeiten
- psychische Beeinträchtigungen
- Verhaltensauffälligkeiten
- Störungen körperlicher Funktionen

Alle vier Bereiche werden im Folgenden detailliert behandelt. Zunächst wenden wir uns den Störungen der geistigen Fähigkeiten zu: Der Begriff »Kognition« steht in der Psychologie für alle Denk- und Wahrnehmungsfähigkeiten des Menschen. Kognitive Störungen sind also Beeinträchtigungen der Wahrnehmung und des Denkens.

Gedächtnisstörungen

Unter Gedächtnis versteht man die Fähigkeit, Informationen aus der Umwelt aufzunehmen, ihre Bedeutung zu erkennen, um entweder spontan darauf zu reagieren oder um diese Bedeutung längerfristig zu speichern und sie später abzurufen.

Die Gedächtnisstörungen, die im Rahmen einer Demenz in den ersten Phasen des Verlaufs auftreten, betreffen vorwiegend das Sensorische Register und das Arbeitsgedächtnis (Seite 32).

Erst in späteren Phasen der Erkrankung kann sich auch das Langzeitgedächtnis verschlechtern, das »alte Erinnerungen« an schon lange zurückliegende Ereignisse gespeichert hat. Dies fällt oft das erste Mal auf, wenn die Person mit Demenz nicht mehr genau weiß, wie viele Geschwister sie hat bzw. hatte, oder sie ihre Geschwister mit ihren Kindern verwechselt.

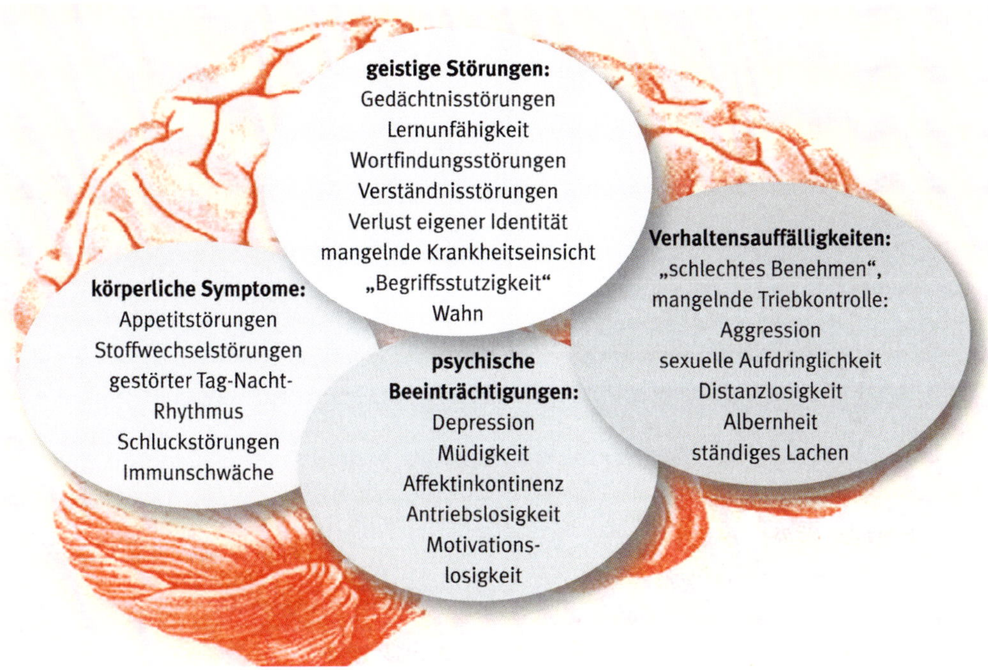

Die vier Bereiche der Demenzsymptome.

Immer die gleichen Fragen und Geschichten

Im alltäglichen Leben zeigen sich die Gedächtnisstörungen z. B. in folgenden Situationen: Der Mensch mit Demenz stellt dieselbe Frage immer wieder oder erzählt häufig dasselbe mehrmals nacheinander, weil er gleich wieder vergessen hat, dass er die Frage gerade schon (mehrere Male) gestellt bzw. seine Geschichte schon erzählt hat. Weil er nicht mehr weiß, was vor einigen Minuten geschehen ist, kann er auch einem Fernsehfilm nicht mehr folgen, keine längeren Texte mehr lesen und verstehen oder den Erzählungen von Menschen nicht mehr folgen, die einen »komplizierten« Sprachstil haben. Auch vergisst er bei Ablenkung, womit er eben noch beschäftigt war.

Absprachen werden vergessen

Für mich als betreuende Angehörige verursachen die Gedächtnisstörungen tiefe Einschnitte in mein Alltagsleben: Ich kann mich z. B. immer weniger darauf verlassen, dass er sich an Verabredungen oder Absprachen oder Erzählungen erinnern kann. Außerdem erlebe ich vielleicht seine oft nervenzermürbenden Wiederholungen von Fragen oder Schilderungen als belastend.

Durch seine zunehmenden Gedächtnisstörungen verliere ich außerdem Schritt für Schritt einen Kommunikationspartner, mit dem ich mich früher über gemeinsame Erlebnisse austauschen konnte und dies nun immer weniger kann, weil er sich daran gar nicht mehr erinnert.

Wie funktioniert unser Gedächtnis?

Um zu verstehen, welche Veränderungen eine demenzverursachende Gehirnerkrankung hervorruft, hilft es sich zu vergegenwärtigen, wie das Gedächtnis »normalerweise« funktioniert – also bei einem gesunden Menschen.

Der Mensch verfügt über verschiedene Gedächtnisinstanzen, die eng verzahnt zusammenarbeiten, um komplexes Erinnern zu ermöglichen: Sensorisches Register, Arbeitsgedächtnis, Langzeitgedächtnis und Konsolidierungsfunktionen der Hippocampi.

Sensorisches Register

Das Sensorische Register ist eine unbewusst arbeitende Gedächtnisfunktion, die alle einströmenden Informationen aus der Umwelt aufnimmt und sortiert. Diese werden blitzschnell mit den bereits im Langzeitgedächtnis gespeicherten Wissensbeständen und mit aktuellen Bedürfnislagen verglichen und so in »wichtig« und »unwichtig« eingestuft.

Das Urteil darüber, was »wichtig« und was »unwichtig« für eine Person ist, hängt natürlich von sehr individuellen Faktoren ab wie z. B. ihren persönlichen Interessen, ihren momentanen Bedürfnissen, ihrer aktuellen Lebenssituation, ihrer Prägung in der Vergangenheit und anderem mehr.

Die als unwichtig eingestuften Informationen werden sofort wieder gelöscht, ohne dass sie der Person überhaupt bewusst geworden sind. Was wichtig zu sein scheint, wird weitergeleitet in den Teil des Gedächtnisses, in dem Informationen zu Bewusstsein gelangen, nämlich in das Arbeitsgedächtnis.

Da sehr viele Informationen gleichzeitig in das Sensorische Register einströmen können, muss es schnell arbeiten. Nimmt die geistige Geschwindigkeit einer Person ab, wie das häufig bei Demenz der Fall ist, arbeitet das Sensorische Register demzufolge nicht mehr effizient genug. Weil es nicht mehr schnell genug sortieren kann, werden zu viele Informationen aussortiert und gelöscht, weshalb also nur noch wenige Informationen ins Arbeitsgedächtnis weitergeleitet werden.

Arbeitsgedächtnis

Informationen, die ins Arbeitsgedächtnis gelangen, werden dort für einige Sekunden bis Minuten aufrechterhalten. In dieser Zeit werden sie aktiv verarbeitet und aufbereitet.

Die Verarbeitung der neu ankommenden Informationen durchläuft verschiedene Prozesse: So werden sie zunächst auf das Wesentliche gekürzt, dann neu geordnet, anschließend mit »alten«, bereits im Langzeitgedächtnis gespeicherten Informationen verwoben und schließlich in verarbeiteter Form in das Langzeitgedächtnis übertragen.

Neuere Forschungsergebnisse legen die Vermutung nahe, dass eine Oberinstanz im Arbeitsgedächtnis diese Verarbeitungsprozesse initiiert, koordiniert und leitet. Ihr gab man die Bezeichnung »zentrale Exekutive«. Weil es ja mehrere Aufgabenbereiche sind, die diese Oberinstanz organisiert, werden sie »Exekutivfunktionen« genannt. Ihr problemloses Funktionieren setzt ganz offenbar gesunde und unbeeinträchtigte Gehirnstrukturen im Frontalhirn voraus.

Langzeitgedächtnis

Sind die Informationen erfolgreich in das Langzeitgedächtnis übertragen worden, sodass die betreffende Person sich auch noch nach einem längeren Zeitraum an diese Informationen erinnern kann, spricht man von gelungener Konsolidierung.

Die moderne Gedächtnisforschung unterteilt das Langzeitgedächtnis in zwei Unterbereiche: einen, in dem das explizite Wissen gespeichert wird, und einen, der die Speicherung impliziten Wissens übernimmt. Implizite Wissensbestände sind Informationen, die unbewusst aus der Umwelt aufgenommen werden, oder Handlungsabläufe, die mit der Zeit einfach gelernt werden (wie z. B. Fahrradfahren), ohne dass dies beschrieben oder in Worte gefasst werden könnte. Explizites Wissen wird dagegen bewusst wahrgenommen und erworben, und man kann es sprachlich wiedergeben. Wenn ich mir also merken möchte, dass ich morgen einen bestimmten Termin habe, muss diese Information ins explizite Langzeitgedächtnis übertragen werden.

Diese Unterscheidung hat für die Betrachtung der Demenz insofern eine Bedeutung, als dass bei Menschen mit Demenz in erster Linie die Konsolidierung im expliziten Langzeitgedächtnis beeinträchtigt ist, die Speicherung im impliziten Langzeitgedächtnis lange Zeit nicht.

Der Grund für die gestörte Aufnahme expliziten Wissens ist der frühe Abbau zweier Gehirnregionen, die die Funktion des »Pförtners« des expliziten Langzeitgedächtnisses und des Koordinators übernehmen: die beiden Hippocampi.

Konsolidierungsleistungen der Hippocampi

Die Hippocampi liegen jeweils auf der Innenseite der beiden Gehirnhälften und bilden eine Schaltzentrale für das explizite Langzeitgedächtnis: Sie koordinieren die Speicherung der Einzelkomponenten einer neuen Information und sorgen dafür, dass alle Komponenten wieder zusammenhängend abgerufen werden können.

Diese Schaltzentrale ist bei den meisten Demenzformen sehr früh von Abbauprozessen betroffen. Das führt dazu, dass neue (explizite) Informationen kaum mehr ins Langzeitgedächtnis überführt werden können. Sobald die Informationen im Arbeitsgedächtnis verblassen, verschwinden sie und sind vergessen.

Gemeinsame Erlebnisse sind gelöscht

Wird im späteren Verlauf auch noch das Langzeitgedächtnis in Mitleidenschaft gezogen, dann vergisst die Person mit Demenz auch Erlebnisse aus unserem früheren gemeinsamen Leben. Und wenn dieser »Schatz« gemeinsamer Erinnerungen schwindet, kann kann mir mein Angehöriger zunehmend fremd erscheinen.

Agnosie: nicht Erkennen von Dingen oder Menschen

Eng mit den Gedächtnisstörungen hängen die Probleme beim Erkennen zusammen: Im Sensorischen Register wird den wahrgenommenen Reizen eine Bedeutung beigemessen und sie werden anschließend nach »wichtig« und »unwichtig« unterschieden. Dieses Beimessen einer Bedeutung erfolgt in sehr vielen einzelnen Arbeitsschritten, die hier detailliert anhand eines Beispiels aufgezeigt werden.

Wie erkennt man einen Apfel?

Wenn ich z.B. einen Apfel betrachte, strömen unterschiedlichste Informationen in mein Sensorisches Register: gelblich rote Farbreize, die optischen Reize einer glänzenden Oberfläche, süßliche Geruchsreize, optische Reize eines runden »Dinges«, das eine bestimmte Größe hat usw. Schnell müssen diese verschiedenen Einzelinformationen zusammengetragen und dieses Mosaik – ebenso schnell – zum Speicher meines Weltwissens getragen werden. Dort muss im »Archiv meines Weltwissens« nachgesehen werden, ob ich so ein rötlich gelbes, glänzendes, rundes, süßlich riechendes Ding dieser Größe schon einmal wahrgenommen habe und, wenn ja, was ich damit gemacht und wie ich es genannt habe. Wenn ich im Archiv die Bedeutung »Das ist eine Frucht, man kann sie essen, sie schmeckt mir gut, man nennt sie Apfel« gefunden habe, entscheidet erst dann mein Sensorisches Register, ob die Tatsache, dass ich dort einen Apfel auf dem Tisch liegen sehe, wichtig genug ist, um sie mir zu merken (d.h. sie über das Arbeitsgedächtnis ins Langzeitgedächtnis zu überführen) oder so unwichtig, dass sie gleich wieder gelöscht werden kann.

Da für die geistige Verarbeitung von Wahrnehmungen bestimmte Gehirnregionen mitverantwortlich sind, die bei Demenz sehr häufig betroffen sind, haben viele Menschen mit Demenz Schwierigkeiten, bekannte Dinge und Objekte oder Gesichter bekannter Personen zu erkennen.

Objekt-Agnosie Man nennt diese Störung beim Erkennen von Objekten Agnosie. Eine Person mit Demenz, die unter Agnosie leidet, kann also ein bestimmtes, ihr bekanntes Objekt nicht erkennen und dieses Problem wird nicht durch nachlassende Sehfähigkeit verursacht. Im Falle der Objekt-Agnosie kann sie oftmals Alltagsgegenstände nicht mehr erkennen. Dann sucht sie z.B. ihren Schlüsselbund, der direkt vor ihr auf dem Tisch liegt. Sie sieht ihn zwar, aber sie erkennt das gesehene Objekt nicht als ihren Schlüsselbund, weil bei ihr die Bedeutungszuschreibung »Dieses Ding, das aus verschiedenen länglichen Metallstäben besteht, die alle an einem Ring befestigt sind, ist mein Schlüsselbund« nicht mehr gelingt.

Prosopagnosie Leidet die Person an einer Prosopagnosie, kann sie Gesichter nicht erkennen, auch Gesichter ihr bekannter Personen. Dann erkennt sie möglicherweise beim Spaziergang Nachbarn oder ehemalige

Kollegen nicht mehr. Bei weit fortgeschrittener Erkrankung erkennt sie vielleicht auch Verwandte und vertraute Personen nicht mehr oder zumindest nicht gleich auf Anhieb.

Daher ist es wichtig, einer Person mit Demenz viel Zeit zu lassen, damit sie die Suche nach der Bedeutung so lange für sich fortsetzen kann, bis sie möglicherweise doch noch zum Erfolg führt.

Augen und Ohren sind okay, aber ...

An der verminderten Erkennensleistung liegt es häufig auch, wenn ein Mensch mit Demenz nicht mehr richtig »hört«, obwohl der Arzt sagt, das Gehör funktioniere noch sehr gut (ob mit oder ohne Hörgerät), wenn er nicht mehr richtig sieht, obwohl er – vielleicht mit Brille – eine gute »Sehleistung« hat. Ursache des Problems sind also nicht die Sinnesorgane, d.h. Auge oder Ohr, sondern gestörte und verlangsamte geistige Prozesse.

Als Angehörige können mich die agnostischen Symptome meines Familienangehörigen mit Demenz sehr verunsichern oder gar schockieren, wenn er z.B. einen ganz »normalen« Alltagsgegenstand nicht mehr erkennt und plötzlich nicht mehr weiß, was er mit dem »Ding« in seiner Hand anfangen soll. Oder wenn er seine eigene Wohnung nicht mehr erkennt und deshalb sagt, dass er gerne nach Hause möchte, obwohl er doch zu Hause ist!

Orientierungsstörungen

Unter Orientierung versteht man die Fähigkeit, sich selbst aktuell innerhalb eines zeitlichen, räumlichen, situativen und autobiografischen Rahmens einzuordnen. Nach dieser Definition gehören zur Orientierung 4 Bereiche:

- die zeitliche Orientierung (Datum, Wochentag, Jahr, Jahreszeit)
- die räumliche Orientierung (Wo bin ich gerade: Stadt, Land, Raum oder Gebäude?)
- die Orientierung zur aktuellen Situation (Wo bin ich gerade? Warum bin ich hier? Was tue ich hier?)
- die Orientierung zur eigenen Person (Alter, aktuelle Lebenssituation, Familienangehörige usw.)

Damit ich vollständig orientiert bin, müssen alle Gedächtnisleistungen funktionieren: Mein Sensorisches Register muss die Räumlichkeiten um mich herum erkennen, mein Arbeitsgedächtnis muss das Wissen um das aktuelle Datum und die Wegstrecke, die ich gerade zurückgelegt habe, an das Langzeitgedächtnis weitergegeben haben, ich muss aus meinem Langzeitgedächtnis das Wissen um mein Alter, meine Lebenssituation und meine Familie abrufen können.

Wo ist mein Zuhause?

Da Gedächtnisstörungen ein zentrales Krankheitszeichen bei Demenz sind, kann es immer wieder zu Orientierungsstörungen kommen: Leichte Orientierungsstörungen machen sich oft schon in frühen Phasen der Demenz bemerkbar. Die Person weiß dann z.B. nicht mehr, wie sie an ihren aktuellen Aufenthaltsort kam, und weiß daher auch nicht mehr, wie sie wieder zurückfinden soll. Sie weiß das aktuelle Datum und das aktuelle Jahr nicht; manchmal verwechselt sie auch Verwandtschaftsbeziehungen, nennt z. B. die Namen ihrer Kinder, wenn sie nach ihren Geschwistern gefragt wird.

Halt geben und orientieren

Für Menschen mit Demenz führen Orientierungsstörungen zur zunehmenden Einengung ihrer Lebensräume und somit zur wachsenden Abhängigkeit von anderen Menschen: Finden sie sich anfangs nur in fremden Umgebungen nicht mehr zurecht, kann es schließlich auch zu Orientierungsproblemen in der eigenen Wohnung kommen.

Auch für Angehörige haben die Orientierungsstörungen des erkrankten Menschen weitreichende Auswirkungen, so müssen sie sich nun zunehmend um die Einhaltung seiner Termine kümmern und dafür sorgen, dass er sich nicht verläuft. Da mangelnde Orientierungsfähigkeit lebensgefährliche Folgen haben kann – wenn der Kranke z. B. im Winter nicht nach Hause findet –, müssen Angehörige immer wieder eingreifen. Andererseits kann es die Person mit Demenz sehr frustrieren und kränken, wenn sie immer wieder mit einer Realität konfrontiert wird, an die sie sich nicht mehr erinnern und an der sie sich daher auch nicht mehr orientieren kann. So manch ein Erkrankter reagiert daher ärgerlich, wenn er geprüft wird: ob er das aktuelle Datum nennen kann oder ob er noch weiß, wie sein Cousin heißt.

In den späteren Kapiteln »Was das für Angehörige bedeutet (Seite 93)«, »Einfühlsam kommunizieren – wie geht das? (Seite 117)« und »Wie stärkt man das Selbstbild bei Demenz? (Seite 133)« wird das Thema des Umgangs mit Orientierungsstörungen eingehend behandelt.

Das richtige Maß Hilfe finden

Es ist wichtig, einem Menschen mit Demenz Zeit zu lassen, weil Denken, Entscheiden und Planen unter Zeitdruck noch viel schwieriger sind. Außerdem muss ich als Angehörige lernen, das richtige Maß an Unterstützung zu finden, das so viel Hilfe wie nötig bietet, dabei aber dem anderen so viel Selbstständigkeit wie möglich lässt. Und schließlich ist es häufig ratsam, als Angehörige zu versuchen, neue Situationen von meinem Familienmitglied mit Demenz fernzuhalten – soweit dies die gemeinsame Alltagsbewältigung überhaupt zulässt.

Sprachstörungen

Im Verlauf einer Demenz können Störungen der Sprachverarbeitung auftreten. Da sie eine häufige Ursache für Kommunikationsstörungen zwischen Menschen mit Demenz und ihren Angehörigen sind, soll dem Thema der Sprachstörungen später ein eigenes Kapitel (Seite 63) gewidmet werden. Hier werden nur kurz die einzelnen Beeinträchtigungen genannt, ohne schon auf alle Einzelheiten einzugehen. Störungen in der Sprachverarbeitung werden von vielen Menschen mit Demenz sehr bewusst erlebt. Sie lösen bei ihnen in vielen Fällen tiefe Verzweiflung und Resignation aus.

Wortfindungsstörungen

Das deutlichste Sprachproblem bei Demenz sind Wortfindungsstörungen. Diese Störungen kennt auch jeder gesunde Mensch: In der aktuellen Situation finde ich das Wort nicht, das ich sagen möchte. Möglicherweise habe ich sogar das Gefühl, »es liegt mir auf der Zunge«, d. h., ich habe eine ungefähre

Vorstellung davon, wie es klingt, wie viele Silben es hat, mit welchem Buchstaben es anfängt – aber ich kann es einfach nicht abrufen! Einige Zeit später, wenn ich gar nicht mehr daran denke, fällt es mir wieder ein. Der englische Fachausdruck für dieses Phänomen des »Auf-der-Zunge-Liegens« lautet »tip-of-the-tongue«.

Wortfindungsprobleme können bei einer Person mit Demenz jedoch wesentlich häufiger auftreten, sodass sie ein echtes Kommunikations-Handicap darstellen. Denn wenn ihr während einer Erzählung jedes dritte Wort nicht mehr einfällt und sie dafür unentwegt Ersatzwörter suchen muss, die zwar eine ähnliche, aber eben nicht genau die richtige Bedeutung haben, wird ihre Darstellung ungenau und weitschweifig. Sie redet »um den heißen Brei« herum und kommt doch nicht auf den Punkt.

Benennstörungen

Ein anderes sprachliches Problem bei Demenz sind Benennstörungen. Diese Beeinträchtigungen führen dazu, dass die Person alltäglichste Dinge nicht mehr benennen kann. Dies kann zwei Ursachen haben:

Zum einen treten Benennstörungen als Folge von Wortfindungsstörungen auf. In diesem Fall weiß die Person zwar, um welches Objekt es sich handelt, aber sie kann momentan nicht das richtige Wort dafür abrufen und es dann auch nicht aussprechen.

Benennstörungen können aber auch eine Folge von Erkennensstörungen sein. In diesem Fall sieht die Person ein Objekt, aber sie kann den optischen Reizen, die sie aufnimmt, keine Bedeutung beimessen, d. h., sie weiß nicht, was das für ein Ding sein soll, und kann es daher auch nicht benennen.

Verstehensprobleme

Manche Menschen mit Demenz können die Bedeutung des Gesagten nicht mehr verstehen. Dies kann zum einen daran liegen, dass sie die Bedeutung einzelner oder mehrerer der gehörten Wörter nicht schnell genug entschlüsseln können.

Es können aber auch Gedächtnisbeeinträchtigungen sein, die diese Verständnisprobleme verursachen. Denn um die Bedeutung eines Satzes verstehen zu können, muss man sich den ganzen Satz merken können, bis er zu Ende gesprochen ist. Hat ein Mensch mit Demenz aber den Satzanfang schon vergessen, bevor er das Ende gehört hat, kann er die Bedeutung des Satzes nicht erfassen.

Wenn Denk- und Urteilsprozesse beeinträchtigt sind

Problemlösendes und logisches Denken, die Fähigkeit, Urteile zu fällen und Entscheidungen zu treffen, sind sehr komplexe geistige Prozesse. Sie machen es erforderlich, schnell neue Informationen aus der Umwelt aufzunehmen, ihre Bedeutung zu erkennen, im Archiv des Langzeitgedächtnisses nachzusehen, welches Wissen über die betreffende Sache bereits vorhanden ist, das gesamte Weltwissen zu aktivieren. Festzustellen, welche Lösungsmöglichkeiten überhaupt infrage kommen, diese im Geiste durchzuspielen, und dann zu überlegen, welche Lösung für die aktuelle Situation wohl die beste sei. Viele geistige Prozesse müssen also schnell kombiniert und koordiniert werden.

»Was soll ich anziehen?«

Weil Kombinieren und Koordinieren einem Menschen mit Demenz Schwierigkeiten bereiten, ist er häufig schon mit alltäglichen Aufgaben überfordert. Das Planen einer Reise oder Unternehmung, die Überlegung, welche Zutaten er für ein Gericht braucht und in welcher Reihenfolge sie verwertet werden sollen, das Urteil, ob er genügend Lebensmittel für das Wochenende zu Hause hat, die Entscheidung, ob er bei diesem Wetter die warmen oder besser die leichten Schuhe anzieht – all diese alltäglichen Entscheidungen, die ein gesunder Mensch ganz nebenbei zu treffen scheint, können Menschen mit Demenz Probleme bereiten.

Spontanität ist schwierig

Besonders schwierig wird Planen, Urteilen und Handeln für Menschen mit Demenz dann, wenn sie von ihren Routinetätigkeiten abweichen müssen: ein plötzlicher Arzttermin, der spontane Besuch eines Bekannten oder ein neues elektrisches Haushaltsgerät können sie völlig aus der Fassung bringen, weil diese Situationen von ihnen Flexibilität und Anpassungsleistungen verlangen, die sie meist nicht mehr aufbringen können, wodurch sie überfordert sind.

> **Störreize ausschalten**
>
> Wichtig ist es, möglichst viele Störreize von vornherein auszuschalten, wenn die Person mit Demenz sich konzentrieren muss. Als Angehörige sorge ich deshalb dafür, dass kein Fernseh- oder Radiogerät im Hintergrund läuft, und ich führe nicht nebenbei noch eine Unterhaltung mit einer anderen Person, wenn ich der erkrankten Person etwas verständlich machen möchte. Auch gilt es zu bedenken, dass sie ihre Konzentration häufig nicht so lange aufrechterhalten kann. Nach einigen Minuten ist oft eine kleine Entspannungspause erforderlich.

Die Aufmerksamkeit lässt nach

Aufmerksamkeit ist die Fähigkeit, die eigene Wahrnehmung auf einen bestimmten Ausschnitt der Umwelt zu lenken, der für die aktuelle Situation gerade von Bedeutung ist, und darauf gerichtet zu halten – und unwichtige »Störreize« dabei zu ignorieren. Wenn ich mich in ein Buch vertiefe, höre ich vielleicht die Kirchenglocken im Hintergrund nicht. Wird aber ein anderer Ausschnitt der Umwelt plötzlich wichtig – vielleicht bellt direkt neben mir plötzlich ein Hund –, muss ich meine Aufmerksamkeit wie einen Suchscheinwerfer schnell vom ursprünglichen Punkt lösen und auf den neuen Aspekt schwenken können.

Störreize machen unaufmerksam

Aufmerksamkeitslenkung erfordert ein hohes Maß an geistiger Energie. Manche Störreize sind freilich nur schwach und stören die Aufmerksamkeit kaum. So ziehen leise Straßenverkehrsgeräusche im Hintergrund die Aufmerksamkeit nicht sehr auf sich, wenn jemand versucht, Zeitung zu lesen.

Dagegen ist es schon wesentlich schwerer, die geistigen Energien auf das Lesen gerichtet zu halten, wenn man neben einem eingeschalteten Fernsehgerät sitzt, das sehr laut gestellt ist. Ein Teil der geistigen Energien

richtet sich unverzüglich auf die Geräusche, die durch das Gerät produziert werden, die Aufmerksamkeit teilt sich und das Verstehen des Zeitungstextes fällt deutlich schwerer.

Auch Kleinigkeiten lenken ab

Diese Situation der sich teilenden Aufmerksamkeit stellt sich bei vielen Menschen mit Demenz bereits bei kleinsten Störreizen ein: Da ihre Fähigkeit zur Aufmerksamkeitslenkung nachlässt, werden sie durch kleinste Reize abgelenkt.

Manchmal sind diese Störreize für mich als Angehörige so schwach und unbedeutend, dass ich sie gar nicht wahrnehme. Vielleicht ist es nur eine Büroklammer, die auf dem Boden liegt, oder das Blatt einer Balkonpflanze, das sich im Wind bewegt, die die Aufmerksamkeit des Erkrankten auf sich zieht – und schon reißt der Gesprächsfaden.

Nimmt die Aufmerksamkeitslenkung bei der Person weiter ab, kann sie schließlich ihre Konzentration nicht mehr so lange auf eine Aufgabe richten, bis sie diese abgeschlossen hat. Sie bricht Tätigkeiten ohne »erkennbaren« Grund einfach ab.

Dann muss ich sie als Angehörige immer häufiger an die Fortführung der begonnenen Tätigkeit erinnern, ihre Aufmerksamkeit wieder zurücklenken auf ihre Verrichtung, damit sie sie vollständig zu Ende bringen kann.

So muss ich sie vielleicht bei der Körperhygiene mehrmals erinnern, fortzufahren, die Zähne zu putzen, die Haare zu kämmen usw., weil sie ohne »externe Aufmerksamkeitslenkung« die Morgenwäsche abbrechen und nicht vollenden würde.

Das Gehirn arbeitet langsamer

Die Informationsverarbeitungsgeschwindigkeit gehört zum Bereich der sogenannten »flüssigen Intelligenz«, die bereits ab dem 30. Lebensjahr abnimmt. Die geistige Verlangsamung, die somit auch bei gesunden älteren Menschen auftritt, wird bei Menschen mit Demenz durch die krankheitsbedingten Veränderungen verstärkt.

Doch welche Auswirkungen hat eine starke Abnahme der geistigen Verarbeitungsgeschwindigkeit auf die geistigen und körperlichen Funktionen des Menschen? Dazu folgende Überlegungen:

Schnelles Einschätzen gelingt nicht mehr

Viele alltägliche Fähigkeiten gründen auf der Geschwindigkeit, mit der das Gehirn Reize verarbeiten kann. So basiert z. B. das richtige Einschätzen der Geschwindigkeit eines herannahenden Autos und somit das richtige Abschätzen, ob man noch vor diesem Auto die Straße überqueren kann, auf der Informationsverarbeitungsgeschwindigkeit.

Gangunsicherheiten treten auf

Die Geschwindigkeit der Verarbeitung ist auch Grundlage der Fähigkeit des Gehirns, aus allen Informationen, die vom Körper unentwegt an das Gehirn gemeldet werden und Auskunft über die sich ständig ändernde Körperposition und -bewegung geben, das Gleichgewicht »auszurechnen« und diese Rechenergebnisse schnell an den Körper zurückzumelden. Wenn dieser Informationsaustausch nicht schnell genug funktioniert, gerät das Gleichgewicht eines

Menschen bei jeder kleinen Änderung seiner Körperhaltung ins Wanken: Er bekommt einen langsamen, unsicheren Gang, auch wenn seine Muskeln, Knochen und Gelenke intakt sind.

Die Reaktionsgeschwindigkeit nimmt ab

Auch nimmt die allgemeine Reaktionsgeschwindigkeit eines Menschen ab, dessen Gehirn Informationen nicht mehr schnell genug verarbeiten kann. Wenn er ein wenig rutscht, fällt er hin, weil das Gehirn nicht schnell genug die ausgleichende Gegenbewegung in Gang setzen kann. Wenn ihm etwas aus den Fingern gleitet, fällt es zu Boden, weil das Gehirn nicht schnell genug die Fangbewegung steuern kann.

Geistige Fähigkeiten erhalten

Beim Aktivieren von Menschen mit Demenz gilt eine wichtige Erkenntnis: Eine Verbesserung der geistigen Fähigkeiten ist meist nicht zu erreichen und stellt somit kein realistisches Ziel dar. Der Sinn von fördernden Aktivitäten ist daher in erster Linie, ihr Identitätserleben zu stärken und ihr Wohlbefinden zu erhöhen. Insofern sollte jede Form von Aktivierung an die verbliebenen Fähigkeiten der Person angepasst und so durchgeführt werden, dass sie sich als kompetent erlebt und Spaß empfindet. Dabei hängt es auch von ihrer Persönlichkeit ab, inwieweit ihr die Aktivierung Freude bereitet. Menschen, die keinen Gefallen daran finden, sollten niemals gedrängt oder gar gezwungen werden!

Radio- und Fernsehbeiträge werden nicht mehr verstanden

Natürlich hängt auch die Kompetenz, Dinge richtig zu begreifen, von der Informationsverarbeitungsgeschwindigkeit ab, denn manche Dinge muss man eben schnell erfassen. So muss man z.B. die Äußerungen eines Radiosprechers in dem Moment erfassen, in dem man sie hört. Wenn man zu lange für das Verstehen braucht, hat er schon weitergesprochen und man hat seine weiteren Worte nicht auffassen können. Und dann versteht man natürlich den Sinn des gesamten Beitrags nicht.

Der geistigen Verlangsamung können gesunde ältere Menschen durch entsprechende Trainingsmaßnahmen entgegenwirken. Dies gilt für Menschen mit Demenz jedoch nur in sehr begrenztem Ausmaß.

Lese-, Schreib- und Rechenstörungen

Im Verlauf ihrer Demenz haben betroffene Menschen zunehmend Probleme, einen Text zu lesen (und zu verstehen!) und eigene Gedanken zu Papier zu bringen. Auch der Umgang mit Zahlen fällt ihnen immer schwerer. Denn auch Lesen, Schreiben und Rechnen basieren jeweils auf sehr komplizierten Kombinationen einzelner Fähigkeiten und Fertigkeiten, die in unterschiedlichen Teilen des Gehirns verarbeitet werden.

So spielt einerseits eine Gehirnregion bei der Verarbeitung von Schriftsprache und Zahlenmaterial eine besondere Rolle (das Lese-Schreib-Zentrum). Sterben in dieser Region Gehirnzellen ab, treten Störungen der Lese-, Schreib- und Rechenfähigkeit auf.

Andererseits muss man beim Lesen in der Lage sein, Wörter aus einzelnen Schriftzeichen zusammenzusetzen, sich den bereits zusammengesetzten Teil des Wortes so lange zu merken, bis das Ende des Wortes erreicht ist, und dann die inhaltliche Bedeutung des entzifferten Wortes aus dem geistigen Lexikon abzurufen.

Gedächtnisleistungen und Verarbeitungsgeschwindigkeit sind also unabdingbare Voraussetzung für Lesen, Schreiben und Rechnen. Diese Fähigkeiten werden bei Menschen mit Demenz zusätzlich gestört durch ihre Gedächtnisbeeinträchtigungen und die Verlangsamung ihrer geistigen Prozesse.

Und schließlich darf sich ein Mensch, der etwas lesen, schreiben oder ausrechnen möchte, während seiner Aufgabe nicht von irgendwelchen Störreizen ablenken lassen, muss also eine stabile Aufmerksamkeitsleistung haben. Und auch diese geistige Grundvoraussetzung ist im Verlauf einer Demenz immer weniger gegeben.

Aufgrund dieser Störungen sind Menschen mit Demenz nicht mehr in der Lage, ein Buch zu lesen oder einen Brief zu schreiben und werden somit in ihren Beschäftigungsmöglichkeiten erheblich eingeschränkt. Andererseits erschweren sie auch ihre selbstständige Lebensführung, wenn sie beispielsweise ihre Gedächtnisstörungen nicht mehr mit Merkzetteln überbrücken können, weil sie diese weder schreiben noch lesen könnten, oder wenn sie aufgrund des erschwerten Umgangs mit Zahlen ihre finanziellen Angelegenheiten nicht mehr erledigen können.

Schwächen im Alltag

Es fällt Menschen mit Demenz im Verlauf ihrer fortschreitenden Demenz zunehmend schwer, ein Buch, die Zeitung oder eine Nachricht auf dem Küchentisch zu lesen, einen Brief oder einen Zettel zu schreiben oder mit den Zahlen auf Preisschildern, auf dem Kontoauszug oder einer Rechnung zurechtzukommen. Wem Zahlenwerte nichts mehr sagen, kann auch kaum noch abschätzen, ob eine Ware überteuert ist, kann sein eigenes Alter nicht mehr angeben, weiß nicht mehr, in welchem Jahr er lebt und dass im dritten Monat des Jahres der Frühling beginnt.

Betreuungsbedarf ist erhöht

Solange erkrankte Personen noch lesen können, sind sie meist noch in der Lage, für eine bestimmte Zeit ohne Angehörige zu Hause zu bleiben, denn eine Nachricht auf dem Küchentisch kann sie daran erinnern, wo der Angehörige gerade ist und wann er nach Hause kommt. Können sie eine solche Nachricht nicht mehr lesen, werden viele unsicher, ängstlich oder gar panisch, weil sie nicht wissen, wo ihre Bezugsperson ist. Sie beginnen zu suchen, verlassen die Wohnung und verlaufen sich vielleicht dabei.

Der Verlust der Schreib- und/oder Lesefähigkeit zwingt mich als Angehörige schließlich, alle Aufgaben der Haushaltsführung und der Organisation des Alltagslebens, die schriftlich erledigt werden müssen bzw. Rechenfähigkeit verlangen, zu übernehmen.

Psychische Veränderungen sind möglich

Menschen mit Demenz können sich auch in psychischer Hinsicht verändern. Einige entwickeln depressive Episoden, Angststörungen, Zwangsideen oder Wahnvorstellungen

Auch im psychischen Bereich gibt es ganz unterschiedliche Beeinträchtigungen, die bei einer Demenz auftreten können, sich aber nicht bei jedem Erkrankten zeigen. Aber das Wissen um die Symptome hilft, die Situation zu verstehen. Oftmals sind diese Symptome für die betreuenden Angehörigen nur schwer auszuhalten. Sie sollten in solchen Fällen frühzeitig professionelle Hilfe in Anspruch nehmen.

Depressive Störungen und Angststörungen

Unter den psychischen Beeinträchtigungen müssen an erster Stelle die depressiven Störungen genannt werden. Dafür gibt es verschiedene Gründe (Seite 24) bzw. Ursachen (Seite 25).

Wenn depressive Störungen als Reaktion auf das Wissen um die eigene Demenz ausgelöst werden, dann treten sie vornehmlich in frühen Krankheitsphasen auf. Im späteren Verlauf kommt es immer wieder zu Phasen, in denen betroffene Personen keine rationale Einsicht in ihre Erkrankung haben, ihre eigenen Veränderungen also nicht bewusst erkennen können. Dieses Nicht-erkennen-Können ist eine Form von Agnosie (Seite 34), die »Anosognosie« genannt wird und nichts mit »Verheimlichen-Wollen« oder »Überspielen-Wollen« zu tun hat. Diese Phasen des Nicht-erkennen-Könnens sollten aber nicht zu der Vorstellung verleiten, die Person merke überhaupt nicht mehr, dass sie sich verändert. Tatsächlich gibt es bei den meisten Menschen mit Demenz auch später immer wieder Momente von Krankheitseinsicht, auf die sie selbst mit Traurigkeit, Niedergeschlagenheit oder gar Verzweiflung reagieren.

Unabhängig von der Ursache sollte versucht werden, depressive Störungen zu behandeln, weil sie nicht nur die Lebensqualität der Person bedeutend beeinträchtigen, sondern sogar lebensgefährdende Auswirkungen auf sie haben können.

Immerhin steigt die Suizidrate im höheren Erwachsenenalter an und als Ursache für die Selbsttötungen älterer Menschen wird in sehr vielen Fällen eine – oftmals unerkannte – Depression angenommen. Auch wenn man von dem Extrem einer Selbsttötung absieht, können Depressionen insofern lebensgefährdende Folgen haben, als die erkrankten Personen oft ein verändertes Gesundheitsverhalten zeigen, sich nicht mehr ausreichend und ausgewogen ernähren, ihre Medikamente nicht mehr einnehmen, zu wenig Flüssigkeit zu sich nehmen, ihr körperliches Abwehrsystem geschwächt wird und sie anfälliger für Krankheiten werden.

Ängstlichkeit nimmt zu

In jüngerer Fachliteratur werden Angstsymptome und gesteigerte Ängstlichkeit zum depressiven Krankheitsbild von Menschen mit Demenz gezählt. Dies scheint insofern gerechtfertigt, als es tatsächlich oft nicht unterscheidbar ist, ob sich ein Mensch mit Demenz deshalb immer stärker von allen sozialen Kontakten zurückzieht, weil er depressiv ist oder weil er aufgrund seiner Gedächtnis- und Orientierungsprobleme zunehmend unsicherer und ängstlicher wird. Auch aus hirnorganischer Sicht sind Angst und depressive Symptomatik sehr eng verwandt. Wie bei der Depression kommt es auch bei der Angstsymptomatik zu einem Serotonin-Mangel im Gehirn und es lassen sich bei beiden psychischen Störungsbildern Veränderungen derselben Gehirnregionen aufzeigen.

Nervosität und Agitiertheit

Unter Agitiertheit versteht man eine gesteigerte Unruhe bzw. Erregbarkeit, die sich oft in unangemessener körperlicher oder verbaler Aktivität äußert und sich nicht durch ein erkennbares Bedürfnis erklären lässt. Man unterscheidet hierbei zwischen aggressiver und nicht aggressiver Agitiertheit. Grundsätzlich treten bei vielen Demenzverläufen – meist vorübergehende – Phasen von agitiertem Verhalten auf. Je nach Form der Demenz, Persönlichkeit und psychosozialer

Sorgen Sie für eigene Freiräume

Antriebsarmut und sozialer Rückzug eines Menschen mit Demenz sind die beiden im Zusammenhang mit Depression und Angst auftretenden Krankheitszeichen, die massiv in mein Leben als Angehörige eingreifen, weil sie auf Dauer mein eigenes soziales Leben deutlich einschränken. Die erkrankte Person, die sich nicht mehr mit anderen Menschen treffen möchte, bindet mich mit ihrer wachsenden Hilflosigkeit, Abhängigkeit und Ängstlichkeit eng an sich. Sie schließt mich mit ein in ihre immer kleiner werdende Welt. Das hat zur Folge, dass ich mich gar nicht mehr frei fühle!

Umso wichtiger ist es, dass ich als Angehörige – möglichst frühzeitig – lerne, für mich Hilfs- und Entlastungsmöglichkeiten zu organisieren, mich beraten zu lassen und mich mit anderen Angehörigen auszutauschen, die mich verstehen, mich stärken und mir zudem oft hilfreiche Ratschläge und Tipps geben können.

Situation des erkrankten Menschen kann dies in ganz unterschiedlicher Weise in Erscheinung treten: Manche Personen sind einfach unruhig, laufen ziellos umher oder suchen unentwegt etwas. Oder sie laufen dem Angehörigen hinterher, wirken rast- und ratlos, wiederholen bestimmte Sätze oder Fragen stereotyp, oder jammern, weinen, bitten unentwegt um Hilfestellung oder aber lehnen notwendige Hilfestellungen vehement ab, manche fluchen, schimpfen, werden sexuell zudringlich oder schlagen, beißen, stoßen und kratzen.

Agitation gehört sicherlich zu den Krankheitszeichen, die für mich als Angehörige nur sehr schwer auszuhalten sind, insbesondere, wenn sie sich in verbal oder tätlich aggressivem Verhalten gegen mich äußern. In so einer Situation ist es für mich dringend erforderlich, dass ich kompetente Beratung und Unterstützung bekomme: Gemeinsam mit der Fachkraft einer Beratungsstelle kann ich versuchen herauszufinden, ob es Auslöser bzw. Ursachen für das agitierte Verhalten des Familienmitglieds mit Demenz gibt, und überlegen, ob und inwieweit es in meiner Macht steht, diese zu verändern. Wenn ich auf diesem Weg keine Veränderung bewirken kann, muss ich Kontakt zu einem Arzt bzw. einer Ärztin aufnehmen, um das Problem mithilfe geeigneter Medikamente behandeln zu lassen. Zögern Sie bitte nicht lange damit, sich Hilfe zu holen – es wird Ihnen und Ihrem Angehörigen guttun.

Was löst die Unruhe aus?

Agitiertheit und starke Nervosität treten auch bei anderen psychiatrischen Erkrankungen auf. Aus der Erforschung dieser Krankheiten vermutet man, dass hierfür Störungen der Botenstoffsysteme verantwortlich sein könnten. Zum einen tritt Agitation offenbar immer dann häufig auf, wenn Menschen mit Demenz unter Wahnideen oder Halluzinationen leiden (siehe nächstes Unterkapitel Seite 45) oder wenn sie die Situation, in der sie sich befinden, nicht verstehen und sich deshalb überfordert oder bedroht fühlen. Agitiertes Verhalten kann jedoch auch Folge von depressiven Störungen und Angst sein.

Illusionäre Verkennung, Halluzinationen und Wahn

Illusionäre Verkennung, Halluzinationen und Wahn werden von Laien häufig in einem Atemzug genannt. Doch es gibt bedeutsame Unterschiede zwischen diesen Krankheitszeichen.

Illusionäre Verkennung Darunter versteht man eine Sinnestäuschung, bei der Wahrnehmungen von Gegenständen oder Personen falsch gedeutet werden. Bei rund einem Drittel aller Menschen mit Demenz tritt dieses Krankheitszeichen auf. Häufig verkennen Menschen mit fortgeschrittener Demenz das eigene Zuhause als fremde Wohnung oder meinen, dass die Personen, die sie im Fernsehgerät sehen, real anwesende Menschen seien. Oder sie erkennen im Spiegelbild eine andere Person oder verkennen eine vertraute Bezugsperson als fremde Person. Manche meinen auch aufgrund von Geräuschen oder bestimmten Gegenständen, dass sich fremde Personen im selben Haus befänden.

Trugwahrnehmungen Halluzinationen dagegen sind Trugwahrnehmungen, die sich bei ungefähr einem Fünftel aller Menschen mit Demenz zeigen. Im Fall von optischen Halluzinationen sieht die Person Objekte, Gegenstände oder Personen, die gar nicht vorhanden sind, bei akustischen Halluzinationen hört sie Stimmen bzw. Geräusche, die real nicht wahrnehmbar sind.

Die Krankheitszeichen unterscheiden

Zur Unterscheidung der Begriffe »illusionäre Verkennung«, »Halluzinationen« und »Wahnvorstellungen« mag folgendes Beispiel hilfreich sein:

Wenn ein Mann mit Demenz seine Ehefrau sieht und sie für seine Schwester hält, handelt es sich um eine illusionäre Verkennung.

Sieht er dagegen seine Mutter neben sich auf dem Sofa sitzen, obwohl er ganz allein im Wohnzimmer ist, hat er eine optische Halluzination. Halluzinationen zeichnen sich dadurch aus, dass sie korrigierbar sind: Wenn er sich davon überzeugen ließe, dass da niemand neben ihm sitzt, würde er – im Falle einer Halluzination – seine falsche Sinneswahrnehmung korrigieren und sich denken: »Da muss ich mich wohl getäuscht haben.«

Wenn er aber davon überzeugt ist, dass er nachts, während er schläft, von fremden Menschen bestohlen wird, die in seine Wohnung eindringen, dann hat er Wahnvorstellungen (vorausgesetzt, es stimmt nicht, dass er bestohlen wird). Wahnvorstellungen können manchmal auf unklaren Sinneswahrnehmungen basieren – vielleicht sieht die Person nicht mehr gut und findet die Gegenstände, die sie sucht, nicht mehr, weshalb sie glaubt, sie seien ihr gestohlen worden. Wahnvorstellungen können auch durch Halluzinationen verursacht werden – vielleicht sieht der Mann mit Demenz »fremde Fußspuren« auf seinem Teppich, die gar nicht da sind.

Charakteristisch für Wahnvorstellungen ist die Tatsache, dass andere Menschen sie nicht durch »Gegenbeweise« korrigieren können.

Halluzination und Wahn

Illusionäre Verkennung und Halluzinationen sind Sinnestäuschungen, d. h., die Person sieht Dinge, die nicht da sind, oder hört Geräusche, die andere nicht hören. Von diesen falschen Wahrnehmungen kann sie sich aber meist distanzieren, wenn andere Menschen ihr zeigen, dass es sich um eine Täuschung handelt. Wahn hat dagegen etwas mit falschen Denkinhalten und Überzeugungen zu tun, die oftmals tiefen Ängsten oder alten Traumatisierungen entspringen. Von diesen Denkinhalten kann die Person nicht einfach loslassen, auch wenn andere ihr mit schlüssigen Argumenten oder sogar eindeutigen Belegen die Unrichtigkeit ihrer Überzeugung nachweisen können.

Wahn drückt meist tiefe Angst aus

Wahnvorstellungen haben immer einen tieferen Grund als Halluzinationen: Im Hintergrund stehen fast immer Ängste, z. B. Existenzängste, Verlassensängste, Ängste vor dem Alleinsein, vor dem Abgeschobensein, vor dem Sterben. Vielleicht sind diese Ängste erst durch die Demenz entstanden, möglicherweise handelt es sich aber auch um »alte Ängste«, die der Person selbst im Laufe ihres Lebens eventuell gar nicht bewusst geworden sind.

Wer weiß schon wirklich von seinen tiefsten unbewussten Ängsten? Sigmund Freud, der berühmte Begründer der Psychoanalyse, sprach davon, dass wir oftmals gar nicht »Herr im eigenen Haus« sind, d.h. nicht so genau wissen, was in den »Kellerräumen« unserer Seele verborgen liegt, das dann wieder zum Vorschein kommen kann, wenn unsere geistigen Kräfte nachlassen, die diese alten Ängste lange Zeit verdrängt haben.

Bei Wahn helfen keine »Gegenbeweise«

Weil Wahnvorstellungen also einen tieferen Grund haben, sind sie durch einfache Konfrontation mit der Realität nicht korrigierbar: Wenn ein Mensch den Wahn hat, bestohlen zu werden, weil ihn vielleicht tiefe, unbewusste Existenzängste quälen, können seine Angehörigen ihm jeden Tag aufs Neue »beweisen«, dass alle seine Dinge nach wie vor da sind und nicht gestohlen wurden – sein Problem ist dadurch nicht gelöst. Er wird weiterhin auf seiner Wahnidee beharren oder seine Existenzängste werden sich neue Wege suchen. Dann wird er zukünftig vielleicht davon überzeugt sein, dass sein Essen vergiftet wird oder dass der eigene Sohn ihn verschleppen will.

Das Gehirn verändert sich

Neben möglichen psychischen Ursachen zeigen sich bei Menschen mit Demenz mit den beschriebenen Krankheitszeichen auch Veränderungen im Gehirn: So konnte man durch SPECT-Untersuchungen (Seite 20) feststellen, dass bei Menschen mit Demenz, die an Verkennung, Halluzinationen oder Wahnideen leiden, in bestimmten Gehirnregionen der Blutfluss deutlich herabgesetzt ist. Auch scheinen diese Krankheitszeichen mit einem Mangel an dem Botenstoff Acetylcholin in Zusammenhang zu stehen.

Familienmitglieder werden fremd

Für Angehörige stellen alle drei Krankheitszeichen in mehrfacher Hinsicht eine große Bürde dar: Es liegt auf der Hand, dass sie sehr irritiert und verunsichert reagieren, wenn bei ihrem Familienmitglied mit Demenz erstmals Verkennungen auftreten. Besonders stark sind freilich die psychischen Belastungen, wenn es sie nicht erkennt und für Fremde hält.

Äußerst belastend ist es für mich als Angehörige aber auch, mit möglichen Wahnvorstellungen der erkrankten Person umzugehen, weil ich immer das Bedürfnis haben werde, sie von der Unrichtigkeit ihrer Vorstellungen zu überzeugen, selbst wenn ich merke, dass meine Bemühungen gar keinen Sinn haben bzw. die Situation vielleicht nur noch insofern verschlechtern, als meine Argumente sie noch zusätzlich aggressiv und misstrauisch werden lassen.

Ein möglicher Weg im Umgang mit Wahnvorstellungen ist der Versuch – evtl. auch mithilfe einer Beratungsperson – herauszufinden, welche Ängste oder Verunsicherungen hinter den Wahnäußerungen der erkrankten Person stehen könnten und wie sich diese Ängste reduzieren ließen. Vielleicht würde es ihr helfen, wenn ich ihr versicherte, dass ich sie nicht allein ließe, wenn sie allein nicht mehr zurechtkäme. Diese Form der einfühlenden Kommunikation wird in einem späteren Kapitel ausführlich beschrieben.

Manchmal gelingt es Angehörigen, Ärztinnen und Ärzten oder Psychologinnen und Psychologen, Wahnvorstellungen durch ein bestimmtes Verhalten aufzulösen oder zumindest abzuschwächen. Oftmals ist aber auch die Unterstützung durch spezielle Medikamente erforderlich.

Traumatische Erinnerungen können Wahn hervorrufen

Nicht selten gibt es einen Zusammenhang zwischen dem Wahnerleben eines Menschen mit Demenz und belastenden traumatischen Erlebnissen in seiner Kindheit oder Jugend. Während man früher in psychologischen Fachkreisen sogar glaubte, dass solche emotional unverarbeiteten Erinnerungen aus früheren Lebensjahren im späteren Leben eine Demenz verursachen können, hat sich die fachliche Einschätzung hierzu geändert: Von der Annahme eines ursächlichen Zusammenhangs ist man mittlerweile abgerückt. Dennoch gibt es einen Zusammenhang! Eine Vielzahl von Fallbeispielen aus der Praxis zeigt, dass unverarbeitete traumatische Lebensereignisse sich bei denjenigen betroffenen Menschen, die später aufgrund einer hirnorganischen Erkrankung eine Demenz entwickeln, in Wahnerleben und verhaltensbezogenen Störungen äußern. Insofern beeinflussen solche unverarbeiteten Erinnerungen den Verlauf einer Demenz oftmals ganz einschneidend, wenngleich sie nicht die Demenz selbst verursachen. Von den speziellen psychotherapeutischen Methoden, die zur Behandlung von Posttraumatischen Belastungsstörungen (PTBS) entwickelt wurden und die mit den Erinnerungen an die früheren Empfindungen arbeiten, können die meisten Menschen mit Demenz aber leider nicht mehr profitieren, weil sie nicht mehr über die notwendigen geistigen Voraussetzungen für eine solche Erinnerungstherapie verfügen. Nun geben aber jüngere Forschungsergebnisse Anlass zu Hoffnung! So haben beispielsweise zwei japanische Forscher vor kurzem eine modifizierte Form der ursprünglichen PTBS-Therapie bei drei Pflegeheimbewohnern mit schwerer Demenz angewandt, die aufgrund von traumatischen Erlebnissen aus früheren Lebenszeiten jetzt unter schweren Wahnvorstellungen litten. Die modifizierte PTBS-Therapie war an die beeinträchtigten kognitiven Fähigkeiten von Menschen mit Demenz angepasst. Mit dieser neuen Methode erzielten die Behandler zumindest mittelfristige Erfolge: Alle drei Bewohner zeigten noch 6 Monate nach der Behandlung deutlich weniger wahnhaftes Erleben als vor der Behandlung.

Die Persönlichkeit verändert sich

Im Verlauf einer Demenz kann sich die Persönlichkeit eines Menschen stark verändern – oder altbekannte Charakterzüge verstärken sich.

Die Persönlichkeit eines Menschen ist komplex, sie setzt sich unter anderem aus dem Handeln und Denken zusammen. Unter Persönlichkeit versteht man die Gesamtheit von typischen Gedanken, Gefühlen und Verhaltensweisen, die einen Menschen ausmachen, durch die er sich von anderen unterscheidet. Zwar entwickelt sich ein Mensch im Laufe seines Lebens weiter, und manchmal verändern sich Menschen – meist ausgelöst durch ein einschneidendes Erlebnis –, doch für gewöhnlich sind die grundlegenden Persönlichkeitseigenschaften eines Menschen relativ stabil.

Verändert sich die Persönlichkeit eines Menschen schnell und unvorhergesehen – wie dies bei manchen Menschen mit Demenz im Verlauf ihrer Krankheit geschieht –, führt dies in der Regel zu großen Verunsicherungen bei Verwandten, Freunden und Bekannten. Diese Veränderung ist insofern krankheitsbedingt, als dass die Person nicht mit Vorsatz oder aus bösem Willen handelt und sich willentlich nicht mehr ändern kann.

Es ist schwer zu akzeptieren, dass ein Mensch, der vielleicht immer sanft und still war, nun aufbrausend und aggressiv ist, dass der einst selbstsichere, souveräne und aktive Mensch nun ängstlich, unsicher und passiv ist, dass kaum mehr etwas von seiner früheren Gewissenhaftigkeit, Umsicht und Kontaktfreude übrig geblieben ist, dass er zunehmend starr in seinen Einstellungen und Meinungen wird, kaum mehr Rücksicht auf die Bedürfnisse anderer Menschen nimmt, sprunghaft und unberechenbar in seinen Gefühlsäußerungen wird oder möglicherweise in der Öffentlichkeit Verhaltensweisen zeigt, die als unschicklich, unhöflich oder ungehörig gelten.

Was löst diese Veränderungen aus?

Eine Antwort auf die Frage, wodurch diese Veränderungen ausgelöst werden, liegt sicherlich darin, dass Persönlichkeitsveränderungen auch eine psychische Reaktion auf die demenziellen Beeinträchtigungen sein können, die für den Betroffenen spürbar werden. Und da jeder Mensch auf seine individuelle Art und Weise versucht, mit seiner Erkrankung umzugehen, unterscheiden sich auch Menschen mit Demenz hinsichtlich ihrer Krankheitsbewältigung: Manche sind wütend auf ihr Schicksal, andere werden traurig, wieder andere werden ängstlich und suchen Schutz. Auf die eine oder andere Art wird jeder Erkrankte reagieren!

Ein weiterer Grund für Persönlichkeitsveränderungen und -auffälligkeiten muss jedoch wiederum in hirnorganischen Veränderungen gesucht werden. Denn man weiß mittlerweile, dass bei der Steuerung und Regulierung von Persönlichkeitsmerkmalen und Wesenszügen offensichtlich eine bestimmte Gehirnregion eine besondere Rolle spielt, die im vorderen Bereich der Großhirnrinde – also im Stirnbereich – liegt, weshalb sie auch Frontalhirn bzw. Stirnhirn (Seite 13) genannt wird.

Kommt es in dieser Region zu starken Abbauprozessen und Botenstoff-Veränderungen (man spricht in diesem Fall von einem Frontalhirn-Syndrom), verändert sich die Persönlichkeit des betroffenen Menschen sehr stark.

Persönlichkeitsveränderungen sind sehr belastend

Für mich als Angehörige sind diese Veränderungen häufig deshalb so belastend, weil es mir oft schwerfällt, sie als wirkliche Krankheitszeichen zu akzeptieren. Folgender Vergleich mag das verdeutlichen:

Besonders belastend ist es für mich als Angehörige, wenn die mir nahestehende Person mit Demenz immer weniger Interesse am Leben anderer – auch nahestehender – Menschen zeigt, sich daher auch nicht mehr darum kümmert, wie es mir geht, und keinen Anteil an meinem Leben nimmt, das durch die Folgen ihrer Demenz ja immerhin unentwegt beschwerlicher und belastender wird!

Wenn ein Mitglied meiner Familie z. B. fortwährend hustet, kann ich als Angehörige das leicht als Krankheitszeichen (z. B. als Zeichen für eine Infektion der Bronchien) akzeptieren. Denn ich weiß aus eigener Erfahrung, wie es ist, wenn man aufgrund einer Erkrankung unter Hustenreiz leidet, den man nicht unterdrücken kann. Auch wenn mich die Hustengeräusche des anderen auf die Dauer stören, scheint mein Wissen, dass der Kranke diese störenden Geräusche ja nicht mit Absicht produziert und somit überhaupt nichts dafür kann, meine Akzeptanz zu steigern. Die Schuldlosigkeit des Kranken und die Einsicht, dass er selbst darunter leidet, dienen als Entschuldigung: Statt Ärger ruft sein Husten eher Mitgefühl und Fürsorge hervor.

Es ist keine Absicht!

Anders ist es aber, wenn das Familienmitglied mit Demenz immer wieder aggressiv, weinerlich, distanzlos oder anzüglich wird. Es ist für mich als Angehörige viel schwieriger, diese Verhaltensänderungen als Krankheitszeichen zu akzeptieren, für die der andere nichts kann und unter denen er selbst leidet. Oft keimt in mir die Annahme, dass er sich sehr wohl absichtlich so verhält oder es zumindest in seiner willentlichen

Macht liegt, sich zu beherrschen und seine Impulse zu unterdrücken.

Ich bezichtige ihn also insgeheim, dass er sich einfach nicht mehr beherrschen will oder er überhaupt keinen Wert mehr auf Benehmen und Feingefühl legt. Erst wenn ich weiß, dass auch diese Veränderungen durch Störungen des Gehirns verursacht werden, kann ich akzeptieren, dass er sich nicht mehr beherrschen kann. Wahrscheinlich belasten mich als Angehörige diese Veränderungen noch immer, aber sie lösen in mir nicht mehr so stark Wut und Ärger aus.

Was bedeutet »Enthemmtsein«?

Wenn sich die Person mit Demenz ärgert, platzt sie mit ihrem Ärger in aggressiver Weise hinaus, wenn sie traurig wird, beginnt sie hemmungslos zu weinen, wenn sie ängstlich ist, läuft sie ihrer Bezugsperson hinterher, wenn sie die Zahnprothese stört, nimmt sie sie heraus – auch wenn sie in einem Restaurant mit anderen Menschen sitzt. Wenn sie Kontakt sucht, spricht sie einfach einen Fremden an, wenn sie eine andere Person anziehend findet, versucht sie sie zu berühren usw. Auch diese Hemmungslosigkeit, die man auch als »Enthemmtsein« bezeichnet, ist hirnorganisch verursacht und nicht willentlich steuerbar.

Oft verstärken sich alte Persönlichkeitszüge

Von Persönlichkeitsveränderungen spricht man nicht nur, wenn eine Person mit Demenz Züge entwickelt, die sie früher nicht zeigte, sondern auch, wenn sich alte Eigenheiten verstärken. Weil mir die Eigenheiten der Person, die sich nun verstärken, ja schon bekannt sind, fällt es mir als nahestehender Person umso schwerer, sie als Zeichen einer Krankheit zu akzeptieren. »Das kann nichts mit der Krankheit zu tun haben, denn das hat sie schon früher gemacht!«, lautet dann meine spontane Einschätzung. Aufgrund dieser Einschätzung macht mich das »störende« Verhalten wütend und ärgerlich, weil ich davon ausgehe, die Person verhalte sich absichtsvoll und willentlich so!

Tatsächlich ist es jedoch so, dass ein Mensch mit Demenz durch seine Unfähigkeit, Neues zu lernen, unflexibel wird. Er ist oft allein aufgrund seiner geistigen Fähigkeiten nicht mehr in der Lage, sein eigenes Verhalten kritisch »von außen« zu betrachten und sich zu fragen, ob und inwieweit er es verändern

Ablenken oder darüber hinweggehen

Insofern verdienen diese Persönlichkeitsveränderungen Mitgefühl und – letztendlich – Verständnis. Wenn ich als Angehörige um das Unverschuldetsein dieser Verhaltensauffälligkeiten weiß, kann ich Situationen teilweise auch entschärfen: Wenn ich nicht mehr darauf bestehe, dass der andere sein aus meiner Sicht unangemessenes Verhalten verändert, kann ich ihn möglicherweise durch Ablenken von seinem Tun abhalten und sein Handeln in andere Bahnen lenken. Wenn ich auf diese Weise bewirken kann, dass die Atmosphäre zwischen uns entspannt bleibt, beruhigt er sich möglicherweise und zeigt das belastende Verhalten seltener.

sollte. Einen solchen Lern- und Entwicklungsprozess kann man von einem Menschen mit Demenz nicht mehr erwarten! Da die Krankheitssymptome ihn wahrscheinlich verunsichern und verängstigen, wird er dazu neigen, die ihm bekannten Verhaltensweisen beizubehalten, denn das vermittelt ihm das Gefühl von Sicherheit. Durch die hirnorganischen Veränderungen können diese störenden Persönlichkeits- und Verhaltensmerkmale nun noch verstärkt werden.

Noch einmal soll allerdings betont werden, dass sich nicht alle Persönlichkeitsveränderungen und Verhaltensauffälligkeiten durch Mitgefühl und Fürsorge entschärfen lassen. Außerdem können sie derart belastend sein, dass sie Angehörige an den Rand ihrer Kräfte bringen. Spätestens dann muss eine medikamentöse Behandlung in Betracht gezogen werden.

Auch im Fall der Verstärkung von Persönlichkeitsmerkmalen ist es sowohl für den Menschen mit Demenz als auch für mich als Angehörige entlastender, diese Entwicklung als Zeichen seiner Demenz anzuerkennen und Verständnis und Mitgefühl dafür aufzubringen.

»Rechthaberei« und fehlende Krankheitseinsicht

Viele Menschen mit Demenz scheinen eine eingeschränkte Einsicht in ihre Erkrankung und die damit einhergehenden Beeinträchtigungen zu haben.

- Ein Mensch mit Demenz lässt z. B. sein Portemonnaie im Geschäft liegen, aber nachher sagt er, er sei sich sicher, dass es ihm gestohlen wurde.
- Oder er vergisst eine Verabredung, aber beharrt später auf der Meinung, dass er von einer Verabredung nie etwas erfahren habe.
- Oder er kann sich nicht mehr an das Gespräch erinnern, das er tags zuvor mit einem Bekannten geführt hat, aber er hält an seiner Einschätzung fest, dass ein solches Gespräch nicht stattgefunden habe.
- Oder er verläuft sich bei seinem Einkaufsweg und berichtet hinterher, dass er absichtlich einmal anders gehen wollte.

Die Liste solcher Beispiele ließe sich noch lange fortsetzen. Wiederum lassen sich »falsche« Behauptungen und Aussagen von Menschen mit Demenz kaum durch Argumente und Gegenbeweise korrigieren. Viele beharren auf ihrer Sicht der Dinge und wenn sie mit vielen Widerworten und Gegenargumenten konfrontiert werden, verschließen sie sich, fühlen sich falsch verstanden oder hintergangen, werden misstrauisch und ag-

Anosognosie

Mangelnde Krankheitseinsicht wird in der Fachsprache als Anosognosie bezeichnet. Auch hier gibt es zwei Ursachenbereiche: einen emotional-psychischen und einen hirnorganischen. Es ist im Einzelfall oft schwer zu unterscheiden, ob ein Mensch mit Demenz seine Defizite tatsächlich nicht wahrnehmen kann oder ob er sie abwehrt, weil er mit dem ständigen Gefühl des Scheiterns und Versagens nicht leben könnte. Doch mit einem sturen »Nicht-zugeben-Wollen« hat Anosognosie bei Demenz nichts zu tun.

gressiv oder glauben, die anderen Menschen wollten sie »verrückt machen«.

Es ist für mich als Angehörige zunächst schwer, zu akzeptieren, dass sich die Realitätswahrnehmung der Person mit Demenz von meiner zunehmend unterscheidet. Doch je mehr ich mich in meine neue Rolle als betreuende Begleiterin dieser Person einlebe, desto stärker wird meine Fähigkeit, widersprüchliche Wahrheiten aushalten und nebeneinander stehen zu lassen.

Psychische Ursachen

Zunächst zu den emotional-psychischen Ursachen: Früher gingen viele Psychologen davon aus, dass Anosognosie ausschließlich Folge eines absichtlichen Verleugnungsmechanismus sei, um depressive Gefühle abzuwehren. Aus psychologischer Sicht gibt es auch viele gute Gründe, einen solchen psychisch-emotionalen Abwehrmechanismus anzunehmen. Denkt man einmal darüber nach, warum es manchen Menschen – und dazu zählen nicht nur Personen mit Demenz – so schwerfällt, eigene Schwächen, Misserfolge oder Fehler einzugestehen, stellt man fest, dass oftmals ein tief sitzendes Selbstwertproblem die Ursache ist.

Hirnorganische Gründe

Es gibt eine hirnorganische Ursache für die mangelnde Krankheitseinsicht bei Menschen mit Demenz. SPECT-Untersuchungen (Seite 20) zeigten, dass Anzeichen von Anosognosie ebenfalls mit Störungen und Beeinträchtigungen im Frontalhirnbereich einhergehen. Die Erklärung der Anosognosie als einer komplexen geistigen Störung mit frontalem Schädigungsmuster wird auch durch Langzeitbeobachtungen bestätigt. Sie zeigen, dass eine angemessene Krankheitswahrnehmung bei Menschen mit Demenz im weiteren Verlauf ihrer Erkrankung störungsanfälliger wird, vermutlich in dem Maße, in dem der Abbauprozess im Stirnhirnbereich fortschreitet.

Rechthaberei als Selbstschutz

Bei jüngeren, gesunden Menschen liegen die Wurzeln dieses Problems wahrscheinlich schon in der Kindheit und diese sind möglicherweise schon lange vergessen bzw. verdrängt. Ihr Selbstwertproblem ist ihnen daher vielleicht gar nicht bewusst, aber es wirkt sich tagtäglich auf ihr Leben aus: Das Gefühl, ein wertvoller Mensch zu sein, steht bei ihnen auf sehr wackeligen Füßen. Sie können es nur dann aufrechterhalten, wenn sie sich selbst immer sagen können, dass sie nichts falsch gemacht haben. Alle Situationen, die ihnen zeigen könnten, dass sie doch mal einen Fehler gemacht haben, bewerten sie – aufgrund ihres Selbstwertproblems – als gefährliche Bedrohung. Nun kann man sich fragen, ob die Bezeichnung »gefährliche Bedrohung« nicht ein bisschen übertrieben ist, aber aus psychologischer Sicht ist das nicht der Fall!

Schwäche zugeben ist ein Zeichen von Stärke

Es scheint ein Urtrieb des Menschen zu sein, das Gefühl aufrechtzuerhalten, wertvoll zu sein – sei es auch noch so schwach ausgebildet. Immerhin kann ein Mensch ohne dieses Grundgefühl nicht überleben. Wer als Kind nicht lernen konnte, dass jeder Mensch, unabhängig von seinen Fähigkeiten, seinem Äußeren und seinem Vermögen wertvoll ist, der wird immer das Gefühl haben, er müsse sich seinen Selbstwert erarbeiten, und er wird immer fürchten, er könne ihn verlieren. Er wird dazu tendieren, seinen Selbstwert gegen alles zu verteidigen, was ihn zu bedrohen scheint. Diesen schwachen Kern wird er also zu schützen suchen mit einem harten Panzer aus »Fehlerlosigkeit«, Rechthaberei und vermeintlicher Stärke.

Uneinsichtigkeit ist »gesunde Verdrängung«

Wenn man durch diese psychologische Brille blickt und in der Unfähigkeit, eigene Schwächen einzugestehen, einen Schutzpanzer für ein schwaches Selbstwertgefühl erkennt, kann man auch mehr Verständnis und Mitgefühl für einen Menschen mit Demenz aufbringen. Denn dieser muss ja tagtäglich erleben, dass er immer mehr »Fehler« macht. Auch wenn diese Erlebnisse bei manchem Menschen mit Demenz nicht unbedingt zu bewusstem, reflektiertem Wissen des eigenen Krankheitsbilds führen, so spüren die meisten doch, dass sich etwas bei ihnen verändert und diese Veränderungen nicht gerade zum Besseren führen. Dieses Erleben stellt eine Kränkung und eine massive Bedrohung für den Selbstwert eines Menschen dar. Seine Abwehrreaktionen und »Rechthabereien« sind also in diesem Sinne ganz »gesunde« Reaktionen, denn sie sind Zeichen für seinen Willen zu überleben!

Auch bei diesem Symptom gilt, dass ich als Angehörige besser mit der eingeschränkten Einsichtsfähigkeit des Menschen mit Demenz leben kann, wenn ich mir vor Augen führe, dass es sich um die Folge einer Krankheit oder einen unwillkürlichen Schutzmechanismus handelt und nicht um eine bewusste Eigenart, die er einsetzt, um mir das Leben schwer zu machen.

Wie kann man auf sozialen Rückzug reagieren?

In dem – nicht immer bewussten – Erleben, kontinuierlich weniger zu können, immer weniger zu wissen und immer weniger zu verstehen, ziehen sich viele Menschen mit Demenz zunehmend von der Außenwelt zurück, bleiben lieber in ihrem vertrauten Umfeld, den bekannten Räumen, unter den vertrauten Menschen. Denn alles Fremde macht ihnen Angst, alles Bekannte gibt Sicherheit. Dieser Rückzug ist ein ganz normaler Selbstschutz!

Einerseits weiß ich als Angehörige, dass ich diesen sozialen Rückzug in gewissem Umfang akzeptieren muss. Dennoch ist auch meine Sorge gerechtfertigt, der andere könnte sich zu stark zurückziehen und dann in völliger Reizarmut leben, sodass er überhaupt keine Anregungen mehr bekommt und dadurch noch viel schneller geistig abbaut. Denn in der Tat kann soziale Isolation zur Beschleunigung des geistigen Abbaus führen. Soziale Isolation zu verhindern, wird daher für mich ein wichtiges Ziel meiner Betreuung sein. Dieses werde ich jedoch nur dann erreichen, wenn ich der erkrankten Person durch einfühlsame Kommunikation und unterstützende Begleitung helfe, sich aus der vertrauten Umgebung hinauszuwagen.

Fähigkeiten unterstützen

Diese Fähigkeiten, Kompetenzen und Fertigkeiten gilt es zu erkennen und die Person darin zu unterstützen. Die Menschen, die ihr dabei begegnen, sollten über ihre Erkrankung informiert sein und mit ihr umgehen können. Sozialer Rückzug lässt sich nur durch wertschätzenden und einfühlsamen Umgang verhindern bzw. hinauszögern, weil die Person sich so als Individuum mit ihrer Krankheit verstanden und angenommen fühlt und es ihr so ermöglicht wird, eigene Stärken zu erkennen und darüber den eigenen Selbstwert gezielt zu sichern.

Doch auch bei dem Versuch, die Person zu aktivieren und sie mit anderen Menschen in Kontakt zu bringen, sollten ihre Bedürfnisse im Vordergrund stehen. Wenn ihr die von mir geplanten Aktivierungen – trotz all meiner umsichtigen Bemühungen – keinen Spaß bereiten oder sie sich dadurch sogar unter Druck gesetzt und überfordert fühlt, muss ich schließlich auch ihren sozialen Rückzug akzeptieren.

Da einen Menschen mit Demenz besonders solche Momente verunsichern, in denen er auf seine Defizite hingewiesen wird, ist es wichtig, ihn zu solchen Unternehmungen zu motivieren, die ihn in seinen verbliebenen Fähigkeiten bestätigen.

Viele Menschen mit Demenz sind antriebslos

Viele Menschen mit Demenz verlieren im Verlauf der Erkrankung ihren Antrieb. Sie sitzen auf dem Sofa, sehen fern oder schauen » nur so vor sich hin«, liegen viel im Bett und beginnen von sich aus keine Beschäftigung. Für mich als Angehörige mag es so aussehen, als sei diese Untätigkeit Ausdruck einer depressiven Störung oder der Resignation der Person. Allerdings müssen Störungen im Bereich des Antriebs bei Menschen mit Demenz gar nichts mit Depression und Niedergeschlagenheit zu tun haben! Denn wenn die Abbauprozesse im Gehirn das Frontalhirn zunehmend beeinträchtigen, so führt dies meist zu massiven Antriebsstörungen – ohne dass dies mit einem subjektiv empfundenen Leiden bei den Betroffenen einhergeht.

Tagesmüdigkeit und Schläfrigkeit

Neben Antriebsstörungen kommt bei Menschen mit Demenz häufig das Problem der fortwährenden Müdigkeit und Schläfrigkeit hinzu. Für die allgemeine Wachheit bzw. Bewusstseinshelligkeit eines Menschen gibt es in der Psychologie den Fachausdruck der Vigilanz. Die ungestörte Vigilanz eines

Ursache des Antriebsmangels abklären

Natürlich sollte im Einzelfall immer auf diagnostischem Weg unterschieden werden, ob es sich eher um eine depressive oder eine im Rahmen des hirnorganischen Abbauprozesses auftretende Antriebsarmut handelt. Denn während im ersten Fall die Person möglicherweise selbst darunter leidet und dieser Störung zumindest medikamentös entgegengewirkt werden kann, erwächst ihr im zweiten Fall kein subjektiver Leidensdruck aus ihrer Inaktivität. Außerdem kann man auch mit Medikamenten bei dieser Form von Antriebslosigkeit kaum Erfolge erzielen.

Was hilft bei Schlafstörungen?

Während es einerseits schlaffördernde Medikamente gibt, helfen in vielen Fällen auch andere Maßnahmen: z. B. eine feste Tagesstruktur, die für die erkrankte Person einen verlässlichen Handlungsrahmen darstellt und feste Aufgaben (im Haushalt, im Garten oder in anderen Bereichen) für sie beinhaltet. Neben Aufgaben sollte die Tagesstruktur auch ausreichend Bewegungsmöglichkeiten vorsehen.
Viele Menschen mit Demenz haben einen sehr starken Bewegungsdrang, weil sie durch Bewegung ihre innere Unruhe abbauen können. Spaziergänge, Wanderungen, Radtouren, Bewegungsspiele und Ähnliches aktivieren die psychomotorischen Fähigkeiten, wirken ausgleichend und beruhigend – und machen müde! Außerdem verbessert es den Nachtschlaf, wenn man sich tagsüber ausreichend lange im hellen Tageslicht aufhält – dieser positive Effekt kann darüber hinaus durch eine Lichttherapie unterstützt werden.
Bei Einschlaf- oder Durchschlafstörungen helfen auch manchmal entspannende, duftende Bäder, ein kurzer Nachtspaziergang oder ein »Gute-Nacht-Ritual«: ein schönes Fußbad, eine Tasse warmer Kakao oder eine Praline.

Menschen ist gegeben, wenn seine Gehirnströme, die man mithilfe einer Elektroenzephalografie (EEG) messen kann, in einem bestimmten Grundrhythmus schwingen.

Tagesmüdigkeit und Schläfrigkeit werden durch zunehmende Gehirnschädigungen weiter verstärkt und stellen ebenfalls Symptome der Demenz dar, deren Unheilbarkeit ich akzeptieren muss.

Bei Menschen mit Vigilanzstörungen zeigt sich im EEG eine deutliche Verlangsamung der Gehirnströme – und auch bei Menschen mit einer fortgeschrittenen Demenz. Das heißt, dass auch Tagesmüdigkeit und Schläfrigkeit Folgen des hirnorganischen Abbauprozesses bei Demenz sind, die zwar durch Aktivierungen in gewissem Umfang eingedämmt werden, jedoch nicht effektiv behandelt werden können.

Viele Menschen mit Demenz machen die Nacht zum Tage

In engem Zusammenhang mit Vigilanzstörungen treten bei Menschen mit Demenz Störungen des Tag-Nacht-Rhythmus auf, denn Menschen, die tagsüber immer wieder dösen bzw. schlafen, können nachts häufig nicht durchschlafen, stehen dann auf und haben längere Wachphasen. Deshalb sind sie am folgenden Tag nicht ausgeschlafen, was wiederum ihre Tagesmüdigkeit verstärkt.

Melatonin reguliert den Schlaf-Wach-Rhythmus

Die nächtlichen Durchschlafstörungen – sie treten einer neueren Studie zufolge immerhin bei rund 70 % aller Menschen mit Demenz auf – haben jedoch auch noch eine weitere Ursache: Der Schlaf-wach-Rhythmus wird beim Menschen durch eine Gehirnregion reguliert, die bei einsetzender Dunkelheit am Abend die Ausschüttung von Melatonin anregt. Dies wirkt einerseits schlaffördernd, andererseits regt es die Ausschüttung von Serotonin an, welches die Schlaftiefe reguliert.

Dass diese Regulationsmechanismen bei Menschen mit Demenz nicht mehr ausreichend funktionieren, hat wohl zwei Gründe: Zum einen kommt es zu einer Schädigung eben jener Gehirnregion, die die Melatoninausschüttung regelt, zum anderen setzen sich viele Menschen mit Demenz aufgrund ihres sozialen Rückzugs und ihrer Antriebslosigkeit nicht mehr ausreichend lange dem hellen Tageslicht aus. Dämmerung und Dunkelheit werden von dem Zeitgeber im Gehirn dann gar nicht mehr registriert, Melatonin nicht in hinreichenden Mengen ausgeschüttet, was die »Schlafarchitektur« sehr negativ beeinflusst: Die verschiedenen Schlafstadien wechseln zu schnell, die Person wacht häufiger auf, schläft schlechter wieder ein, es kommt zu nächtlichen Verwirrtheits- und Unruhezuständen und Trauminhalte werden teilweise in körperliche Aktivität umgesetzt und ausagiert.

Fragen Sie ruhig den Arzt nach Medikamenten

Für die Verhaltensauffälligkeiten und Persönlichkeitsstörungen gilt, dass sie zwar möglicherweise durch meinen verstehenden, motivierenden, aktivierenden, akzeptierenden, Sicherheit gebenden, beruhigenden und einfühlsamen Umgang abgemildert werden können und ich dadurch oft die daraus resultierenden belastenden Situationen entschärfen kann. Dennoch kann es zu Situationen kommen, in denen eine medikamentöse Unterstützung unumgänglich wird.

Diese Notwendigkeit hat nichts damit zu tun, dass ich als Angehörige versagt und es nicht geschafft habe, mit einfühlsamem Umgang die psychischen Probleme und Verhaltensauffälligkeiten des erkrankten Familienmitglieds abzufangen. Wie bei chronischen Schmerzen kann man einen Kranken durch mitfühlenden, fürsorglichen Umgang so unterstützen und begleiten, dass er aufgrund seiner stabilen psychischen Verfassung die besten Voraussetzungen für eine Linderung seiner Schmerzen mitbringt und dennoch ist der Einsatz von schmerzlindernden Medikamenten häufig unumgänglich.

Wenn die psychischen Symptome und Verhaltensauffälligkeiten schlimmer werden, sollte ich mich als Angehörige daher nicht scheuen, einen Facharzt zurate zu ziehen, der Erfahrungen mit der Behandlung derartiger Krankheitssymptome bei älteren Menschen hat. Trotz aller Behandlungsmöglichkeiten darf nicht verschwiegen werden, dass Persönlichkeitsveränderungen und psychische Symptome eines Familienmitglieds auf mein Leben als Angehörige einschneidende Auswirkungen haben.

Umso wichtiger ist es, dass ich Kontakt zu anderen Angehörigen suche. Dadurch stelle ich fest, dass andere Angehörige ähnliche Probleme haben, dass ich mich über Hilfs- und Unterstützungsmöglichkeiten informiere und diese annehme.

Mögliche körperliche Symptome

Eine Demenz führt auch zu körperlichen Beeinträchtigungen – dazu gehören etwa ein unsicherer Gang, Urin- oder Stuhlinkontinenz und eine anfällige Immunabwehr.

Zudem stellt die Ernährung häufig ein Problem dar: Menschen mit Demenz haben oft wenig Appetit oder vergessen zu essen, was zu einer deutlichen Gewichtsabnahme führen kann.

Was ich mir als Angehörige möglicherweise noch nicht deutlich gemacht habe, ist die Tatsache, dass das Gehirn des Menschen nicht nur die geistigen und psychischen Fähigkeiten und Eigenschaften steuert, sondern auch die körperlich-vegetativen. Das bedeutet, dass eine Gehirnerkrankung, die eine Demenz verursacht, nicht nur geistige und psychische Auffälligkeiten und Störungen mit sich bringt, sondern auch körperliche Beeinträchtigungen.

Bewegungsstörungen Im Verlauf einer Demenz kommt es auch zur Verlangsamung der Körperbewegungen und später meist zu parkinsonähnlichen Symptomen, d. h. Muskelzittern, reduzierter Beweglichkeit, kleinschrittigem Gang und gebeugter Körperhaltung. Doch auch unabhängig von einer Parkinson-Symptomatik treten bei Menschen mit Demenz schließlich Gang-, Bewegungs- und Koordinationsstörungen auf: Die Bewegungen werden unsicher, einzelne Teilhandlungsschritte können nicht mehr zu einer Gesamtbewegung zusammengesetzt werden, der Gang wird instabil, kleinschrittig und schlurfend.

Schluckstörungen Zum Kreis der körperlichen Symptome zählen auch Schluckstörungen, unter denen Menschen mit Demenz in fortgeschrittenen Krankheitsstadien oft leiden. So kommt es zu einer Verzögerung des Schluckreflexes, was zu einem Verschlucken führt.

Verändertes Essverhalten Menschen mit Demenz zeigen auch Veränderungen hinsichtlich ihres Essverhaltens: Sie essen entweder viel mehr oder viel weniger als früher, haben nur noch auf bestimmte Nahrungsmittel Appetit, zeigen Züge von »Futterneid«, wenn sie mit anderen Menschen am Tisch essen oder zeigen veränderte »Tischmanieren«.

Häufiges Verschlucken erhöht die Gefahr einer Lungenentzündung, weil Nahrungs- und Speichelbestandteile, die so in die Atemwege geraten, meist mit unterschiedlichen Bakterien besiedelt sind.

Veränderte Sexualität Auch das sexuelle Verhalten eines Menschen mit Demenz kann sich verändern. Im Falle der Hyposexualität lassen die sexuellen Bedürfnisse deutlich nach, doch auch das Gegenteil kann die Folge einer Demenz sein: Bei auftretender Hypersexualität steigert sich das sexuelle Verhalten stark.

Geschwächte Immunabwehr Daneben zeigen Untersuchungen, dass bei Menschen mit Demenz in fortgeschrittenen Krankheitsstadien die Immunabwehr schwächer wird. Gelangen durch Verschlucken Keime in die Lunge, kommt es schneller zu Lungenentzündungen. Durch Keime, die nicht mehr abgewehrt werden können, entwickeln sich zudem schneller Harnwegsinfekte.

Viele Menschen mit Demenz nehmen ab

Bei vielen Menschen mit Demenz ist ein deutlicher Verlust an Körpergewicht zu beobachten. Bei fortgeschrittenen Krankheitsstadien spielen hierbei sicherlich verschiedene Faktoren eine Rolle: Häufig spüren die Menschen keinen Appetit mehr oder vergessen zu essen. Manche lehnen allgemein alle Nahrungsmittel ab, die ihnen angeboten werden. Sie leiden unter fehlendem Antrieb, erkennen Essen oder Essbesteck nicht mehr und/oder haben starke Schluckstörungen. Dadurch essen sie insgesamt weniger und nehmen schließlich ab.

Wesentlich schwerer erklärbar ist hingegen das Phänomen, dass auch manch ein Mensch mit Demenz an Körpergewicht verliert, der genügend Nahrung zu sich nimmt. Nach einer jüngeren Untersuchung tritt dieses Phänomen häufig sogar schon bei Menschen auf, die sich noch in einem relativ frühen Stadium der Demenz befinden, wofür es derzeit noch keine Erklärung gibt. In manchen Fällen spielt hier auch verstärkter Bewegungsdrang des Kranken eine Rolle: Das ständige Umherlaufen, bei dem mancher Erkrankte einige Kilometer am Tag zurücklegt, verbraucht sehr viel Energie.

Inkontinenz

Mit fortschreitender Demenz zeigt sich bei vielen erkrankten Menschen das zunehmende Unvermögen, Harn oder Stuhl willkürlich zurückzuhalten. Dabei kommt es deutlich häufiger zu Blasen- als zu Darminkontinenz. Die Gründe hierfür können körperlicher Art sein, wie sie bei älteren Menschen allgemein anzutreffen sind, z. B. eine Schwäche der Muskulatur am Blasenausgang, das Absinken der Beckeneingeweide bei schwächer werdender Beckenmuskulatur oder Harnwegsinfekte. Bei Menschen mit Demenz kann Inkontinenz aber auch zusätzlich durch andere Störungen verursacht bzw. verstärkt werden, beispielsweise durch Desorientiertheit, Verständigungsschwierigkeiten, Immobilität.

Die Inkontinenz stellt viele Angehörige vor Probleme, weil sie sich vor den Ausscheidungen der erkrankten Person ekeln und sie doch regelmäßig beseitigen müssen. Manche empfinden auch Scham, weil die erkrankte Person sich einnässt oder einkotet.

Die Verständigung wird schwieriger

Auch wenn zunehmend Sprachschwierigkeiten auftreten, lässt sich die Verständigung mit dem Kranken mit bestimmten Kommunikationsformen lange aufrechterhalten.

Bei einem Familienmitglied mit Demenz erlebe ich es immer wieder, dass der ganz alltägliche Umgang mit der Person sich zunehmend verändert und schwieriger wird. So stelle ich möglicherweise im Laufe der Zeit fest, dass sie

- von sich aus kein Gespräch mehr beginnt,
- sich an Gesprächsrunden mit mehreren Personen gar nicht mehr beteiligt,
- Wortfindungsprobleme hat und dann umständlich und weitschweifig um den heißen Brei herumredet,
- nicht versteht, was man ihr sagt,
- ständig dasselbe fragt oder erzählt,
- »falsche« Dinge behauptet und rechthaberisch auf ihrer »falschen« Meinung beharrt,
- ständig über die Vergangenheit spricht,
- einem Fernsehfilm nicht mehr folgen kann,
- sich nicht mehr entscheiden kann,
- mehr und mehr das Interesse an Dingen verliert, über die man früher gut mit ihr sprechen konnte,
- sich immer mehr zurückzieht,
- mitten in einer Erzählung abbricht und nicht mehr weiß, was sie sagen wollte,
- gar kein Späßchen mehr versteht und ihren Humor verliert,
- nicht einsehen will, dass sie manche Dinge nicht mehr kann, und sie sich nicht abnehmen lassen will,
- sich nicht mehr durch Argumente überzeugen lässt und Ähnliches mehr.

In vielen Fällen führen die geschilderten Probleme zu Kommunikationsstörungen zwischen dem erkrankten Familienmitglied und mir, die sich aber oft mit einfachen Mitteln vermeiden lassen.

Meine Sicht: Für mich sieht es immer wieder so aus, als ließe der erkrankte Mensch mich im Stich oder ziehe sich von mir zurück. Immerhin überlässt er mir alle Entscheidungen, bürdet mir die Verantwortung für alle gemeinsamen Angelegenheiten auf, gibt mir keine befriedigenden Antworten mehr und nimmt Dinge, die ich ihm sage, gar nicht mehr auf, sodass ich manches Mal das

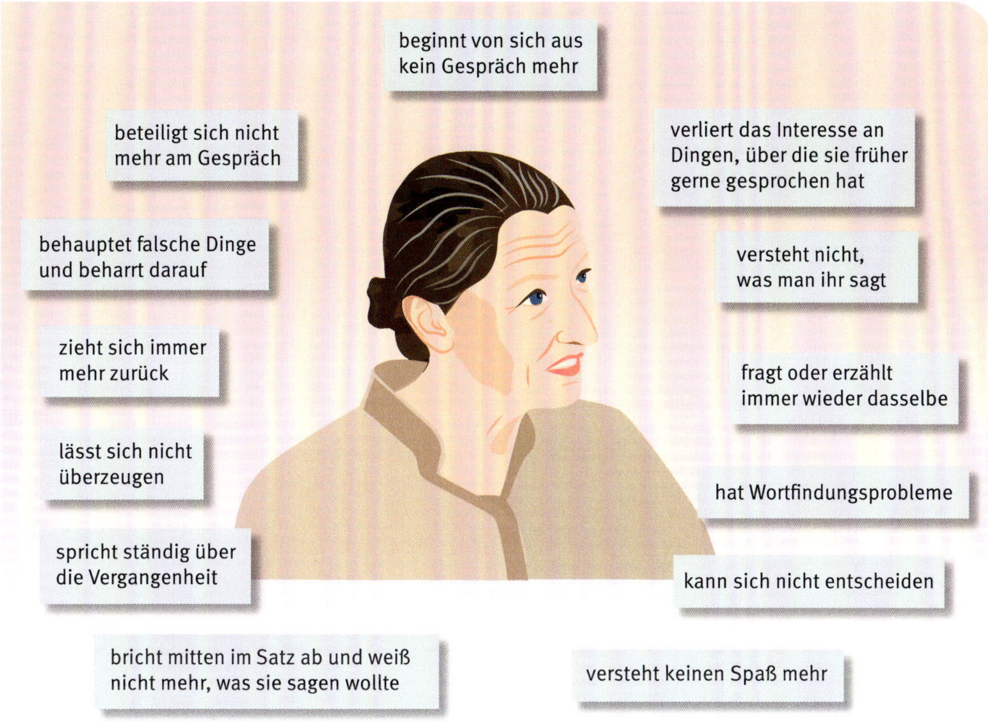

Welche Verhaltensweisen können bei der Verständigung mit einem Menschen mit Demenz zu Problemen führen?

Gefühl habe, »gegen eine Wand« zu reden. Manchmal ärgere ich mich auch über seine Rechthaberei und Uneinsichtigkeit und bin gekränkt, weil er nicht mehr auf mich und meinen Rat hört, oder bin enttäuscht darüber, dass er über meine Scherze nicht mehr lacht, sondern sie oftmals »in den falschen Hals« bekommt und unverständig oder gar ärgerlich reagiert.

Seine Sicht: Für den erkrankten Menschen stellen sich diese Situationen dagegen oftmals ganz anders dar. Er fühlt sich vielleicht unverstanden, bevormundet, kontrolliert, verunsichert oder allein gelassen, wird ärgerlich oder traurig, rechthaberisch oder sagt lieber gar nichts mehr.

Die Beziehung ist aus dem Gleichgewicht geraten

Diese Störungen der Beziehung zwischen der anderen Person und mir führen nicht selten zu Konflikten, Streitereien und schlechter Atmosphäre. Kommunikationstheoretiker würden unsere Probleme darauf zurückführen, dass das System, das wir beide – der andere und ich – bilden, aus dem Gleichgewicht geraten ist, weil der eine Bestandteil des Systems (= der andere) sich verändert und somit bestimmte Regeln, Gewohnheiten und Erwartungen nicht mehr gelten, die sich über viele Jahre zwischen uns eingespielt hatten.

Um dieses Gleichgewicht wiederherzustellen, müsste entweder der andere seine Veränderungen wieder rückgängig machen, d. h. sich wieder wie früher verhalten und benehmen, oder ich als Angehörige muss mich verändern und meine Verhaltensweisen an die neue Situation anpassen.

Als Angehörige muss ich mich anpassen

Weil es der Person mit Demenz nicht möglich ist, ihre Veränderungen rückgängig zu machen, liegt es nun bei mir, unser System wieder ins Gleichgewicht zu bringen. Ich stehe also vor der großen Entwicklungsaufgabe, ein neues Rollenverhalten zu lernen. Für die Bewältigung dieser Aufgabe muss ich einen schwierigen Lernprozess durchlaufen. Da diese Entwicklung sicherlich zu den schwersten Aufgaben meines Lebens gehört, erfordert sie viel Zeit und Geduld mit mir selbst und fundiertes Fachwissen über die Ursachen der demenzbedingten Veränderungen.

Trauer zulassen

Abschiede sind schmerzlich und gehen mit starken Gefühlen von Trauer und Wut einher. Trauer wird in unserer Kultur oft noch negativ gesehen – kaum jemand will dieses Gefühl haben oder anderen Menschen zeigen! Diese negative Bewertung von Trauer ist aber aus psychologischer Sicht nicht nachvollziehbar, denn Trauer ist eigentlich

Wichtige Punkte der einfühlsamen Kommunikation.

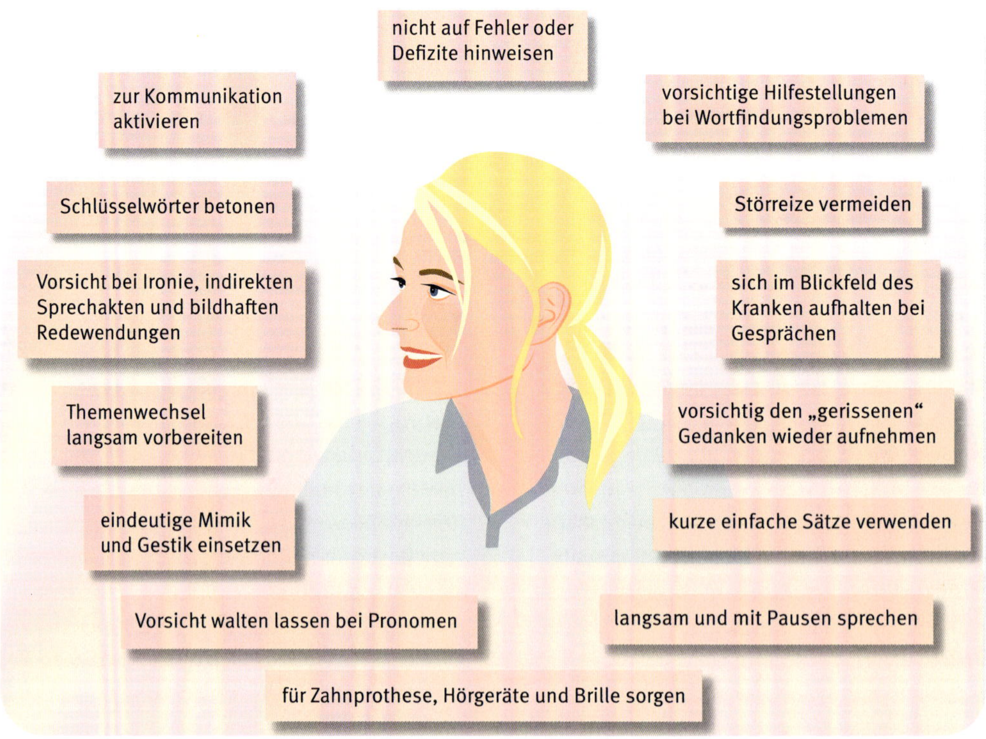

Die Krankheit mit ihren Auswirkungen akzeptieren und Abschied nehmen

Dieser Lernprozess setzt voraus, dass ich die Veränderungen der erkrankten Person als unabwendbar erkenne und akzeptiere. Und dies ist sicherlich die schwierigste »Lektion« für mich als Angehörige. Denn um akzeptieren zu können, dass mein Familienmitglied nicht mehr gesund wird, nie mehr die oder der »Alte« sein wird, dass sich die Krankheitssymptome im Laufe der Zeit verstärken werden und dass diese Veränderungen unabwendbar sind, muss ich Abschied nehmen

- von den Fähigkeiten, die die Person verloren hat und nicht mehr zurückgewinnen wird,
- von der Rolle, die sie früher für mich spielte und nie mehr spielen wird,
- von den gemeinsamen Zielen und Unternehmungen, die nun nicht mehr möglich sind,
- von unserem früheren gemeinsamen Leben und
- von meiner Hoffnung auf Heilung.

ein gutes Gefühl – es setzt große Kräfte in uns frei: Menschen, die trauern, können »Altes« loslassen, können sich entwickeln, können Neues erfahren, sich veränderten Situationen anpassen und vielleicht sogar die »guten Seiten« der neuen Erfahrungen erkennen. In psychologischer Fachliteratur hat man der Trauer, die Angehörige von Menschen mit Demenz durchleben, ganz eigene Bezeichnungen gegeben: »uneindeutiger Verlust« und »ambivalente Trauer«. Diese Bezeichnungen weisen auf die Widersprüchlichkeit dieser Abschiedssituation hin, die dadurch gekennzeichnet ist, dass ich mich von einem nahestehenden Angehörigen verabschieden muss, der ja noch da, also physisch anwesend ist – aber immer weniger der Mensch ist, der er einmal war. Solch widersprüchliche Situationen sind manchmal schwerer psychisch zu bewältigen als »eindeutige« schwere Schicksalsschläge.

Damit meine Trauer mich stärken kann und mich überlebensfähig macht, sollte ich versuchen, mit meiner Trauer nicht allein zu bleiben, sondern sie zu zeigen, über sie zu sprechen, mich mit Menschen auszutauschen, die meine Trauer verstehen. Sehr viel Verständnis kann ich wohl in erster Linie von Menschen erwarten, die sich in der gleichen Lebenssituation befinden, d. h. auch einen Menschen mit Demenz in der Familie haben.

Sprachstörungen

Viele Menschen verlieren im Laufe ihrer Demenz die Fähigkeit, für Gegenstände die richtige Bezeichnung zu finden. Als Angehörige ist das für mich möglicherweise befremdlich, weil ich mir vielleicht nicht vorstellen kann, dass ein Erwachsener etwas nicht mehr kann, das man schon als kleines Kind lernt, und das demnach so schwer doch nicht sein kann. Um die Benennstörungen von Menschen mit Demenz zu verstehen, muss ich mir daher Folgendes vor Augen führen: Wenn ein Mensch einen Gegenstand nicht benennen kann, kann das unterschiedliche Ursachen haben:

- Entweder er nimmt das existierende Objekt wahr, erkennt es aber nicht als einen bestimmten Gegenstand – dann liegt eine Störung des Erkennens (eine sogenannte Objekt-Agnosie) vor, oder
- er erkennt den Gegenstand, weiß auch, was man damit macht, kommt aber nicht auf das richtige Wort dafür oder hat es vielleicht sogar vergessen. In diesem Fall handelt sich um eine Wortabrufstörung.

Erkennens- und Wortfindungsprobleme unterscheiden

Was für mich als außenstehende Hörerin meist kaum zu unterscheiden ist, macht für die Person selbst aber einen erheblichen Unterschied: Denn im ersten Fall hat sie ein Wissens- oder Erkennensproblem, das sich eben auch sprachlich auswirkt, im zweiten Fall hat sie nur ein sprachliches Problem. Dieser Unterschied lässt sich an zwei Beispielen verdeutlichen:

Erkennensproblem Wenn ein Mensch mit Demenz den ca. 10 Zentimeter großen, hohlen, mit Griff versehenen Gegenstand aus Porzellan, der vor ihm steht, zwar sieht, aber ihn nicht als ein ihm bekanntes »Ding« erkennt, dann kann er ihn natürlich auch nicht richtig benennen. Doch darüber hinaus weiß er auch nicht, was man damit macht. Wenn ich ihn nun bitte, mir doch einmal seine »Tasse« zu reichen, weiß er natürlich nicht, was er mir reichen soll. Seine Erkennensprobleme haben also nicht nur Auswirkungen auf seine sprachliche Verständigungsfähigkeit, sondern auch auf seine Handlungskompetenz.

Wortfindungsproblem Ganz anders ist es dagegen, wenn die Person den vor ihr liegenden, länglichen Gegenstand aus Metall mit den vier Zinken vorne sehr wohl erkennt und auch weiß, dass man ihn zum Essen verwendet – um Nahrungsstücke aufzuspießen und sie zum Munde zu führen – aber ihr die richtige Bezeichnung dafür jetzt im Moment nicht einfällt. Vielleicht weiß sie sogar, dass das Wort, das sie sucht und im Moment nicht »finden« kann, aus zwei Silben besteht, und vielleicht weiß sie auch noch, dass es mit G anfängt. Möchte sie über diesen Gegenstand sprechen, muss sie ihn umschreiben. Sie könnte »Essgerät aus Metall« oder »Löffel mit Zinken« oder Ähnliches sagen. Durch Umschreibungen kann sie ihre Wortfindungsprobleme vielleicht noch kompensieren, wenngleich ihre Umschreibungen für mich umständlich und merkwürdig klingen mögen. Doch im Unterschied zu der ersten Situation weiß die Person, was sie tun soll, wenn ich sie bitte, die Gabel wegzuräumen, und darüber hinaus kann sie mit dem Gegenstand wahrscheinlich auch noch problemlos umgehen.

Warum treten Sprachstörungen auf?

Das menschliche Gehirn ist in zwei Hälften geteilt, die man Hemisphären nennt. Diese beiden Hemisphären stehen über einen Strang in Verbindung, den sogenannten Balken. Bei fast allen Menschen wird die Sprachfähigkeit vorwiegend durch ein bestimmtes Gebiet der linken Gehirnhälfte gesteuert, das daher auch Sprachregion heißt.

Die Sprachregion ist hauptverantwortlich für die gesamte Sprachverarbeitung, d. h. für das Sprechen, aber auch für das Verstehen von Sprache. Wird ein bedeutender

Teil der Gehirnzellen der Sprachregion zerstört, kommt es zu Sprachproblemen. Im Verlauf einer Gehirnerkrankung, die eine Demenz verursacht, sterben Nervenzellen der Sprachregion ab, weil entweder – wie im Fall einer vaskulären Demenz – die Adern und Äderchen, die die Sprachregion versorgen, nicht mehr ausreichende Mengen an Blut fördern oder – im Falle einer neurodegenerativen Demenz – sich Eiweißablagerungen in und zwischen den Zellen der Sprachregion bilden. Dies kann unterschiedlichste Störungen verursachen, die im Folgenden beschrieben werden.

Bei Demenz kommt es zu Störungen des Wortspeichers

Die auffälligsten Sprachstörungen bei Menschen mit Demenz sind die bereits erwähnten Wortfindungsprobleme. Nun sind Wortfindungsstörungen an sich nicht gleich ein Krankheitszeichen! Wahrscheinlich kennt jeder erwachsene Mensch das Problem der Wortfindungsstörungen von sich selbst: In Zeiten von Stress, Müdigkeit, Unkonzentriertheit, Nervosität oder depressiver Verstimmung kann man oft ganz banale, alltägliche Wörter nicht abrufen. Bei Menschen mit Demenz kann diese Störung jedoch ein so starkes Ausmaß annehmen, das daraus für den Betroffenen ein echtes Kommunikations-Handicap entsteht.

Wann treten Missverständnisse auf?

Weitere sprachliche Probleme können sich bei einem Menschen mit Demenz auch dadurch ergeben, dass er ein schnelles Wechseln von Themen nicht mehr nachvollziehen kann. Wenn ich mich z. B. gerade mit meinem an Demenz erkrankten Familienmitglied mit Demenz über das Geburtstagsfest unterhalte, auf dem wir gestern Abend eingeladen waren, und ganz plötzlich – weil es mir eben in den Sinn kommt – frage: »Brauchen wir eigentlich noch Lebensmittel fürs Wochenende?«, dann kann es sein, dass die erkrankte Person ganz verwirrt ist, weil sie mir nicht so schnell zum nächsten Thema folgen kann. Bleibt man bei dem Vergleich mit dem inneren Archivar (siehe Exkurs Seite 82), ist dieser in seinem inneren Lexikon noch mit der Schublade »Geburtstagsfest« beschäftigt und weiß nicht, wie das Thema »Lebensmittel fürs Wochenende« jetzt in diesen Zusammenhang gebracht werden kann.

Um die im Folgenden dargestellten sprachlichen Störungen zu verstehen, muss man sich noch einmal vergegenwärtigen, dass wir fürs Sprechen und das richtige Verstehen von Sprache ein funktionierendes Gedächtnis brauchen. Damit man einen Satz, den man hört, auch verstehen kann, muss man ihn im Gedächtnis behalten können, bis er zu Ende gesprochen ist. Hat man den Anfang vergessen, noch bevor die Äußerung beendet ist, kann man den Sinn des Gesagten nicht erschließen. Die Gedächtnisprobleme, die bei Demenz auftreten, können daher im sprachlichen Verständigungsprozess zu folgenden Problemen führen.

Die Person versteht lange Sätze nicht mehr

Die erkrankte Person versteht lange, kompliziert strukturierte Sätze nicht, weil ihre Gedächtnisspanne nicht ausreicht, sich diesen ganzen komplexen Satz kurzfristig merken zu können. Folgendes Beispiel soll dies illustrieren:

Ich möchte mit meinem Familienmitglied den morgigen Sonntag planen und so schlage ich vor: »Sollte es morgen nicht regnen, könnten wir – sofern du morgen dazu Lust hast und niemand aus der Familie unangemeldet zu Besuch kommt – nach deinem Mittagsschläfchen, das du ja dann mal ein bisschen kürzer halten könntest, zum Kaffeetrinken nach Hochdorf fahren in die Konditorei, in die uns Meiers damals nach der Beerdigung von Herrn Meier eingeladen haben.« Darauf fragt mich mein Familienangehöriger absolut erschrocken: »Bei Meiers ist schon wieder jemand gestorben?«

Was ist die Ursache dieses Missverständnisses? Ich habe in einem einzigen Satz so viele Inhalte angesprochen – das morgige Wetter, Familienbesuch, Mittagsschlaf, Kaffeetrinken, Beerdigung –, dass der andere diese nicht mehr schnell genug in einen Zusammenhang bringen kann. Außerdem vergisst er aufgrund seiner Gedächtnisprobleme die ersten Inhalte schnell wieder. Und so behält er nur eine Information im Gedächtnis, nämlich die Beerdigung in der Familie Meier, die er nun, aus dem richtigen Zusammenhang gerissen, falsch versteht.

Unvollständige Sätze sind problematisch

Die erkrankte Person versteht unvollständige Sätze nicht, weil sie die Informationen schon wieder vergessen hat, die sie bräuchte, um den Satz inhaltlich zu vervollständigen. Das schnelle geistige Vervollständigen von unvollständigen Sätzen ist für gesunde Menschen eine Selbstverständlichkeit, die meist ganz unbewusst und problemlos vollzogen wird. Deshalb werden in der Alltagssprache auch so häufig unvollständige Sätze verwendet. Doch für Menschen mit Demenz stellen solche Aussagen oft ein großes Verstehens-Hindernis dar.

»Was soll denn mit meinem Hals sein?«

» *Ich unterhalte mich mit meinem an Demenz erkrankten Familienangehörigen darüber, dass es heute wohl sehr kalt ist und wir uns deshalb bei unserem geplanten Spaziergang warm anziehen sollten. Als er sich nun seinen Mantel anzieht und das Haus verlassen will, frage ich ihn: »Und was ist mit deinem Hals?« Darauf dreht er sich abrupt um, sieht mich verständnislos an und fragt: »Was soll mit meinem Hals denn sein?«*

Wodurch kam dieses Unverständnis zustande? Bei meiner Frage »Und was ist mit deinem Hals?« handelt es sich um eine typisch unvollständige Äußerung, denn eigentlich hätte ich vollständigerweise sagen müssen: »Weil es heute sehr kalt ist, denke ich, dass es dir ohne Schal um den Hals zu kalt sein wird. Wäre es nicht besser, Du würdest einen Schal mitnehmen?«

So »umständlich« rede ich aber deshalb nicht, weil ich ja davon ausgehe, dass der andere noch weiß, dass wir erst vor ein paar Minuten über das kalte Wetter und die Notwendigkeit der warmen Kleidung gesprochen haben, und daher meine verkürzte Frage auf diese Unterhaltung beziehen kann und deshalb versteht, was ich meine.

Dabei habe ich aber seine Gedächtnisprobleme nicht bedacht: Denn er hat unsere vorherige Unterhaltung bereits wieder vergessen, weiß also nicht mehr, dass wir verabredet haben, uns warm anzuziehen, und versteht daher auch meine unvollständige Frage nicht als Hinweis darauf, einen Schal um seinen Hals zu legen. «

Fehlende Satzaussage

Unvollständig wirken für manchen Menschen mit Demenz auch solche Sätze, in denen die Satzaussage nur einmal geäußert wird, obwohl sie auch für die folgenden Teilsätze gilt. Wieder soll ein Beispiel dies erläutern:

Ich spreche mit meinem an Demenz erkrankten Angehörigen über die Geburtstage, die in den nächsten Monaten in unserem Freundeskreis gefeiert werden. Und so halte ich fest: »Martin hat am 14. Januar Geburtstag, Lisa am 3. Februar und Barbara am 12. März«. Daraufhin sieht der Kranke mich verdutzt an und fragt: »Was macht Barbara am 12. März?« Wie kam es zu diesem Verständigungsproblem?

Ich habe nur in dem Teilsatz, in dem ich über Martin sprach, die Satzaussage »hat Geburtstag« ausgesprochen. Bei meiner restlichen Aussage, in der es um Lisa und Barbara ging, habe ich »hat Geburtstag« nicht mehr ausgesprochen, sondern nur mitgedacht.
So ein Sprachverhalten ist im Alltag ganz üblich: Man wiederholt Worte, die zu Anfang des Satzes bereits gesprochen wurden und auch für spätere Satzteile gelten sollen, nicht ständig aufs Neue, weil man davon ausgeht, dass der Hörer sich diese Worte merken kann und sie nicht mehrmals hören muss.

Doch wenn mein Gesprächspartner ein Gedächtnisproblem hat, wie im Falle meines Familienangehörigen, dann sind diese Verstehensvoraussetzungen nicht erfüllt: Er hat die Satzaussage »hat Geburtstag« schon wieder vergessen und weiß daher nicht, was am 12. März mit Barbara los ist.
Sprachgesunde Menschen machen also in ihren alltagssprachlichen Unterhaltungen sehr viele unbewusste Vorannahmen und können so fehlende Spracheinheiten einfach »mitdenken«. Sie füllen Lücken unbewusst und automatisch auf. Zu diesen geistigen Ergänzungsleistungen sind Menschen mit Demenz aber oftmals nicht mehr in der Lage.

Verwirrende Pronomen

Genauso schwierig kann für einen Menschen mit Demenz das Verstehen von Sätzen sein, die mit einem Pronomen anfangen, d. h. mit einem sogenannten »Fürwort«. Das Wörtchen »er« ist z. B. ein Pronomen. Ein Satz, der mit einem solchen Pronomen beginnt, kann bei einem Menschen mit Demenz zu Verstehensproblemen führen, weil er nicht weiß, welche Person mit »er« genau bezeichnet wird.

»Wer knetet Teig?«

» *Ich unterhalte mich mit meinem Familienangehörigen über den Nachbarsjungen Peter: »Heute morgen habe ich den kleinen Peter im Treppenhaus getroffen. Er hat mir erzählt, dass er gestern mit seiner Oma Kuchen gebacken hat, und nun möchte er Bäcker werden. Es würde ihm auch nichts ausmachen, morgens so früh aufstehen zu müssen. Denn es habe ihm so großen Spaß gemacht, den Teig zu kneten.« Ganz durcheinander fragt mich mein Familienangehöriger jetzt: »Wer knetet Teig?«*

Warum hat mich er nicht verstanden? Ich habe ganz zu Beginn meiner Erzählung erklärt, dass ich etwas über Peter, den Nachbarsjungen, berichten möchte. Und dann formuliere ich viele Sätze, in denen immer wieder »er«, »seiner«, »ihm« vorkommt. Damit meine Zuhörer wirklich verstehen können, was ich meine, müssen sie sich bis zum Ende meiner Erzählung – also möglicherweise einige Minuten lang – merken, dass ich mit »er«, »seiner«, »ihm« Peter meine. Aber mein Familienangehöriger hat aufgrund seiner Gedächtnisprobleme wieder vergessen, wen ich zu Beginn meiner Ausführungen genannt habe, und somit verliert die ganze Erzählung für ihn den Sinn. «

Diese zuletzt geschilderten Sprachprobleme sind also auf Gedächtnisstörungen zurückzuführen. Dies gilt auch für die folgenden Störungen, doch wirken sich diese weniger auf die Sprachfähigkeit des Betroffenen aus, sondern zeigen sich vielmehr als auffälliges Kommunikationsverhalten.

Warum Betroffene häufig von früher erzählen

Viele Auffälligkeiten im Kommunikationsverhalten von Menschen mit Demenz werden durch Gedächtnisbeeinträchtigungen verursacht. Sie erinnern sich nicht mehr, was vor zwei Minuten geschah, und leben in alten Erinnerungen.

Es kann für mich sehr belastend sein, wenn mein Familienangehöriger mit Demenz mir vielfach kurz hintereinander dieselbe Frage stellt oder mir wiederholt dieselbe Geschichte erzählt. Dann frage ich mich vielleicht, warum er dies nur tut. Die Ursache liegt wiederum in Gedächtnisstörungen begründet. Denn wenn er immer wieder dieselbe Frage stellt, dann deshalb, weil er zum einen nicht mehr weiß, dass er die Frage schon gestellt hat, und zum anderen die Antwort, die ich ihm gegeben habe, gleich vergessen hat. Damit ist sein Bedürfnis nach der erfragten Information noch nicht befriedigt – und er stellt die entsprechende Frage erneut.

Es könnte aber auch sein, dass die Antwort, die ich ihm gegeben habe, sein eigentliches »tieferes« Bedürfnis nicht wirklich befriedigt – siehe Beispiel (Seite 69).

Grundsätzlich neigen Menschen mit Demenz dazu, nur noch in der Vergangenheit zu leben und nur über längst Vergangenes zu sprechen, nicht nur über die besonders erfolgreichen und guten Zeiten, sondern auch über unangenehme und unerfreuliche Erlebnisse. Natürlich kann auch dem Festhalten an traurigen, angstbesetzten oder schwierigen Erinnerungen ein »tieferes« Bedürfnis zugrunde liegen – möglicherweise das Bedürfnis, diese belastenden Erlebnisse so aufzuarbeiten, dass sie endlich losgelassen und vergessen werden können. Zwar können Angehörige keine »Heilung« durch psychotherapeutische Gespräche bewirken, doch können sie der erkrankten Person Begleitung anbieten, wenn sie einfühlsam mit ihr kommunizieren. Dies wird im Kapitel »Die Bedürfnisse erkennen lernen (Seite 99)« thematisiert.

Nur die Vergangenheit ist noch »präsent«

Doch die Tendenz eines Menschen mit Demenz, immer wieder über die Vergangenheit zu sprechen, steht auch mit seinen Arbeitsgedächtnisstörungen im Zusammenhang. Denn wenn das Arbeitsgedächtnis beeinträchtigt ist, kann sich ein Mensch aktuelle Geschehnisse kaum mehr merken. Das heißt, dass er von Erlebnissen, die er gestern und vorgestern hatte, heute nichts mehr weiß, sich aber an Erlebnisse von vor 20 Jahren noch gut erinnern kann. Wenn er nun sein Bedürfnis nach Kontakt, Austausch und Verständigung befriedigen möchte, bleibt ihm also gar nichts anderes übrig, als von Dingen zu sprechen, die er noch weiß, also von der Vergangenheit.

»Weißt du noch …«

» *Mein Familienangehöriger stellt mir heute schon zum wiederholten Male dieselbe Frage: »Weißt du noch, in welchem Jahr ich die große Auszeichnung für meine Verdienste vom Stadtrat erhalten habe?« Bislang habe ich immer wieder gleich darauf geantwortet: »Ja, das war 1979!« Doch es dauert gar nicht lange und da fragt er mich erneut: »Weißt du noch, in welchem Jahr …« Ich spüre schon Ärger in mir wachsen, meine Antwort fällt zunehmend ungeduldiger und gereizter aus. Doch das hilft alles nichts! Schon wieder wendet er sich an mich: »Weißt du noch, in welchem Jahr …«*

Aber jetzt kommt mir eine Idee: Vielleicht geht es ihm gar nicht um irgendeine Jahreszahl, sondern vielleicht möchte er sich gerne an dieses große Erlebnis erinnern, in dem er gelobt und gewürdigt wurde, und vielleicht braucht er die Erinnerung an diese glanzvolle Zeit in seinem Leben gerade jetzt besonders, da ihm so vieles nicht mehr gelingt und sein Selbstwertgefühl oftmals schwer beschädigt zu sein scheint.

Also probiere ich einmal eine andere Antwort: »Ja«, sage ich, »ich erinnere mich genau daran. Das war 1979! Wir sind alle in die Stadtratssitzung gegangen, es war eine ganz feierliche Atmosphäre und wir waren so stolz auf dich! Und ich bin immer noch stolz auf dich und deine Leistungen! Lass uns nachsehen – vielleicht gibt es noch Fotos von diesem Tag!«

Natürlich bin ich nicht immer in der Stimmung oder in der Lage, so einfühlsam auf meinen Familienangehörigen einzugehen. Und es gibt auch keine Gewähr dafür, dass meine »neue« Reaktion wirklich dazu führt, dass er von seiner Frage ablässt – doch eines werde ich mit meiner Verhaltensänderung wahrscheinlich bewirken: Die Atmosphäre zwischen uns entspannt sich und unser Kontakt wird wieder ruhiger und weniger aggressiv. Diese Form der einfühlsamen Kommunikation wird im Kapitel »Einfühlsam kommunizieren – wie geht das (Seite 117)?« noch ausführlich behandelt. «

Der Austausch über Bekanntes verleiht einem Menschen mit Demenz außerdem Sicherheit. Denn während er sich bei jüngeren Ereignissen nicht mehr sicher sein kann, ob sie wirklich so stimmen, wie er sie in Erinnerung hat, ist er sich seines Wissens über lange zurückliegende Ereignisse noch sicher. Und schließlich stammen diese frühen Erlebnisse ja aus einer Zeit, in der er noch nicht krank war, in der er also noch kompetent und »fit« war. Verständlicherweise erinnert man sich leichter an Erlebnisse aus diesen angenehmen Zeiten.

Nachlassende Aufmerksamkeit

Eine andere wichtige Ursache von Kommunikationsstörungen sind Aufmerksamkeitsprobleme. So erlebe ich vielleicht immer wieder, dass mein Familienangehöriger etwas erzählen möchte, doch in seiner Erzählung von seinem eigentlichen Thema abkommt, oder dass er in einer gemeinsamen Unterhaltung mit mir nicht bei unserem Gesprächsthema bleibt, sondern über Dinge spricht, die gar nichts mit dem Thema zu tun haben. Manchmal reißt sogar sein Gedankengang während der Unterhaltung völlig ab: Er erzählt etwas, hält plötzlich inne und weiß dann gar nicht mehr, worüber er gesprochen hat und was er überhaupt sagen wollte.

Ein Zeichen von Aufmerksamkeitsstörungen ist es auch, wenn die Person ihre Aufmerksamkeit nicht mehr auf mich gerichtet halten kann, während ich mich mit ihr unterhalte: Dann steht sie vielleicht während des Gesprächs plötzlich auf und geht aus dem Raum, sieht aus dem Fenster, beginnt zu pfeifen oder beginnt selbst zu sprechen.

Wenn ich nicht wüsste, dass dieses Verhalten Auswirkungen einer Krankheit sind, dann würde ich es als sehr kränkend empfinden. Denn es entspricht unserem kulturellen Verständnis von Höflichkeit und sozialer Kompetenz, dass man seine Aufmerksamkeit so lange auf seinen Gesprächspartner gerichtet hält, wie er spricht.

Doch mit dem genauen Wissen um die Folgen der Demenz kann ich lernen, mit diesen Auswirkungen umzugehen, und im Rahmen der einfühlsamen Kommunikation neue Wege finden, durch die ich die Verständigung mit der erkrankten Person trotz ihrer Störungen aufrechterhalten kann.

Die Urteilskraft lässt nach

Probleme beim (Wieder-)Erkennen von Gegenständen können die Kommunikation zwischen der erkrankten Person und mir natürlich ebenfalls sehr erschweren. Wie in dem Beispiel im Abschnitt zu »Sprachstörungen« (Seite 64) beschrieben, kann sie auf meine Bitte hin mir ihre Tasse nicht reichen, wenn sie den Gegenstand vor sich nicht als Tasse erkennt.

Auswirkungen der fehlenden Krankheitseinsicht

Bei den meisten Menschen mit Demenz tritt auch ein weiteres Erkennensproblem auf: Sie erkennen ihre eigenen Beeinträchtigungen, Störungen und Fehlleistungen nicht bzw. nicht mehr vollständig.

Aus dem als eingeschränkter Krankheitseinsicht oder Anosognosie (Seite 52) bezeichneten Symptom erwachsen meist große Verständigungsprobleme. Denn die Einsicht in die eigene Situation und die eigenen Fähigkeiten ist eine der Grundvoraussetzungen für gelingenden Austausch zwischen zwei Menschen. Denn wenn sich ein Kommunikationspartner unentwegt über seine eigene aktuelle Situation »täuscht«, d. h. seine Fähigkeiten und Möglichkeiten falsch einschätzt, kommt es fast unweigerlich zu Beziehungsstörungen.

»Natürlich kann ich alles noch allein!«

» *Als Angehörige habe ich bei der Krankenkasse meines Familienangehörigen mit Demenz einen Pflegegrad beantragt. Nach einer gewissen Zeit stellt sich nun eine Mitarbeiterin vom Medizinischen Dienst der Krankenkassen (MDK) vor, um zu begutachten, welchen Anspruch mein Familienangehöriger hat.*

Selbstbild ist nicht gleich Fremdbild.

Die Mitarbeiterin des MDK fragt meinen Familienangehörigen nun vielleicht, ob er sich denn allein waschen und anziehen, sich eine warme Mahlzeit bereiten, allein einen Arzt aufsuchen und selbstständig die Wohnung sauber halten könne. Und obwohl er fast alle diese Fragen eindeutig mit Nein beantworten müsste, weil er bei nahezu allen Verrichtungen zumindest meine Anleitungen braucht, sagt er: »Ja, natürlich! Was denken Sie denn! Natürlich kann ich das noch alles allein!«

Wenn ich mich nun darüber ärgere, dass er wieder einmal seine Probleme und Beeinträchtigungen nicht einsieht, und mich auf eine Diskussion mit ihm einlasse, in der ich ihm seine Störungen und seine Hilflosigkeit vor Augen führe, kommt es vielleicht zu einer Eskalation: Er fühlt sich gedemütigt, wird wütend und aggressiv, beschuldigt mich, ihn zu denunzieren – und ich verliere nun ebenfalls die Nerven, schimpfe und sage wahrscheinlich Dinge, die mir hinterher leidtun!

Den MDK um ein Gespräch bitten.
Wie könnte die Situation also besser verlaufen? Wenn ich die Krankheitssymptome meines Familienangehörigen als unabänderliche Tatsache akzeptieren kann – auch seine fehlende Einsichts- und Reflexionsfähigkeit –, könnte ich mich in der geschilderten Situation anders verhalten: Ich könnte die MDK-Mitarbeiterin bitten, sich anschließend noch ein paar Minuten Zeit zu nehmen, in der ich mit ihr allein sprechen möchte. In dieser Zeit könnte ich die Behauptungen meines Familienangehörigen richtigstellen, ihr ein Schreiben des Arztes überreichen, in welchem bestätigt wird, dass er an einer Demenz leidet, und ihr – vielleicht auch mithilfe eigener Tagebuchaufzeichnungen – aufzeigen, wie viel Zeit ich für die Hilfe und Unterstützung mittlerweile täglich aufbringen muss (im Kapitel »Wo finden Angehörige Hilfe? (Seite 196)« wird das Thema der Pflegegrade noch einmal genauer behandelt.) Dann wäre es nämlich gar nicht nötig, meinen Familienangehörigen zu verbessern, ihm zu widersprechen und an seine Einsichtsfähigkeit zu appellieren! «

Für mich ist es vielleicht äußerst belastend, dass mein Familienangehöriger mit Demenz nicht einsieht, dass ihm vieles nicht mehr gelingt. Und weil er es nicht einsieht, kann er auch nicht darüber sprechen. Manchmal denke ich vielleicht, dass all seine Probleme und Beeinträchtigungen für mich gar nicht so schlimm wären, wenn er sie selbst einsehen, sie zugeben und darüber reden könnte! Aber im Laufe der Demenz verstehe ich besser, dass ich auch seine eingeschränkte Einsichtsfähigkeit als unabänderliches, unabwendbares Krankheitssymptom annehmen und akzeptieren muss. Und dass es kaum Sinn hat, mit ihm über seine Störungen zu reden, sondern dass ich neue Wege gehen muss, um mit seiner fehlenden Einsichtsfähigkeit (Seite 89) leben zu können.

Argumentieren bringt nichts

Doch da es für mich ein großer Lernprozess ist, diese Verhaltensweisen der erkrankten Person als unabänderliche Tatsachen zu akzeptieren, gelingt mir das natürlich nicht immer. Und so wird es immer wieder zu Situationen kommen, in denen ich ärgerlich werde und mich auf Diskussionen und Streitgespräche einlasse. Aber im Laufe der Zeit wird es mir immer leichter fallen, solchen unguten Auseinandersetzungen aus dem Weg zu gehen, weil ich jedes Mal merken werde, dass es uns beiden viel besser geht, wenn es mir gelingt, ihre eingeschränkte Einsichtsfähigkeit zu akzeptieren.

Er versteht keinen Spaß mehr

Möglicherweise erlebe ich auch, dass mein Familienangehöriger seinen Humor verliert. Einerseits kann es daran liegen, dass er eine depressive Störung hat und es ihm deshalb einfach nicht mehr nach Lachen zumute ist. Andererseits kann es sich bei dem Verlust des Humors auch um ein geistig-sprachliches Problem handeln: So gibt es ja eine Art von Scherzen, in der man genau das Gegenteil dessen sagt, was man meint. Doch Menschen mit Demenz können diesen verdrehten Sinn von Ironie oder Sarkasmus häufig nicht mehr entschlüsseln und reagieren dann eher verständnislos als amüsiert.

Mein Humor »kommt nicht mehr an«

» *Als Person, die leidenschaftlich gerne Süßigkeiten, Kuchen und Torten isst, möchte ich meinen Familienangehörigen erheitern und zum Schmunzeln bringen und deshalb sage ich augenzwinkernd: »Du weißt ja, wie ungern ich Süßes esse!« Doch statt zu lächeln, reagiert er überhaupt nicht, und mir wird deutlich, dass mein Scherz nicht »angekommen« ist. Nun bin ich vielleicht enttäuscht, weil meine Bemühungen fehlgeschlagen sind, und verstehe möglicherweise gar nicht, warum er so humorlos ist. Um seine Reaktion nachvollziehen zu können, ist es hilfreich, sich einmal vor Augen zu führen, wie kompliziert es ist, eine ironische Bemerkung zu verstehen:*

Um meine Aussage als Scherz zu verstehen, muss mein Gegenüber einige Dinge von mir ganz sicher wissen: Er muss sich nämlich ganz sicher sein, dass ich
- *wirklich für Süßes schwärme,*
- *mir selbst meiner Schwäche für Süßigkeiten bewusst bin und*
- *mit dieser Schwäche sehr offen umgehe und sie meinen Freunden, Bekannten und Verwandten bereits »gestanden« habe.*

Erst wenn sich mein Zuhörer all dieser Wissensaspekte sicher ist, kann er erkennen, dass ich absichtlich etwas gesagt habe, das nicht den Tatsachen entspricht. Nun muss er sich aber des Weiteren darüber klar werden, warum ich das wohl getan habe. Er muss also über uns und unser Verhältnis nachdenken. Er wird sich fragen müssen: Will sie mich belügen? Hält sie mich für dumm? Und erst, wenn er zu dem Schluss kommt, dass ich ihn sicher nicht belügen oder hinters Licht führen will, kann er schließlich folgern: Sie will wohl einen Scherz machen!

Die detaillierte Aufzählung der einzelnen Denk- und Urteilsschritte, die ein gesunder Mensch in der Regel blitzschnell und unbewusst vollzieht, soll bereits deutlich machen, dass diese Vielzahl von Schlussfolgerungen einem Menschen mit Demenz Schwierigkeiten bereiten können. Außerdem ist sich manch eine Person mit Demenz gar nicht mehr sicher, ob es wirklich stimmt, was sie zu wissen glaubt – zumal sie in letzter Zeit vielleicht häufiger die beunruhigende Erfahrung gemacht hat, dass andere Menschen sie auf ihre Irrtümer, Fehleinschätzungen und Beeinträchtigungen hinweisen. Wenn sie sich aber ihres Wissens nicht mehr sicher ist, kann sie eine ironische Bemerkung als solche nicht mehr verstehen. Eher glaubt sie dann, dass sie wieder einmal falschliegt, und überlegt vielleicht: »Das gibt es doch nicht! Ich dachte immer, sie isst sehr gerne Kuchen und Torte und jetzt behauptet sie, dass das gar nicht stimmt.« Statt zu lachen, rätselt sie eher über diese Ungereimtheit. «

Regeln, die die Verständigung erleichtern

In diesem Kapitel sind viele Kommunikationsprobleme zur Sprache gekommen, die zwischem einem Familienangehörigen mit Demenz und mir entstehen können. Einige dieser Probleme können zumindest gelindert werden, wenn Angehörige einige Regeln der einfühlsamen Kommunikation beachten. Viele dieser Regeln erscheinen mir wahrscheinlich ganz plausibel, wenn ich sie in diesem Buch lese. Doch ist es in der Alltagskommunikation anfangs gar nicht so einfach, sie zu beherzigen.

Den Austausch anregen

Da ein Mensch mit Demenz aufgrund seiner Antriebsstörungen oder der Angst vor Fehlern häufig von sich aus kein Gespräch beginnt, ist es gut, wenn ich ihn zur Kommunikation anrege. Dabei ist mein Wissen um seine Persönlichkeit und seine Lieblingsthemen eine wichtige Basis für ein Gespräch oder einen Austausch. Auch durch Spiele, die ihm Spaß machen (!), können aktivierende kommunikative Situationen entstehen. Dagegen sollte ich davon absehen, ihn »abzufragen« oder zu prüfen, was er noch weiß und was er bereits vergessen hat. Menschen mit Demenz empfinden eine solche schulmeisterliche Behandlung zu Recht als demütigend, weil sie ihnen die eigenen Defizite und Beeinträchtigungen vor Augen führt.

Die Stärken hervorheben und Fehler übergehen

Auch wenn es mir bestimmt nicht immer leichtfällt, wird es uns beiden guttun, wenn ich lerne, meinen Familienangehörigen mit Demenz in positiver Weise zu unterstützen, seine Stärken hervorzuheben und seine verbliebenen Kompetenzen zu betonen, und mir abgewöhne, ihn auf Fehler oder Defizite hinzuweisen. Denn das Gefühl, kontrolliert und verbessert zu werden, verunsichert Menschen mit Demenz oft und kann zu Aggression und einer Verstärkung ihrer Fehlleistungen führen. Ich verhalte mich daher wesentlich fördernder und einfühlsamer, wenn ich versuche, seine Defizite zu übergehen oder ihm zu versichern, dass Fehler doch jedem Menschen passieren können. Wenn ich Sätze sage wie »Nein, das ist nicht wahr, was du sagst« oder »Das erzählst du wieder ganz falsch!« oder »Das kannst du nicht mehr, also lass es doch einfach!«, wird er sich wahrscheinlich sehr gekränkt fühlen.

Keine Kränkungen!

Nun könnte man einwenden, dass jedem Menschen immer wieder Kränkungen im Leben widerfahren und auch ein Mensch mit Demenz mit solchen Erfahrungen leben muss. Doch während Menschen ohne Demenz Kränkungen geistig verarbeiten können, kann das ein Mensch mit Demenz nicht mehr. Eine Person ohne Demenz denkt vielleicht: »Oje! Wahrscheinlich geht es ihr heute nicht so gut, deshalb reagiert sie so verletzend!«, oder: »Ja, gut! Da ist mir vielleicht ein Missgeschick passiert! Aber nur weil mal eine Kleinigkeit schiefgegangen ist, braucht sie sich doch nicht gleich so aufzuregen!« Mithilfe dieser Überlegungen schafft er es, die kritischen Bemerkungen der anderen Person nicht so nahe an sich herankommen zu lassen und sich selbst vor ihren eigenen Augen zumindest teilweise zu »rehabilitieren« bzw. sich selbst zu trösten. Ein Mensch mit Demenz ist zu derartigen Selbstberuhigungen bzw. -tröstungen nicht mehr in der Lage!

Demenzparadoxon In der Fachliteratur wird diese Situation als Demenzparadoxon bezeichnet. Einerseits machen Menschen mit Demenz aufgrund zunehmender Beeinträchtigungen häufig kränkende, verletzende Erfahrungen, andererseits können sie wegen ihres geistigen Abbaus diese Kränkungen immer schlechter für sich selbst so interpretieren, dass sie sie als erträglich empfinden können. Aus dieser Unerträglichkeit erklärt sich auch die Heftigkeit von aggressiven Reaktionen, die manche Menschen mit Demenz zeigen.

Nicht vorschnell helfen!

Wortfindungsstörungen behindern nicht selten die Kommunikationsfähigkeit von Menschen mit Demenz. Als Angehörige möchte ich der erkrankten Person in Situationen, in der sie um die gesuchten Worte ringt, helfen und spreche ihr das Wort vor, von dem ich glaube, dass sie es sagen will, oder vollende ihren angefangenen Satz gleich ganz. Auch wenn ich es nur gut meine, ist dieses Verhalten jedoch meist nicht empfehlenswert: Denn auf der einen Seite demonstriere ich damit häufig meine Ungeduld und setze die Person möglicherweise unter Druck. Und auf der anderen Seite lege ich ihr mit meinem Verhalten vielleicht Worte in den Mund, die sie eigentlich gar nicht sagen wollte.

Auch hinsichtlich ihrer Sprachprobleme kann ich lernen, über Fehler und Ungenauigkeiten hinwegzusehen: Schließlich reicht es aus, wenn ich inhaltlich verstanden habe, was sie äußern möchte – egal wie fehlerhaft ihre Äußerung sein mag.

Für ruhige Umgebung sorgen

Wenn Aufmerksamkeits- und Konzentrationsprobleme die Kommunikation mit der erkrankten Person erschweren, kann ich die Situation verbessern, indem ich Störreize abstelle, die Ablenkungen verursachen. Außerdem bemühe ich mich, neben der Unterhaltung mit ihr keine anderen Dinge zu tun, weil auch meine eigene Unaufmerksamkeit ihre Konzentration stören kann. Je ruhiger die Umgebung ist und je konzentrierter und geduldiger ich bin, desto erfolgreicher verläuft unsere Unterhaltung.

Im Blickfeld bleiben

Leidet die erkrankte Person an starken Aufmerksamkeitsstörungen, versuche ich mich in ihrem Blickfeld aufzuhalten, solange ich mich mit ihr unterhalte. Denn wenn sie mich während eines Gesprächs nicht ansieht, dann wird sich ihre Aufmerksamkeit wahrscheinlich sehr schnell von unserem Gespräch abwenden und auf irgendetwas anderes richten, vielleicht auf einen Gegenstand, der sich gerade in ihrem Blickfeld befindet.

Den Faden wieder aufnehmen

Das Abschweifen vom eigentlichen Gesprächsthema oder der plötzliche Gedankenabriss mitten im Satz sind ebenfalls meist Zeichen von Aufmerksamkeits- und Konzentrationsproblemen. Am hilfreichsten ist es in solchen Situationen, wenn ich vorsichtig zum Thema zurückführe, ohne die Defizite der erkrankten Person zu betonen: Wenn sie z. B. von einer Begebenheit im Supermarkt berichtet, bei der sie den Nachbarn traf, und unvermittelt ihre Erzählung abbricht, könnte ich im Sinne der einfühlsamen Kommunikation nach einigen Momenten sagen: »Jetzt bin ich aber wirklich neugierig, wie die Geschichte über unseren Nachbarn ausgeht, die du vorhin zu erzählen begonnen hast. Du wurdest unterbrochen, als du gerade erzähltest, dass Ihr euch im Supermarkt getroffen habt. Und was passierte dann?«

Von vorn ansprechen

Noch schwieriger kann die Situation für die erkrankte Person sein, wenn ich sie anspreche, während ich hinter ihrem Rücken stehe. Dann kann sie vielleicht nicht erkennen, wer da spricht, und erschrickt, weil sie Stimmen hört, von denen sie nicht weiß, woher sie kommen. Da solche schwierigen Kommunikationssituationen einen Menschen mit Demenz stark verunsichern oder überfordern können, versuche ich diese zu vermeiden. Viel leichter fällt es ihm, wenn die Kommunikationssituation klar und eindeutig ist, er genau sieht, wer mit ihm spricht, denn so bestärken sich akustische und visuelle Informationen gegenseitig.

In kurzen Sätzen sprechen

Wenn ein Gesprächspartner aufgrund von Konzentrations- und Arbeitsgedächtnisproblemen Schwierigkeiten hat, lange, komplizierte Sätze zu verstehen, liegt es auf der Hand, dass die Verwendung kurzer, einfacher Sätze die Kommunikation wesentlich erleichtert. Einfach ist ein Satz dann, wenn er nur eine Aussage enthält und sein Aufbau auf Anhieb zu verstehen ist.

Geduld zeigen

Bei Wortfindungsstörungen ist es sinnvoll, Geduld zu zeigen und zu warten, ob der Person mit Demenz das gesuchte Wort noch einfällt. Viele von uns haben es bestimmt auch schon erlebt, dass uns ein bestimmter Name auf der Zunge lag und ungeduldige Gesprächspartner uns den Abruf durch ihre falschen Vorschläge immer schwerer machten. Erst, wenn einige Momente erfolglosen Suchens vergangen sind, kann ich vorsichtige Hilfestellungen geben, indem ich ein Wort vorschlage und frage, ob sie dieses Wort gemeint hat.

Pro Satz nur eine Aussage

» *Wenn Herr Maier, dem ja früher der Bäckerladen in der Stadt gehörte, krank ist, wie dies momentan der Fall ist, kommt seine Frau, die selbst keinen Führerschein hat, nicht aus dem Dorf raus.« Warum ist der Satz nicht einfach? Weil er mindestens 4 Aussagen enthält. Daher ist er für manchen Menschen mit Demenz kaum zu verstehen. Viel leichter zu begreifen ist dagegen die Erzählung: »Du kennt doch noch Herrn Maier. [Pause] Herrn Maier gehörte früher der Bäckerladen in der Stadt. [Pause] Seine Frau, also Frau Maier, hat übrigens keinen Führerschein. [Pause] Deswegen muss Frau Maier immer von Herrn Maier gefahren werden. [Pause] Nun ist aber Herr Maier krank und kann nicht fahren. [Pause] Deshalb kommt Frau Maier zurzeit nicht aus dem Dorf raus.«* «

Als Angehörige sollte ich daher in der Unterhaltung mit der erkrankten Person Sätze so einfach konstruieren, dass sie immer nur eine Aussage beinhalten. Ähnliches gilt auch für Arbeitsanweisungen oder Anleitungen: Auch diese gebe ich Schritt für Schritt. Dabei ist es für die erkrankte Person auch hilfreich, wenn ich ein bisschen langsamer spreche und kleine Pausen zwischen den einzelnen Sätzen mache und vielleicht eine erste Reaktion abwarte. Denn während langsameres Sprechen das Verstehen erleichtert, verbessert sehr lautes Sprechen den Verstehensprozess überhaupt nicht. Selbst schwerhörige Menschen verstehen nicht etwa besser, wenn man sehr laut zu ihnen spricht. Dagegen profitieren sie von langsamer Sprechgeschwindigkeit und deutlicher Aussprache.

An Brille und Hörgerät denken

Es ist naheliegend, dass ich bei einem Menschen mit Demenz darauf achte, dass seine »Kommunikations-Werkzeuge«, d. h. seine Seh-, Hör- und Sprechorgane, bestmöglich funktionieren. Notwendige Hilfsmittel wie eine gut sitzende Zahnprothese, richtig angepasste Hörgeräte oder eine Brille mit passenden Glasstärken sollten daher ständig getragen werden.

Was in der Theorie selbstverständlich zu sein scheint, erfordert aber in der Praxis oft viel Disziplin: Denn an Hörgeräte und neue Brillenstärken muss man sich erst gewöhnen und ohne Gebiss ist es zu Hause ja manchmal viel bequemer! Deshalb neige auch ich dazu, diese Dinge bei meinem Familienangehörigen zu vernachlässigen. Dennoch sind diese Hilfsmittel sehr wichtig, um die Kommunikationsprobleme nicht zusätzlich – und unnötig – zu verschärfen.

Auf Pronomen verzichten

Das Verstehen von Pronomen erfordert gute Arbeitsgedächtnis-Leistungen und kann einem Menschen mit Demenz Schwierigkeiten bereiten. Dennoch verwenden gesunde Personen in Unterhaltungen ganz selbstverständlich Pronomen anstelle von Namenswörtern, um sich erneut auf etwas zu beziehen, das sie im vorhergehenden Satz bereits benannt haben. An folgenden Beispielsätzen lässt sich dies illustrieren:

»Paul kann heute nicht ganz pünktlich kommen. Er muss erst seinen kleinen Bruder in den Kindergarten bringen, bevor er zu uns kommt.«

Das Wort »er« im zweiten Satz gewinnt seine Bedeutung rückbezüglich, denn es bezieht sich zurück auf »Paul«. Wenn ich diese beiden Sätze höre, weiß ich nur dann, wer zu uns kommt, wenn meine Gedächtnisspanne groß genug ist, um mir den ersten Satz zu merken, bis ich den zweiten verstanden habe. Ist aber die Information, dass Paul heute nicht pünktlich kommt, gleich wieder zerfallen, weil mein Kurzzeitgedächtnis diese Information nicht festhalten kann, dann weiß ich auch nicht, wer dieser »er« ist. Und genau so ergeht es einem Menschen mit Demenz, dessen Arbeitsgedächtnis stark beeinträchtigt ist!

Namen wiederholen!

Um der erkrankten Person das Verstehen zu erleichtern, ist es also sehr förderlich, wenn ich das Subjekt immer wieder explizit benenne. Dies mag zwar manchmal ein bisschen holprig klingen und muss auch trainiert werden, da es nicht dem alltäglichen Sprechen entspricht, aber so kann ich mich mit meinem Familienmitglied mit Demenz trotz seiner Sprach- und Gedächtnisstörung verständigen. Das klingt dann z. B. so:

»Wir können heute Nachmittag um 3 Uhr zu Dr. Wenig gehen. Dr. Wenig hat bis dahin noch einige andere Termine, aber wenn wir um 3 Uhr kommen, hat Dr. Wenig Zeit für uns. Vielleicht kann dir Dr. Wenig dann auch noch gleich deine Spritze geben.«

Nicht plötzlich das Thema wechseln

Abrupte Themenwechsel innerhalb eines Gesprächs erfordern vom Zuhörer ein schnelles Erfassen. Er muss sehr schnell begreifen, dass das erste Thema nun beendet ist und schon ein ganz neues Thema im Fokus der Aufmerksamkeit steht. Jedes Thema hat seinen eigenen Kontext: Wenn man z. B. das Thema »Urlaub« anspricht, dann ruft das Bilder und Vorstellungen von Sonne, Meer, Wandern und Erholung hervor. Es wird also ein ganzer Themenkomplex aktiviert.

Noch einmal soll hier der Vergleich mit dem Archivar in unserem mentalen Lexikon (Seite 82) erfolgen: Wenn ein Thema angesprochen wird, ist es, als öffnete der Archivar im geistigen Lexikon die entsprechende Schublade. In dieser »Urlaubs-Schublade« befinden sich auch weitere Vorstellungen und Begriffe, die der betreffende Mensch mit dem Begriff »Urlaub« verbindet: z. B. Sonne, Meer usw. Bei abruptem Themenwechsel muss der Archivar schnell die alte Schublade schließen, sich orientieren, wo die neue Themen-Schublade ist, dorthin eilen und sie öffnen.

Vergleicht man einige Sprachprobleme von Menschen mit Demenz mit den Störungen, die auftreten, wenn der Archivar erkrankt ist, wird ihre Unfähigkeit, schnellen Themenwechsel folgen zu können, nachvollziehbar: Es dauert viel zu lange, bis der kranke Archivar die alte Schublade schließt. Oder aber er schließt sie überhaupt nicht, weil er gar nicht mitbekommen hat, dass er die Schubladen wechseln soll, und sucht noch immer in der alten Schublade nach möglichen Zusammenhängen, die dort aber nicht zu finden sind!

Wenn ich meinen Familienangehörigen also mit folgender Äußerung konfrontiere, wird er aufgrund meines schnellen Themenwechsels wohl kaum begreifen, was ich von ihm möchte:

»Heute Vormittag habe ich übrigens die Nachbarin im Supermarkt getroffen. Sie sagt, ihr Mann sei sehr krank gewesen. – Sag mal, was willst du heute Abend eigentlich essen?«

Unter gesunden Sprechern sind solche fliegenden Themenwechsel ganz normal, obwohl es auch hier zu Missverständnissen kommen kann. Für viele Menschen mit Demenz sind sie unmöglich nachzuvollziehen!

Themen behutsam wechseln

Um solche Verwirrungen nicht aufkommen zu lassen, bemühe ich mich als Angehörige, den Themenwechsel langsam und behutsam zu vollziehen. Darüber hinaus ist es sinnvoll, Themenwechsel anzukündigen und die erkrankte Person »an die Hand zu nehmen« und zum neuen Thema zu führen. Satz für Satz nehme ich die Situation »auseinander« und füge sie zu einem Ganzen zusammen. In dem obigen Beispiel könnte ich als Angehörige also Folgendes sagen:

»Heute Vormittag habe ich die Nachbarin, Frau Müller, getroffen. Die Nachbarin sagt,

ihr Mann, der Herr Müller, sei sehr krank gewesen. Mehr habe ich aber nicht mit ihr gesprochen. [Pause]. Jetzt möchte ich gerne über etwas ganz anderes mit dir reden. Nämlich über etwas, was uns beide angeht. Ich möchte nämlich jetzt unser Abendessen planen. Und deshalb möchte ich von dir wissen, was du heute Abend gerne essen würdest.«

Auch dies mag holprig und redundant klingen, aber durch einen wiederholenden Stil helfe ich der erkrankten Person, den Themenwechsel zu verstehen.

Aussprechen, was gemeint ist

Die Fähigkeit, ironische Bemerkungen als Scherze zu begreifen, setzt die Einsicht voraus, dass der Sprecher etwas anderes sagt, als er meint. Menschen mit Demenz haben beim Verstehen solcher »stilistischen Feinheiten« Probleme (Seite 72). Neben ironischen Bemerkungen gibt es aber noch andere Situationen, in denen der Sprecher etwas anderes sagt, als er meint, nämlich z. B. bei indirekten Sprechakten. Diese sprachlichen Äußerungen heißen indirekt, weil das, was der Sprecher eigentlich ausdrücken will, nicht wörtlich, sondern unausgesprochen mitgeteilt wird.

Um einen indirekten Sprechakt handelt es sich auch, wenn ich mit meinem erkrankten Familienangehörigen beim Essen am Tisch sitze und – weil ich mich über seine Hastigkeit und Rücksichtslosigkeit ärgere, mit der er sich gleich den Teller vollládt, ohne darauf zu achten, ob auch für mich noch genügend übrig bleibt – zu ihm sage: »Na, dir scheint es ja zu schmecken!« Meist verstehen Menschen mit Demenz indirekte Sprechakte nicht. Ich muss mich also nicht wundern, wenn er mich nur anlächelt und nickt und nicht die geringsten Anzeichen zeigt, sein Verhalten zu ändern.

Als Gesprächspartnerin, die die Regeln der einfühlsamen Kommunikation beherzigt, bleibe ich daher strikt bei manchmal vielleicht holprig klingenden, dafür aber wörtlich zu verstehenden Mitteilungen.

Bildhafte Ausdrücke vermeiden

Auch bei dem Stilmittel der bildhaften Rede teilt eine Sprecherin nicht wörtlich mit, was sie meint. So sind Sätze wie »Lass doch mal die Seele baumeln« oder »Mein Enkelkind ist mein ganzer Sonnenschein« natürlich im übertragenen Sinne gemeint, denn eine Seele kann nicht baumeln und ein Kind ist ein Kind und kein Sonnenschein. Mit diesen bildhaften Äußerungen möchte man also etwas anderes sagen. So, wie man auch mit Sprichwörtern etwas ganz anderes ausdrücken möchte, als man wörtlich sagt. Über einen Menschen, der einem anderen eins auswischen will und sich dabei selbst schadet, sagt man: »Wer anderen eine Grube gräbt, fällt selbst hinein«, obwohl der Betreffende mit Sicherheit keine Grube gegraben hat. Mancher Mensch mit Demenz ist damit überfordert und versteht die übertragene Bedeutung nicht.

Schlüsselwort ans Satzende stellen

Wenn das Arbeitsgedächtnis eines Menschen mit Demenz sehr stark beeinträchtigt ist, versteht er längere Sätze kaum noch. Auch bei kurzen Sätzen bleibt das Satzende am besten in Erinnerung. Daher versuche ich am Ende der Äußerung das wichtige Schlüsselwort mitzuteilen, das ich zur Verstärkung auch noch betonen kann. Statt der

Was versteht man unter einem »indirekten Sprechakt«?

Wenn ich auf der Straße einen Passanten anspreche und ihn frage: »Entschuldigen Sie bitte! Haben Sie eine Uhr?«, dann handelt es sich hierbei um einen indirekten Sprechakt. Denn ich stelle die Frage, ob er eine Uhr hat, möchte aber eigentlich die Uhrzeit von ihm wissen. Verstünde er meine Frage wörtlich, d. h. als direkten Sprechakt, würde er mir vielleicht antworten: »Ja, ich habe eine Uhr!«, und an mir vorübergehen. Wollte ich meine Sprecherabsicht nicht indirekt, sondern direkt aussprechen, müsste ich sagen: »Entschuldigen Sie! Ich möchte gerne die Uhrzeit wissen. Wenn Sie eine Uhr bei sich tragen, dann sehen Sie doch bitte einmal darauf und sagen Sie mir, wie spät es ist!«

Äußerung »Ich habe verschiedene Teesorten. Sag mir doch bitte, welche du am liebsten magst!« sage ich wohl besser: »Ich möchte uns einen Tee kochen. Welcher ist denn dein Lieblingstee?«

Gestik und Mimik richtig einsetzen

In fortgeschrittenem Stadium der Demenz kann das Sprachverständnis der erkrankten Person so reduziert sein, dass ich sprachbegleitend Gestik und Mimik einsetze, um mich verständlich zu machen. Dabei muss ich jedoch darauf achten, dass Gestik und Mimik eindeutig sind und mit dem sprachlich Gesagten übereinstimmen. Sonst steigert es die Verwirrung der Person ja nur noch, wenn ich ihr sage, dass ich sehr glücklich bin, und dabei ein trauriges Gesicht mache. Viel schwieriger ist jedoch die eindeutige Gestik: Viele Menschen nehmen die Hände zu Hilfe, wenn sie das Gefühl haben, dass ihr Kommunikationspartner sie nicht versteht, doch fuchteln sie dann irgendwie mit den Händen in der Luft und führen dabei so unklare Handbewegungen aus, dass dies eine erkrankte Person noch mehr verwirrt und sie überhaupt nichts mehr versteht. Beim Gestikulieren gilt es daher, sparsam und eindeutig zu kommunizieren.

In diesem Abschnitt wurden einige Kommunikationsprobleme diskutiert, die durch relativ einfache sprachliche Verhaltensmaßnahmen der einfühlsamen Kommunikation gelindert oder gar verhindert werden können. Im Kapitel »Einfühlsam kommunizieren – wie geht das? (Seite 117)« soll die Frage, wie Kommunikation mit einer Person mit Demenz trotz Beeinträchtigungen gelingen kann, differenziert betrachtet werden.

Wie funktioniert unser »mentales Lexikon«?

Im Laufe des Lebens werden ständig neue Informationen im Langzeitgedächtnis gespeichert und dort sinnhaft strukturiert – vergleichbar mit einem großen Archiv, in dem ein Archivar alles geordnet und sortiert aufbewahrt.

Eine aktuelle Gedächtnistheorie geht davon aus, dass der gesamte Wissens- und Wortschatz eines Menschen in seinem »mentalen Lexikon« gespeichert ist. Im Rahmen dieser Theorie versteht man das »mentale Lexikon« als Teil des Langzeitgedächtnisses, der einen gut strukturierten und organisierten Speicher darstellt. Seine Inhalte – also die Wortbedeutungen, Wortformen und Wissensbestände, über die ein Mensch verfügt – sind inhaltlich nach Oberbegriffen und Eigenschaftsmerkmalen geordnet abgelegt.

Bildhaft könnte man das mentale Lexikon mit einem Container oder einem Archiv vergleichen, in dem die Akten in thematischen Schubladen einsortiert sind, wobei es innerhalb der Schubladen weitere Unterfächer und innerhalb der Unterfächer nochmals thematische Mappen etc. gibt. Außerdem scheinen alle Inhalte parallel dazu in einem zweiten Ordnungssystem abgelegt zu sein, in welchem sie unter formalen Gesichtspunkten aufgeräumt wurden: In diesem System werden Wortformen, die den gleichen Anfangslaut oder die gleiche Silbenlänge haben, oder solche Wortformen, die sich reimen, zusammen in jeweils gemeinsame Schubladen eingeordnet. Es gibt also offensichtlich ein komplexes Schubladen-Ordnungssystem in diesem mentalen Lexikon.

Will man den bildhaften Vergleich mit einem Archiv noch weiter bemühen, dann kann man sich den Abruf eines Wortes aus dem Lexikon als die Leistung eines Archivars vorstellen, der die Struktur und Einteilung in dem Archiv selbst angelegt hat und das Beibehalten dieser Ordnung nun strikt überwacht. Soll ein spezielles Wort abgerufen werden, eilt der Archivar los, öffnet die richtige Schublade und holt den richtigen Eintrag heraus. Bei diesem Prozess lässt er die Schublade, die er gerade geöffnet hat, für eine kleine Weile offen. Dies hat zur Folge, dass in dieser Zeit, in der ein bestimmtes Wort abgerufen wird, die anderen Wörter, die auch in dieser Schublade sind, viel leichter und schneller abgerufen werden können. Dieses Phänomen des erleichterten Abrufs von Einheiten aus derselben oder einer benachbarten Schublade nennt man auch Bahnung (auf Englisch: »priming«).

Während bei gesunden Menschen der Archivar für gewöhnlich schnell und präzise arbeitet und höchstens hin und wieder einmal ein wenig müde und leicht unkonzentriert sein kann, zeigt der Archivar bei einem Menschen mit Demenz zunehmend gravierende Fehlleistungen: Er findet nicht schnell genug das jeweils richtige Wort oder er bringt möglicherweise sogar ein falsches Wort mit, in der Annahme, es sei das richtige. Manchmal bringt er das richtige Wort, räumt es aber nach Gebrauch nicht wieder in die Schublade, sodass es weiterhin am Ausgang des Lexikons herumgeistert und ständig ungewollt wieder abgerufen wird (in diesem Fall spricht man von »Perseveration«, d. h., der Betroffene bleibt an einem bestimmten Wort oder Wortteil, das er benutzt hat, hängen und sagt es immer wieder, obwohl er es gar nicht mehr sagen will).

In schwereren Fällen kann der Archivar als Organisator des mentalen Lexikons die Ordnung darin gar nicht mehr aufrechterhalten: Die Inhalte der Schubladen geraten durcheinander, manche Schuladen bleiben ständig offen, andere lassen sich überhaupt nicht mehr öffnen. Die innere Struktur des Lexikons löst sich auf. Der Archivar findet immer seltener die richtigen Einheiten. In diesen Fällen nehmen die Sprachprobleme des Menschen mit Demenz sehr starke Ausmaße an. Dieses Stadium der Sprachverarbeitungsstörungen wird auch als »semantische Verarmung« bezeichnet.

In irgendeinem Stadium gibt der Archivar schließlich auf und stellt seine Aktivität ein. Der Mensch mit Demenz zieht sich sprachlich völlig zurück, spricht nicht mehr, verstummt.

Zwar hilft das sog. Containermodell, das dem Bild des Archivs und eines schwächer werdenden Archivars zugrunde liegt, sich bestimmte Sprachverarbeitungsprobleme bildhaft vorzustellen. Doch soll hier nicht verschwiegen werden, dass Netzwerkmodelle der Natur der neuronalen Grundlage des mentalen Lexikons im Gehirn tatsächlich besser entsprechen als Containermodelle. In Netzwerkmodellen werden die einzelnen Inhalte als Knotenpunkte zwischen Netzwerkverbindungen beschrieben. Inhaltlich verwandte Inhalte liegen in diesem Netz in räumlicher Nähe – je ähnlicher die Inhalte, desto näher liegen die Knotenpunkte beieinander. Der Abruf eines Inhaltes erfolgt über die Aktivierung eines Knotenpunktes: Ein Reiz läuft entlang einer Verbindung auf einen Knotenpunkt zu – ist der Reiz dabei stark genug, d. h., übersteigt er einen gewissen Schwellenwert, kann er den Knotenpunkt aktivieren und der Inhalt wird abgerufen. Je häufiger Inhalte gemeinsam abgerufen werden, desto dicker ist die Verbindung zwischen ihnen und desto wahrscheinlicher führt die Aktivierung des einen Inhaltes auch zur Aktivierung des anderen.

Auch mithilfe von Netzwerkmodellen können die oben beschriebenen Phänomene des kognitiven und sprachlichen Abbaus bei Demenz erklärt werden. Doch aus Gründen der Anschaulichkeit und leichteren Nachvollziehbarkeit wurde hier das Bild des Archivs und seines Archivars herangezogen.

Selbsterleben des Menschen mit Demenz

Erkennen Menschen mit Demenz ihre krankheitsbedingten Veränderungen? Merken sie, dass sie krank sind? Wie reagieren sie emotional darauf?

Subjektive Wahrnehmung der Demenz

Auch wenn die Krankheitseinsicht mal größer und mal geringer ist, empfinden Menschen mit Demenz die Krankheit als Bedrohung ihres selbstbestimmten Lebens.

Viele Jahre lang hat man Menschen mit Demenz immer nur »von außen« betrachtet, ohne nach ihren Empfindungen und ihrem Erleben zu fragen:

- Ärzte haben sich vorwiegend mit den hirnorganischen Veränderungen und deren Auswirkungen auf körperlicher Ebene beschäftigt,
- Psychologen haben in erster Linie das Ausmaß der geistigen, psychischen und verhaltensbezogenen Krankheitszeichen untersucht und
- Fachkräfte aus dem Bereich der psychosozialen Arbeit haben Pflegekräfte und Angehörige befragt und unterstützt, die mit den Folgen von Demenz täglich leben und arbeiten müssen.

Aber wie es »in der Person« selbst aussieht, wie sie ihre Veränderungen empfindet, wie sie ihre eigene Situation wahrnimmt und welche Gefühle und Bedürfnisse ihr daraus erwachsen, schien nicht von allgemeinem Interesse.

Die Gründe für dieses Ausblenden sind vielschichtig: Zum einen ging man lange Zeit davon aus, dass Menschen mit Demenz unter »Anosognosie« leiden, d. h. keinerlei Veränderungen an sich selbst bemerken. Zum zweiten wusste man nicht, wie man mit Menschen über ihre Empfindungen sprechen sollte, deren geistige Fähigkeiten ein »normales« Gespräch nicht mehr zulassen, und zum dritten scheuten viele Forschende wohl auch den Blick in die Welt von Menschen mit Demenz aus Angst, dort möglicherweise großes Leid zu erkennen, das man nicht lindern kann. Ein letzter Grund mag schließlich auch in der Verdrängung einer angstbesetzten Vorstellung zu liegen: Da es noch immer weder sichere Präventionsmaßnahmen noch heilende Therapien gibt, haben alle Menschen – auch WissenschaftlerInnen, ÄrztInnen und PsychologInnen – ein Risiko, selbst einmal die Welt aus der Perspektive eines Menschen mit Demenz erleben zu müssen.

Heute wissen wir, dass viele Menschen mit Demenz die krankheitsbedingten Veränderungen an sich selbst wahrnehmen und – genau wie die Angehörigen – Unterstützung bei der Bewältigung dieses Erlebens brauchen.

Um die Personen mit Demenz selbst in ihrem Krankheitserleben einfühlsam begleiten zu können, ist es hilfreich, sich eingehender mit den Vorstellungen auseinanderzusetzen, die wir mit dem Begriff »Krankheitseinsicht« verbinden.

Unterschiedliche Aspekte der »Krankheitseinsicht«

Wenn Laien davon sprechen, dass jemand »Krankheitseinsicht« hat, dann gehen sie meist davon aus, dass dieser Mensch genau weiß, an welcher Krankheit er leidet, welche Auswirkungen die Erkrankung auf sein Leben hat und welche Veränderungen in Zukunft möglicherweise noch auf ihn zukommen werden. In unserer Vorstellung ist Krankheitseinsicht so etwas wie eine »Alles-oder-nichts-Größe«: Entweder habe ich sie voll und ganz – oder gar nicht.

Die englischen Ärzte Howorth und Saper haben aufgrund ihrer Arbeit mit Menschen mit Demenz nun aufgezeigt, wie wichtig es ist, unterschiedliche Komponenten der Krankheitseinsicht von Menschen mit Demenz zu unterscheiden:

- Eine intellektuelle Komponente, die das Wissen um die Krankheit, ihre Auswirkungen und Folgen umfasst, und
- eine emotionale Komponente, die aus Gefühlsreaktionen und Stimmungszuständen besteht, die bei der erkrankten Person durch die krankheitsbedingten Veränderungen ausgelöst werden.

Die intellektuelle Komponente

Die intellektuelle Komponente der Krankheitseinsicht besteht aus Wissensbeständen, die unterschiedlich umfangreich sind: Das geringste Wissen von seiner Demenz hat derjenige, dem es einfach nur bewusst ist, dass sich in letzter Zeit einige seiner geistigen Leistungen, wie z.B. die Konzentrationsfähigkeit, verschlechtert haben.

Bereits tiefgreifender ist die intellektuelle Krankheitseinsicht, wenn die Person darüber hinaus weiß, dass diese Veränderungen nicht mehr »normal« für ihr Alter sind, sondern Hinweise auf einen krankhaften Prozess darstellen.

Am tiefsten ist das Wissen von der eigenen Demenz bei der Person, die weiß, dass sie an einer Gehirnerkrankung leidet, und sich bewusst ist, welche Bedeutung die Auswirkungen dieser Erkrankung für sie, ihr Leben und ihre Zukunft haben. Auch diese umfassende Krankheitseinsicht gibt es bei Menschen mit Demenz, insbesondere, wenn sie an einer Demenz in frühem Stadium leiden.

Die emotionale Komponente

Auf diese Wahrnehmungen reagieren viele Menschen mit Demenz mit unterschiedlichsten Gefühlen und Affekten. Diese stellen die emotionale Komponente der Krankheitseinsicht bei Demenz dar.

Während bei manchen Menschen mit Demenz Versagenserlebnisse Erschrecken, Ärger oder gar Wut auslösen, reagieren andere auf das Erkennen eigener Symptome mit Trauer und depressiver Stimmung. Zugrunde liegt diesen emotionalen Reaktionen aber meist eine gemeinsame Quelle: Angst. Diese Angst hat viele Facetten – so berichten Menschen mit Demenz, Angst vor der Zukunft zu haben, Angst davor, die eigene Selbstständigkeit zu verlieren, Angst, den Angehörigen zur Last zu fallen. Die bedrohlichste Seite dieser Angst scheint jedoch mit dem drohenden Verlust des eigenen »Selbst« (Seite 87) verbunden zu sein.

»Ich kann manchmal einfach nicht mehr denken!«

» *In jüngsten Interviewstudien haben Menschen mit Demenz von Erlebnissen berichtet, an denen sie selbst wahrgenommen haben, dass etwas mit ihnen nicht mehr stimmt. Sie schildern, dass sie*

- *keine Entscheidungen mehr treffen können, weil ihnen die Vorstellungskraft fehlt, die sie bräuchten, um zu erkennen, welche der zur Auswahl stehenden Alternativen sie lieber hätten,*
- *keine Probleme mehr lösen können, selbst wenn es sich um ganz alltägliche »Probleme« handelt, wie z. B. das Öffnen der Schiebetür am Kleiderschrank,*
- *ihre Alltagsaufgaben nicht mehr bewältigen können, die sie jahrelang routinemäßig erledigt haben, wie z. B. eine Mahlzeit vorzubereiten,*
- *ihre persönlichen Dinge wie Schlüssel, Portemonnaie, Versichertenkarte oder wichtige Unterlagen ständig verlegen und dann viel Zeit brauchen, um sie wiederzufinden;*
- *nicht mehr aus dem Haus gehen wollen, weil sie fürchten, auf Bekannte zu treffen, die sie nicht wiedererkennen, oder in Gespräche verwickelt zu werden, die sie überfordern,*
- *Unterhaltungen anderer Menschen nicht mehr folgen können und selbst nicht mehr die richtigen Worte finden, wenn sie sich an einem Gespräch beteiligen wollen,*
- *wichtige Termine oder Absprachen vergessen,*
- *langsam und unkonzentriert geworden sind, sodass sie für alles jetzt viel mehr Zeit bräuchten als früher.*

Folgendes Zitat einer 70-jährigen Frau, die an einer Demenz vom Alzheimer-Typ im Frühstadium erkrankt ist, kann ihre Einsicht in ihre zunehmenden Konzentrationsstörungen gut illustrieren: »Es ist eine Katastrophe, wenn ich morgens einen Termin habe! Denn da muss ich ja pünktlich sein. Ich beeile mich wirklich! Ich lege mir schon abends die ganzen Sachen zurecht, sodass ich morgens nur noch duschen und mich anziehen muss. Und doch: Ich kann es nicht! Dann erwische ich mich wieder dabei, dass ich etwas sehe und dorthin gehe – und dann ist plötzlich schon wieder so viel Zeit vergangen und ich bin zu spät dran! Also, ich beeile mich wirklich! Aber ich kann doch nicht noch früher anfangen – ich kann einfach nicht anders!« «

Krankheitseinsicht kann schwanken

Neuere Forschungen, die von diesem differenzierteren Verständnis von »Krankheitseinsicht bei Demenz« ausgehen, kommen nun zu der Erkenntnis, dass die meisten Menschen mit Demenz eine gewisse Krankheitseinsicht haben – zumindest die Einsicht, dass bestimmte geistige Fähigkeiten abgenommen haben. Diese neuere Erkenntnis widerspricht den früheren Annahmen, dass Menschen mit Demenz grundsätzlich unter vollständiger Anosognosie leiden, d.h. keinerlei Krankheitseinsicht besitzen.

Selbst- und Fremdwahrnehmung

Doch auch wenn man davon ausgehen kann, dass wahrscheinlich jeder Mensch mit Demenz bestimmte Veränderungen an sich wahrnimmt, zeigen Untersuchungen doch auch, dass sich die Selbstwahrnehmung der erkrankten Person und die Fremdwahrnehmung durch Angehörige in den seltensten Fällen decken.

Meist nehmen Angehörige ein größeres Ausmaß der Beeinträchtigungen an der beeinträchtigen Person an bzw. nehmen andere Veränderungen wahr, als die Person selbst.

So äußern viele Menschen mit Demenz in klinischen Untersuchungen auf Nachfrage zwar, dass sie vergesslicher geworden seien, doch geben sie weitaus seltener als ihre ebenfalls befragten Angehörigen an, dass diese geistigen Veränderungen schon negative Auswirkungen auf ihre Alltagsfähigkeiten hätten.

Natürlich können wir als Außenstehende niemals mit Gewissheit sagen, ob eine erkrankte Person ihre Einbußen tatsächlich nicht in dem Maße wahrnimmt wie ihre Angehörigen oder ob sie ihre fortschreitende Krankheit zwar wahrnimmt, aber nicht eingesteht. Beide Positionen werden in der Forschung vertreten, doch scheint sich zunehmend die Erkenntnis durchzusetzen, dass beide Ursachen meist in komplexer Weise zusammenspielen: Zum einen können Menschen mit Demenz bestimmte Symptome aufgrund ihrer neurophysiologischen Veränderungen im Gehirn nicht erkennen, zum anderen offenbaren sie die Beeinträchtigungen nicht immer in dem von ihnen selbst wahrgenommenen Ausmaß.

Krankheitseinsichten sind unterschiedlich

Inwieweit ein Mensch mit Demenz die Folgen seiner Krankheit als solche erkennt und versteht, hängt von unterschiedlichen Faktoren ab. Einen sehr großen Einfluss hat zunächst einmal seine Persönlichkeit. Menschen mit einem stark ausgeprägten Selbstwertempfinden können offenbar dem Verlusterleben ein stärkeres Sicherheitsgefühl entgegensetzen und daher mehr Krankheitseinsicht »ertragen« als Menschen, die schon immer selbstunsicher waren. Darüber hinaus spielt in vielen Fällen auch eine entscheidende Rolle, welchen Stellenwert intellektuelle Fähigkeiten im Leben der Person hatten: Menschen, deren gesamtes Selbstbild auf ihren intellektuellen Fähigkeiten beruht, haben häufig viel größere Schwierigkeiten, den Verlust dieser alles bestimmenden Fähigkeiten zu akzeptieren.

Das Ausmaß der Krankheitseinsicht hängt außerdem von der Form der Demenz und dem Stadium des Verlaufs ab: So zeigen Menschen mit Demenz, bei denen das Stirnhirn von pathologischen Prozessen betroffen ist, deutlich weniger bzw. seltener Krankheitseinsicht als Menschen ohne sogenannte Stirnhirnsymptomatik. Und Menschen in beginnenden Phasen der Demenz haben mehr bzw. umfassendere Krankheitseinsicht als Menschen in fortgeschrittenen Phasen.

Heute wenig, morgen viel Krankheitseinsicht

Die Beantwortung der Frage, wie sehr ein Mensch mit Demenz seine eigenen Veränderungen wahrnimmt und sie als Zeichen einer ernst zu nehmenden, fortschreitenden Gehirnerkrankung begreift, wird darüber hinaus durch die Tatsache verkompliziert, dass Krankheitseinsicht bei Demenz auch wechselhaft ist: Dieselbe Person hat in manchen Situationen offenbar eine stärkere Wahrnehmung ihrer demenziellen Symptomatik als in anderen Situationen. Dieses wechselhafte Verhalten hängt mit unterschiedlichen Faktoren zusammen. So spielt sicherlich die Umgebung eines Menschen mit Demenz eine große Rolle bei seiner Eigenwahrnehmung und der Frage, welche Seite er von sich zeigt. Je stärker andere Personen aus seinem Umfeld sich auf seine Defizite und »Fehler« konzentrieren und diese betonen, desto größer wird sein Bedürfnis sein, sich selbst zu schützen und seine Schwächen zu leugnen und seine verbliebenen Stärken in den Mittelpunkt zu stellen.

Natürlich spielen auch Tagesform, Stimmung, aktuelle Bedürfnisse und emotionale Reaktionen auf Erlebnisse immer eine Rolle bei der jeweiligen Eigenwahrnehmung bzw. -offenbarung. Doch dass Krankheitseinsicht bei Demenz nicht nur durch psychische und soziale Faktoren bestimmt wird, sondern auch eine neurophysiologische Grundlage hat, zeigt die Erfahrung, dass die Fähigkeit, die eigenen Demenzsymptome wahrzunehmen, durch Fortschreiten der Demenz häufig abnimmt, zumindest situativ. Ein uneingeschränktes Funktionieren gewisser Gehirnregionen ist offenbar die Voraussetzung dafür, dass Menschen in der Lage sind, sich selbst zu reflektieren und die eigenen Fähigkeiten einzuschätzen. Je weiter eine Demenz fortschreitet, desto wahrscheinlicher ist es, dass die für eine umfassende Krankheitseinsicht relevanten Gehirnstrukturen vom Abbau betroffen sind.

Eine akzeptierende soziale Umwelt, in der die demenzbedingten Beeinträchtigungen zwar bekannt sind, aber nicht ständig thematisiert werden, sondern verbliebene Fähigkeiten betont werden, fördert offenbar eine realistischere Eigenwahrnehmung des Menschen mit Demenz.

Wie bewältigen Menschen mit Demenz das Erleben ihrer Krankheit?

Viele Menschen mit Demenz empfinden ihre Krankheit als Bedrohung ihres Selbstwertes, ihrer Identität und ihres selbstbestimmten Lebens überhaupt. Um mit einer solchen Kränkung und Gefährdung leben zu können, müssen sie Bewältigungsstrategien entwickeln, die es ihnen ermöglichen, eine für sie erträgliche Form der Auseinandersetzung mit der Krankheit zu finden.

In ihrem Bemühen, ein krisenhaftes Lebensereignis zu verarbeiten und es zu bewältigen, haben Menschen immer zwei verschiedene Möglichkeiten: Sie können sich entweder mit der Ursache ihrer Krise auseinandersetzen und all ihre Energie darauf richten, ihr Problem zu bekämpfen oder zumindest klein zu halten, oder sie können die Bedrohung aus dem Blickwinkel ihrer Aufmerksamkeit verbannen und sich auf andere Dinge konzentrieren, die ihnen Halt, Sicherheit und Kraft geben. Die psychologische Erforschung dieser Bewältigungsstrategien zeigt sehr klar, dass das Lenken der Aufmerksamkeit auf das Problem und wieder davon weg nicht immer ein absichtsvolles und willentlich steuerbares Verhalten ist, sondern teilweise unwillkürlich und automatisch geschieht und immer dem Überlebenstrieb folgt, durch den das Selbst des Menschen versucht, sich vor existenzbedrohenden Einflüssen zu schützen.

Verschiedene Strategien

Auch in der Wahl ihrer Bewältigungsstrategien zeigen sich bei Menschen mit Demenz wieder große Unterschiede. Während manche von ihnen ganz offensiv mit ihrer Erkrankung umgehen, in Gedächtniskurse gehen, Freunde, Bekannte und Nachbarn über ihre Erkrankung aufklären, sich in Gesprächskreisen mit anderen Betroffenen über ihre Erlebnisse austauschen oder sogar in der Öffentlichkeit, z. B. auf Kongressen oder vor der Fernsehkamera, über ihre Krankheit sprechen, wählen andere den Weg des Verschweigens bzw. der Nichtbeachtung. Meist zeigt auch der einzelne Mensch mit Demenz ein ganzes Spektrum von Bewältigungsverhalten, das von Nichtbeachtung der Krankheit bis zum bewussten Konfrontieren mit der Erkrankung reicht – je nach Situation, eigener Befindlichkeit oder der Art und Weise, wie ihr soziales Umfeld damit umgeht.

Angehörige sind zwiegespalten

In Angehörigengruppen äußern Menschen, deren Familienangehörige ihre Demenz zu verleugnen scheinen, häufig, dass sie sich wünschten, die erkrankte Person setzte sich bewusst mit ihrer Krankheit auseinander und zöge angemessene Schlussfolgerungen aus den Symptomen ihrer Erkrankung. Sie möge z. B. erkennen, dass sie Hilfe annehmen oder das Autofahren einstellen sollte. Andere Personen, deren Familienangehörige ihre Demenz dagegen sehr bewusst und intensiv wahrnehmen, machen dagegen deutlich, dass tiefe Krankheitseinsicht bei Demenz meist einen Preis hat: Menschen mit Demenz, die ihre Erkrankung und deren Symptome sehr bewusst wahrnehmen, reagieren nicht selten verzweifelt, angstvoll oder depressiv auf ihr Erleben. Diese Angehörigen wünschen sich daher oftmals, die erkrankte Person nähme ihre Erkrankung weniger bewusst und intensiv wahr.

Was das für Angehörige bedeutet

Angehörige stehen Tag für Tag vor der Frage: Wie mache ich es richtig? Denn es ist nicht einfach, die Bedürfnisse zu erkennen, die ein Mensch mit Demenz hat.

Im Umgang mit einem an Demenz erkrankten Familienangehörigen beschäftigen mich zwei große Fragen:

- Welche Maßnahmen sind gut für ihn: Aktivierungsmaßnahmen, die ihn fordern, um den Abbau seiner Fähigkeiten zu verlangsamen, oder Entlastung von Aufgaben, die ihm offenbar schwerfallen?
- Welcher Umgang mit der Erkrankung ist richtig: mit ihm über seine krankheitsbedingten Veränderungen reden oder seiner Defizite einfach übergehen und sie als normale Altersveränderungen darstellen und nicht weiter beachten?

Ein Patentrezept gibt es zwar nicht, aber oft hilft das Wissen um die »alte« Persönlichkeit des Menschen, um seine Vorlieben und Abneigungen. Deshalb ist es wichtig, die Biografie der erkrankten Person zu kennen. Aus dem Wissen um das Erleben des Menschen mit Demenz und seine wechselhafte Krankheitseinsicht können an dieser Stelle bereits erste Schlussfolgerungen gezogen werden.

Welche Maßnahmen sind gut?

Wenn Menschen mit Demenz in Interviews berichten, dass sie den möglichen Verlust ihrer Identität als größte Bedrohung empfinden, dann kann man daraus das oberste Ziel ableiten, an dem sich alle Maßnahmen und Formen des Umgangs orientieren sollten: die Identität der erkrankten Person zu stabilisieren und ihr Selbst zu bewahren. Um dieses Ziel zu erreichen, ist es wichtig, diejenigen Aspekte ihres Lebens zu betonen und zu fördern, die von der Demenz (noch) nicht betroffen sind, d. h. die sich (noch) nicht verändert haben: alte Persönlichkeitszüge und -eigenschaften, erhaltene Fähigkeiten, noch mögliche Betätigungen und Alltagsaktivitäten. Fundament eines solchen identitätsstützenden Umgangs ist eine bestimmte Grundhaltung der erkrankten Person gegenüber, die sich auf die verbliebenen Kompetenzen konzentriert und nicht auf die bereits eingetretenen Defizite. In der Fachliteratur spricht man daher von dem Prinzip »Kompetenzorientierung statt Defizitorientierung«.

Welcher Umgang ist richtig?

Natürlich sind Menschen in ihrer Art der Krankheitsbewältigung sehr unterschiedlich. Ich kenne meinen Familienangehörigen ja schon lange und weiß wahrscheinlich, wie er mit kritischen Lebensereignissen früher umgegangen ist und welche Bewältigungsstrategien er in Krisen gezeigt hat. Hat er versucht, Probleme auszusitzen oder zu verdrängen oder kleinzureden, oder hat er eher dazu geneigt, schwierige Situationen offen anzusprechen und ihre Lösung aktiv anzugehen? War er ein Einzelkämpfer, der Sorgen und Krisen mit sich selbst ausgemacht hat, oder war er doch mehr ein Teamplayer, der bei Schwierigkeiten den Rat und die Hilfe anderer eingeholt hat?

Ein solches Wissen mag es mir zwar oft erleichtern, ihn in seinem jetzigen Erleben und Verhalten zu verstehen und zu unterstützen, doch hilft mir das Wissen über seine früheren Bewältigungsformen für die aktuelle Situation nicht immer: Viele Menschen mit Demenz verändern sich durch die Erkrankung ja auch in ihrer Persönlichkeit – und damit auch in ihrer Art und Weise, schwierige Situationen zu meistern und zu verarbeiten – so stark, dass mir sein aktuelles Problemlösungsverhalten ganz neu, unbekannt und teilweise vielleicht auch nicht nachvollziehbar erscheint.

Was für zwischenmenschliche Beziehungen im Allgemeinen gilt, gilt im Besonderen auch für die Kommunikation und Interaktion mit an Demenz erkrankten Menschen: Es existieren keine einfachen Rezepte. Dennoch gibt es einige Handlungsprinzipien, die das Wohlbefinden von Menschen mit Demenz fördern und stärken und die Beziehung zu ihnen stabilisieren.

Akzeptanz und Kommunikation

Zunächst muss ich als Angehörige wohl lernen zu akzeptieren, dass sich meine Wahrnehmung der erkrankten Person von ihrer eigenen Selbstwahrnehmung sehr wahrscheinlich unterscheidet und ihre Selbstwahrnehmung nicht immer gleich bleibt, sondern sich verändern kann und je nach Situation, Erlebnis und Stimmung schwankt. Als Angehörige stehe ich nun vor der großen Aufgabe, mit ihren »Selbsterkenntnisschwankungen« mitzuschwingen, d. h. mich mit ihr zu freuen, wenn Defizite aktuell nicht auftreten oder ihr nicht bewusst werden, und sie zu begleiten, zu trösten und zu unterstützen, wenn sie sich als verunsichert und hilflos erlebt und die Zukunft sie ängstigt.

Ebenso »schwingungsfähig« sollte ich auch sein, wenn es um die Entscheidung geht, ob und in welcher Form ich mit der erkrankten Person über Ihre Demenz spreche: In Zeiten, in denen sie selbst ihre Krankheit nicht wahrnimmt oder ihre Krankheitseinsicht nicht offenbaren kann, ist es meist weder hilfreich noch ratsam, sie auf ihre Krankheit oder ihre Symptome bzw. Defizite anzusprechen. Erlebt sie ihre Beeinträchtigungen hingegen selbst und offenbart diese Wahrnehmungen auch, kann es sie in ihrer Krankheitsbewältigung sehr unterstützen, wenn ich behutsam nach ihren Wahrnehmungen und nach möglichen Sorgen und Ängsten frage, zugleich versuche, Zuversicht auszustrahlen, und meine Hilfe zusichere.

Ich sollte mir daher immer klar vor Augen führen, dass die Art und Weise, wie mein Familienangehöriger mit seiner Erkrankung umgeht, einerseits durch seine hirnorganischen Veränderungen verursacht ist, andererseits aber auch Ausdruck seiner psychischen Bewältigungsstrategie darstellt, die seiner Lebensgeschichte entspringt und das Ziel verfolgt, das eigene Selbst zu schützen. Auch wenn es mir manchmal sicherlich sehr schwerfällt, sollte ich ihm diese Schutzmaßnahme nicht nehmen.

Welche Bedürfnisse stehen hinter den Äußerungen?

Neben einer veränderten Selbstwahrnehmung der erkrankten Person erlebe ich als Angehörige vielleicht noch einige weitere Aspekte, die unsere Beziehung zunehmend erschweren. So erlebe ich vielleicht, dass eine echte Verständigung mit ihr, d. h. ein gegenseitiges Verstehen, immer seltener möglich ist. Schließlich muss ich begreifen, dass ich alleine die Verantwortung für die bestmögliche Verständigung in unserer Beziehung habe: Die erkrankte Person kann unsere Beziehung immer weniger aktiv gestalten, kann sich immer weniger in mich hineinversetzen, wird zunehmend abhängig von meiner Fähigkeit, mich in sie einzufühlen.

Doch auch für mich wird es schwieriger, die erkrankte Person zu verstehen. Sie mag Behauptungen aufstellen, die nicht der Realität entsprechen, mag Dinge sagen oder tun, die mir völlig unangemessen erscheinen, mag Aussagen treffen, die ich nicht nachvollziehen kann, sie mag mir nicht glauben, sich nicht überzeugen lassen, mag nicht verstehen, worum es mir geht. Wie kann ich sie dann noch immer verstehen?

Im folgenden Abschnitt des Buches sollen Antworten auf diese Fragen entwickelt werden. Dabei soll zunächst aufgezeigt werden, dass es für gelingende Kommunikation und Beziehungsgestaltung mit einem an Demenz erkrankten Menschen notwendig ist, ein »bedürfnisorientiertes Verstehen« zu entwickeln, d. h., hinter ihren Worten und Äußerungen die zugrunde liegenden Bedürfnisse zu erkennen.

Es soll aber auch besprochen werden, warum gerade die Beziehungsveränderungen, die durch Demenz verursacht werden, ein solches »bedürfnisorientiertes Verstehen« erschweren und wie ich als Angehörige damit umgehen kann und dennoch lernen kann, für eine gute Beziehung zu sorgen. Anschließend wird ganz konkret dargestellt, wie einfühlsame Kommunikation und einfühlsames Miteinander mit einem Menschen mit Demenz gelingen kann.

Einfühlsame Kommunikation

Für einen befriedigenden Umgang müssen wir uns mit unseren Lieben verständigen können – bei Menschen mit Demenz brauchen wir dazu einfühlsame Kommunikation.

Die Bedürfnisse der erkrankten Person

Im Laufe einer Demenz wird die Kommunikation mit der erkrankten Person immer schwieriger. Dennoch ist es wichtig und möglich, ihre Bedürfnisse zu verstehen.

»Kommunikation« kommt von dem lateinischen Wort »communicare«, das u. a. »etwas mit einer Person teilen« bedeutet. Wenn ich mit einer Person kommuniziere, dann möchte ich also mit ihr teilen, worum es mir geht und was in mir vorgeht. Wie kann ich das tun? Ich suche Worte, von denen ich glaube, dass sie für die andere Person dieselbe Bedeutung haben wie für mich, in ihr also dasselbe auslösen wie in mir, und unterstütze diese Bedeutung noch durch körperliche Signale: durch Gesichtsausdruck, Körperhaltung, Stimmlage etc.

Eine gelingende Kommunikation ist für das »Miteinander«, also für die tägliche Alltags- und Beziehungsgestaltung, die wichtigste Grundlage. Inwiefern Kommunikation und Miteinander mit einem Menschen mit Demenz »einfühlsam« sein sollten, wird in diesem Teil des Buches behandelt.

Im Verlauf einer Demenz kommt es oft zu tiefgreifenden Störungen der Kommunikation zwischen der erkrankten Person und ihren Angehörigen, unter anderem weil die erkrankte Person nicht mehr in der Lage ist, mitzuteilen was in ihr vorgeht, und nicht mehr verstehen kann, worum es ihren Angehörigen geht.

»Einfühlsame Kommunikation« bedeutet, die Bedürfniswelt der erkrankten Person zu verstehen und auf der Ebene ihrer Bedürfnisse mit ihr zu reden und mit ihr zu handeln, um ihre Bedürfnisse zu befriedigen und mit ihr in Beziehung zu bleiben.

Die Grundidee der Einfühlung, auf der das Konzept der einfühlsamen Kommunikation basiert, stammt von den bekannten Psychologen Carl Rogers und Tom Kitwood. Rogers ging davon aus, dass Menschen in solche Lebenskrisen geraten können, die sie nur durch die Unterstützung einer anderen Person bewältigen können. Die wirksame Unterstützung entstehe dadurch, dass die hilfreiche Person in der Lage sei, eine heilsame zwischenmenschliche Atmosphäre entstehen zu lassen, in der sie dem hilfesuchenden Menschen eine »personenzentrierte Haltung« entgegenbringe. Diese Haltung – davon war Rogers überzeugt – muss geprägt sein durch Einfühlung in die Gefühls- und Bedürfniswelt des anderen. Der britische Psychologe und Demenz-Experte Tom Kitwood übertrug den Gedanken der »personenzentrierten Haltung« auf die Situation von Menschen mit Demenz. Er ging davon aus, dass auch eine Demenz für die erkrankte Person eine Lebenskrise darstellt, weil sie ihr »Personsein« bedroht, d. h. ihr Empfinden, noch immer dieselbe Person zu sein. Nach Kitwoods Erfahrungen kann sich ein Mensch mit Demenz nur dann weiter als Person mit eigener Identität empfinden, wenn ihm seine Mitmenschen in personenzentrierter Haltung begegnen, ihn also trotz aller Veränderungen als Person wertschätzen, ihm mit Respekt begegnen, ihn ernst nehmen und einfühlsam hinter seinen Äußerungen seine Bedürfnisse zu verstehen versuchen. Andernfalls, so Kitwood weiter, verliere die erkrankte Person »sich selbst«. Da das Gefühl, sich selbst zu verlieren, mit großer Verunsicherung und starken Ängsten verbunden ist, sollte die Stärkung des Personseins der erkrankten Person das oberste Ziel der Umwelt sein.

Die Bedürfnisse erkennen lernen

Hinter jedem Handeln und hinter jeder Äußerung eines Menschen verbirgt sich ein Bedürfnis, das ihn zu diesem Handeln, zu dieser Äußerung motiviert hat. Bei ganz bewusst getroffenen und wohlüberlegten Entscheidungen sind wir uns vielleicht sogar ganz klar bewusst, welches Bedürfnis uns gerade zu dieser Entscheidung motiviert hat. Aber häufig haben wir doch kein ganz klares explizites Wissen von den uns motivierenden Bedürfnissen. Und die Bedürfnisse anderer Menschen bleiben uns ebenfalls oft verborgen.

In Anlehnung an den Psychoanalytiker Sigmund Freud wird dieses Phänomen des Verborgenseins mit dem sogenannten »Eisberg-Modell« illustriert: Die wahrnehmbaren Anteile des Verhaltens einer Person bilden die kleine sichtbare Spitze eines Eisberges, die aus dem Wasser ragt. Die Bedürfnisse und Beweggründe, die sie zu diesem Verhalten motivieren, bilden den weitaus größeren Anteil des Verhaltens und Erlebens einer Person – aber dieser Teil liegt »unter Wasser«, nicht direkt sichtbar.

Will ich eine Person aber wirklich verstehen, muss ich ihrem Verhalten auf den Grund gehen, muss eintauchen in ihre Erlebniswelt, um ihre jeweils aktuellen Bedürfnisse zu verstehen.

Was schon in »normalen« Beziehungen zu nicht erkrankten Menschen oft sehr schwierig ist und nicht immer gelingt, gestaltet sich bei Menschen mit Demenz meist noch viel komplizierter! Weil ihre Äußerungen aufgrund von Sprachstörungen, Denkzerfahrenheit und Orientierungsproblemen teilweise schwer nachvollziehbar sind und ihre Handlungen oft unpassend wirken, kann das zugrunde liegende Bedürfnis meist nicht einfach erkannt werden. Erschwerend kommt hinzu, dass die erkrankte Person selbst über ihr Bedürfnis meist keine Auskunft geben kann, weil dieses ihr oft selbst nicht bewusst ist.

Wie kann ich also durchdringen zu den tief verborgenden Bedürfnissen meines Familienangehörigen mit Demenz? Dies ist – auch für professionelle Fachkräfte – eine Aufgabe, die nicht immer einfach ist und Übung verlangt. Folgende Strategien können mich als Angehörige unterstützen.

Strategie 1: Bedürfnisse erkennen durch »Analogieschluss«

In einem ersten Schritt könnte ich mich fragen: »Welches Bedürfnis hätte ich, wenn ich jetzt an seiner bzw. ihrer Stelle wäre?« Dieser sogenannte »Analogieschluss« basiert auf der Erkenntnis, dass ja alle Menschen die gleichen Grundbedürfnisse haben und daher ein Hineinversetzen in die Lage des anderen in mir vielleicht genau das Gefühl auslösen kann, das auch der andere jetzt spürt.

Schon 1954 hat der amerikanische Psychologe Abraham Maslow die Theorie von den Grundbedürfnissen des Menschen entwickelt, in der er davon ausgeht, dass sich die Menschen in ihren Grundbedürfnissen nicht unterscheiden.

Die Grundbedürfnisse des Menschen nach Maslow.

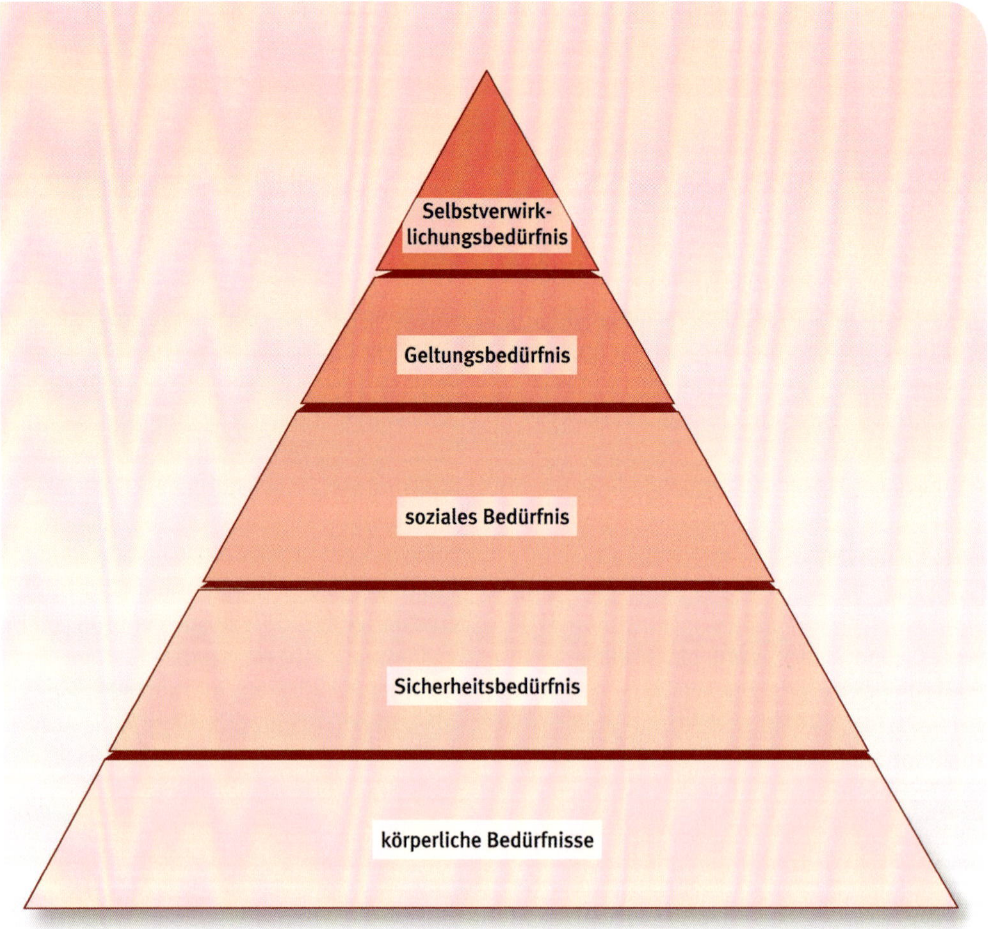

Alle Menschen haben die gleichen Grundbedürfnisse

Maslow behauptet, dass alle Menschen unabhängig von ihrem Alter, ihrem Geschlecht, ihrer Herkunft und ihren individuellen Lebensentwürfen gleiche Grundbedürfnisse haben.

Jeder Mensch hat

- grundlegende physiologische, körperliche Bedürfnisse, möchte also weder Hunger, Durst noch Schmerzen erleiden müssen, möchte in für ihn angemessener Temperatur leben, sich bewegen, sich erholen, Blase und Darm entleeren und seine sexuellen Bedürfnisse befriedigen können,
- Sicherheitsbedürfnisse, d. h., er möchte sich vor schädigenden, angstbesetzten oder unabsehbaren Ereignissen schützen, negative Erfahrungen abwenden können,
- soziale Bedürfnisse, möchte Kontakt mit anderen Menschen, in ihre Gemeinschaft einbezogen werden, sich mit anderen Menschen zusammengehörig fühlen,
- Wertschätzungsbedürfnisse, d. h., er möchte von anderen geachtet und anerkannt werden, möchte seine Selbstachtung wahren können, das Gefühl haben, wichtig und wertvoll zu sein,
- Selbstverwirklichungsbedürfnisse, möchte also entsprechend seiner persönlichen Vorstellungen leben und seine Identität bewahren können.

Diese Bedürfnisse haben demnach auch Menschen mit Demenz!

Nach Tom Kitwood fühlen sich Menschen mit Demenz insbesondere in ihrem Selbstwertgefühl, ihrer Sicherheit, ihrer Unabhängigkeit und ihrer Persönlichkeit bedroht. Aufgrund dieser andauernden bedrohenden »Gefährdung« treten bei ihnen bestimmte Bedürfnisse besonders stark in den Vordergrund, nämlich die Bedürfnisse nach Trost, Bindung an eine Person, die Sicherheit gibt, nach Einbeziehung in eine Gruppe, nach Beschäftigung, nach Erhalt des Wissens von sich selbst und schließlich nach bedingungsloser Akzeptanz und Liebe.

Die Formulierung dieser Grundbedürfnisse eines Menschen mit Demenz ist eine Hilfestellung für diejenigen, die mit einer erkrankten Person einfühlsam kommunizieren möchten. Denn viele ihrer unverständlichen Äußerungen und Handlungen entspringen einem dieser Grundbedürfnisse und sind z. B. Ausdruck des Wunsches »Ich möchte mich sicher fühlen«, »Ich möchte zu dir/euch gehören«, »Ich möchte wichtig sein als der, der ich bin«, »Ich möchte wissen, wo mein Platz ist«, »Ich möchte geliebt werden«, »Ich möchte die Welt um mich herum verstehen« usw.

Es ist hilfreich, sich vor Augen zu halten, dass ein Mensch mit Demenz dieselben Grundbedürfnisse hat wie ich. Scheint mir sein Verhalten in dieser Situation unangemessen und unverständlich, kann ich mich fragen: »Wie würde ich mich fühlen, wenn ich an seiner Stelle wäre?«

Es können auch Schmerzen sein!

Daneben darf aber die Möglichkeit nicht außer Acht gelassen werden, dass es sich auch um körperliche Grundbedürfnisse handeln könnte. Hinter manch einem schwer nachvollziehbaren Verhalten steckt nämlich einfach ein unbefriedigtes körperliches Bedürfnis! Besonders häufig wird bei Menschen mit Demenz das Bedürfnis nach Schmerzfreiheit übersehen. Ein Grund für diesen »blinden Fleck« ist sicherlich die früher gängige Vorstellung, dass Menschen mit

Demenz keine Schmerzen mehr empfinden. Heute wissen wir, dass diese alte Vorstellung nicht stimmt! Auch Menschen mit Demenz empfinden Schmerzen, auch wenn sie diese nicht mehr bewusst benennen oder gar in ihrer Intensität oder Qualität beschreiben können.

Ein anderer Grund für die mangelnde Sensibilität für mögliche Schmerzen bei Demenz ist, dass man einem Menschen keine Schmerzwahrnehmung zugesteht, wenn keine klare Ursache möglicher Schmerzen bekannt ist. Wie kurzsichtig dies ist, mag eine einfache Überlegung zeigen: Die moderne Altersmedizin zeigt, dass im höheren Lebensalter eine Vielzahl von Krankheiten, Gefäßveränderungen und Abbauerscheinungen an Knochen, Muskeln, elastischen Fasern und Schleimhäuten auftritt, die mit vermehrten Schmerzen einhergehen. Medizinische Untersuchungen gehen sogar davon aus, dass durchschnittlich 70 % aller 60–80-jährigen Menschen chronische Schmerzen haben.

Da die allermeisten an Demenz erkrankten Menschen zur Gruppe der sogenannten »Alterspatienten« gehören, liegt es auf der Hand, dass viele von ihnen an Schmerzen leiden! Doch nur bei einem geringen Teil der Alterspatienten mit Demenz wird Schmerz erkannt und behandelt! Eine Untersuchung in den Vereinigten Staaten lässt den alarmierenden Schluss zu, dass über drei Viertel aller Menschen mit Demenz mit einer potenziell schmerzhaften Erkrankung keine Schmerztherapie erhalten, aber stattdessen Neuroleptika, die unruhiges Verhalten unterbinden sollen. Dabei ist dieses Verhalten nichts anderes, als der Ausdruck ihrer Schmerzen.

Bei stark auffälligem Verhalten bei Menschen mit Demenz sollte man immer auch die Möglichkeit eines Schmerzgeschehens bedenken. Selbst wenn keine schmerzhafte Krankheit oder Veränderung bekannt ist, sollte eine sogenannte »probatorische«, d. h. versuchsweise Schmerztherapie in Erwägung gezogen werden.

Strategie 2: Bedürfnisse erkennen mit der »ABC-Methode«

Wenn ich das Verhalten einer erkrankten Person nicht gleich verstehen kann, kann auch die sogenannte »ABC-Methode« hilfreich sein, um zu ihrer inneren Bedürfniswelt durchzudringen.

Das A steht dabei für das englische Wort »antecede« (»vorangehen«), B für »behavior« (»Verhalten«) und C für »consequence« (»Konsequenz«). Jeder der drei Buchstaben soll mich zu jeweils einer bestimmten Überlegung anleiten: In einem ersten Schritt (A) frage ich mich, welche Situation dem Verhalten meines Familienangehörigen voranging. Die nächste Überlegung (B) richtet sich auf eine genaue Beschreibung ihres Verhaltens: War es ein ängstliches oder wütendes oder ein resigniertes oder trauriges Verhalten? Und die dritte Überlegung (C) beschäftigt sich mit einer Analyse der Reaktionen, die die erkrankte Person zeigt, wenn ich so oder so auf ihr Verhalten antworte. Durch diese Schritte kann ich mich dem ihrem Verhalten zugrunde liegenden Bedürfnis annähern.

Folgendes Beispiel kann die Hilfestellung durch diesen Dreierschritt illustrieren: Vielleicht bin ich völlig ratlos angesichts der Aggressionsausbrüche meines Familienangehörigen mit Demenz. Ich habe den Eindruck, dass er sie plötzlich und ohne erkennbaren Anlass zeigt. Wie kann ich mir das Verhalten erklären? Welche unbefriedigten Bedürfnisse mögen ihn dazu motivieren? Wenn ich ihn danach frage, bekomme ich keine schlüssige Antwort. Nun versuche ich es mit der ABC-Methode: Ich versuche mich an die letzten drei Wutausbrüche zu erinnern, und frage mich zunächst (A): Was ging seiner Wut voraus? Was waren das für Situationen? Wer war anwesend? Wer hat was gesagt oder getan? Und nun fällt mir auf, dass immer nur ich anwesend war und ich gerade im Begriff war, eine Tätigkeit zu beginnen, die früher zu den Aufgaben meines Familienangehörigen gehörte, die er jetzt aber nicht mehr ausführen kann oder darf. In der ersten Situation hatte ich mich gerade auf die Fahrerseite des Autos gesetzt und wollte den Motor starten, in der zweiten Situation holte ich den Rasenmäher aus dem Geräteschuppen und im dritten Fall holte ich eine Leiter, um eine Glühbirne zu wechseln.

Wenn ich mir nun im zweiten Schritt (B) überlege, wie sein Verhalten in diesen drei Situationen genau war, dann fällt mir ein, dass er in seiner Wut unglücklich und niedergeschlagen wirkte. Im dritten Schritt (C) überlege ich nun, wie ich auf seine Wutausbrüche jeweils reagiert habe und welche Konsequenzen das hatte. Ich erinnere mich nun, dass ich zweimal ärgerlich reagierte, und ihm vorwarf, dass ich sein impulsives Verhalten unmöglich fände – zumal ich ja wohl wirklich genug zu tun hätte, da ich ja seine Aufgaben nun auch noch übernehmen müsse. Diese Reaktionen hatten zur Konsequenz, dass er noch wütender und unglücklicher wurde. In der dritten Situation hatte ich anders reagiert. Ich hatte ihn von seiner Wut ablenken können, als ich zu ihm sagte: »Du, hilf mir doch einmal bitte! Kannst Du mir sagen, welche Glühbirne dort eingeschraubt werden muss? Ich kenne mich mit Elektrik doch nicht so gut aus wie du. Und könntest du mir dann bitte einmal die Leiter halten?« Ganz schnell legte sich seine Wut und er half mir beim Glühbirnenwechseln. Wenn ich mir nun das Muster, das diesen Situationen zugrunde liegt, verdeutliche, wird mir klar, dass mein Familienangehöriger immer dann aggressiv wird, wenn er sich als Person nicht mehr wahrgenommen fühlt, wenn er keine Anerkennung mehr bekommt, sich aus seiner ursprünglichen Rolle herausgedrängt fühlt. In diesem Fall ist es mir als Angehöriger also gelungen, das Verhalten der erkrankten Person zu verstehen. Ich habe es geschafft, in ihre Gefühlswelt einzutauchen und das zugrunde liegende Bedürfnis »Ich brauche Anerkennung und Bestätigung« zu erkennen.

Die Erfahrungen aus vielen Angehörigengruppen zeigen, dass erkrankte Personen im Verlauf der Demenz immer weniger in der Lage sind, ihre Bedürfnisse nachvollziehbar zu kommunizieren, und es für Angehörige immer schwieriger wird, diese zu entschlüsseln.

Aussagen der erkrankten Person nicht immer wörtlich nehmen!

Besonders schwer fällt Angehörigen das Einfühlen und Verstehen, wenn die erkrankte Person nicht mehr orientiert ist,

- wenn sie also glaubt, in einer anderen Zeit und an einem anderen Ort zu leben, oder
- wenn sie die aktuelle Situation nicht mehr richtig einschätzt und Menschen, Ereignisse oder Dinge seines Lebens nicht mehr als zu sich und ihrem Leben gehörig erkennt.

Denn in dem Maße, in dem sie ihre geistigen Fähigkeiten verliert und hinsichtlich Raum, Zeit, Situation und eigener Person desorientiert ist, entspringen ihre Äußerungen einer Weltsicht, die sich immer weniger mit der eines Menschen ohne Demenz deckt. Dann lebt sie tatsächlich in ihrer eigenen Welt: in einer vergangenen Zeit, mit Personen aus ihrer Vergangenheit oder mit Personen, die ihren Phantasien entspringen, mit ihren Ängsten und Erinnerungen. Sie sieht und hört und erlebt Dinge, die andere nicht sehen und hören können!

Das heißt, sie sagt dann Dinge, die Angehörige als unpassend und unsinnig empfinden. Es ist eine echte Herausforderung, die diese Situation an Angehörige und ihr Einfühlungsvermögen stellt, nun »hinter« dieser Aussage das Bedürfnis zu erkennen, das die Person in diesem Augenblick bewegt.

»Nachts lauert eine schwarze Person vor meiner Balkontür!«

» *Die erkrankte Person berichtet, sie schlafe nachts nicht, weil eine fremde schwarze Person immer vor ihrer Balkontür lauere. Sicherlich wird jede Angehörige zunächst einmal inhaltlich auf diese Aussage reagieren und vielleicht sagen: »Das kann ich mir gar nicht vorstellen! Wie soll denn jemand hier in den fünften Stock auf deinen Balkon klettern?« Wenn an der Reaktion der erkrankten Person aber deutlich wird, dass diese Antwort nicht hilfreich ist, die Person sich also nicht beruhigt zeigt, sondern immer noch angstvoll ist und von Schlaflosigkeit geplagt wird, empfiehlt das Prinzip des »bedürfnisorientierten Verstehens«, die »fremde schwarze Person« als Ausdruck eines tiefsitzenden ungestillten Bedürfnisses zu verstehen.*

Will ich als Angehörige einfühlsam kommunizieren, muss ich mich also zunächst fragen: Welches Bedürfnis verbirgt sich hinter der Äußerung? Was sagt mir die erkrankte Person über ihre Bedürfnislage? Hinter der »fremden schwarzen Person« steht vermutlich das ängstliche Gefühl, sich allgemein bedroht zu fühlen, vielleicht auch die Angst, verlassen zu sein. Wenn ich also das Gefühl erkenne und es der erkrankten Person zurückmelde, kann ich ihr tiefes Verständnis vermitteln. Zu spüren, dass ein anderer Mensch Verständnis für meine Gefühle hat, wirkt beruhigend und tröstend. Die Möglichkeit, die erkrankte Person zu begleiten und zu trösten, ist also viel größer, wenn ich auf ihre zugrunde liegenden Bedürfnisse lausche. Es ist also sinnvoller und für die erkrankte Person viel hilfreicher zu sagen: »Du hast wohl nachts große Angst. Lass uns überlegen, was wir dagegen tun können«, als sie einfach mit der Realität zu konfrontieren (»Auf deinem Balkon steht niemand!«) «.

Die Gründe liegen oft in der Vergangenheit

In manchen Situationen ist das tiefe Bedürfnis, das die erkrankte Person zu ihrer Äußerung oder Handlung motiviert, tatsächlich schwer zu entschlüsseln. Dies ist z. B. dann der Fall, wenn die aktuelle Situation bei der erkrankten Person ein Gefühl wachruft, das sie bei einem früheren Ereignis in ihrem Leben sehr stark empfunden hat, dies mir als Kommunikationspartnerin aber nicht mitteilen kann, weil es ihr selbst gar nicht bewusst ist.

Da berichtet eine Angehörige z. B., dass ihre Mutter jedes Mal zu zittern beginne, sehr unruhig und schließlich auch verbal aggressiv werde, wenn morgens ein männlicher Pfleger vom ambulanten Hauspflegedienst komme, um sie zu waschen. Alle Beschwichtigungen und Erklärungen, dass sie doch nur gewaschen werden solle, hülfen hier nicht. Versucht man die Situation bedürfnisorientiert zu verstehen, wird deutlich, warum die sachlichen, rationalen Argumente der Tochter und des Pflegers nicht hilfreich sind! Sie führen bei der erkrankten Frau nicht zu dem gewünschten Erfolg, weil sie in diesem Moment deren reale Sachinhaltswelt gar nicht teilt! Sie ist offenbar in einer anderen Welt – der Welt ihrer erlebten Erinnerungen – und da nur sie zu dieser Welt einen privilegierten Zugang hat und nicht mehr in der Lage ist, anderen Menschen von ihrer Welt zu berichten, ist eine Verständigung auf dieser Ebene nicht möglich! Doch obwohl vielleicht weder die Tochter noch der Pfleger wirklich wissen, welches frühere Erlebnis die aktuelle Situation gerade wachruft, kann ihnen ihr Einfühlungsvermögen doch zeigen, welches Gefühl bei der erkrankten Frau ausgelöst wird – offenbar ist es Angst – und welches ihrer Grundbedürfnisse gerade wohl nicht befriedigt ist: das Bedürfnis nach Sicherheit!

Angehörige und nahestehende Personen, die einen Menschen mit Demenz gut kennen, haben sicherlich noch das größte Wissen von möglichen Erlebnissen der erkrankten Person, die in einer aktuellen Situation vielleicht wachgerufen werden, doch kein Mensch kennt das Leben eines anderen Menschen vollständig! Es wird demnach immer wieder Momente geben, in denen ich als Angehörige die Wurzel des mir unverständlichen Verhaltens der erkrankten Person nicht kenne!

In diesem Fall bedeutet einfühlsame Kommunikation, die Gefühle der erkrankten Frau zu akzeptieren, unabhängig davon, ob ich als Angehörige deren Wurzel kenne oder sie nachvollziehen kann – und nun nach Lösungen dafür suche, ihr Bedürfnis nach Sicherheit zu befriedigen.

> *Den anderen als den zu akzeptieren, der er ist, macht die Grundhaltung der einfühlsamen Kommunikation aus! In der Philosophie der gewaltfreien Kommunikation wird diese Haltung als die Bereitschaft bezeichnet, die Andersartigkeit des anderen zu sehen und sie ihm zuzugestehen.*

Um eine Vorstellung des zugrunde liegenden Bedürfnisses zu bekommen, bleibt Angehörigen manchmal nichts anderes übrig, als verschiedene Verhaltensweisen auszuprobieren und dann zu schauen, wie die erkrankte Person jeweils reagiert. Trotzdem bleibt der Versuch eines »bedürfnisorientierten Verstehens« immer Grundprinzip einer einfühlsamen Kommunikation.

Die Beziehung verändert sich

Personen mit Demenz verlieren im Verlauf der Krankheit viele ihrer Fähigkeiten – oft auch ihr Einfühlungsvermögen. Darunter leidet erst einmal die Beziehung zu Angehörigen.

Neben dem Abbau der geistigen Fähigkeiten kommt es durch die Folgen der Demenz aber auch zu Beziehungsveränderungen zwischen erkrankter Person und Angehörigen, die sich zunächst oft als Beziehungsstörungen zeigen – und den Zugang zur Bedürfniswelt der erkrankten Person zunächst erschweren. Um diese Problematik zu verdeutlichen, soll erneut ein psychologisches Modell vorgestellt werden, nämlich das aus der Transaktionsanalyse stammende Modell der idealen Kommunikationsbeziehung von Thomas A. Harris und Eric Berne. Die beiden Autoren gehen davon aus, dass einem Menschen Einfühlung in eine andere Person und somit ein bedürfnisorientiertes Verstehen nur dann gelingt, wenn er in einer sogenannten »idealen Kommunikationsbeziehung« zu ihr steht.

»Ich bin o.k.« – »Du bist o.k.«

Voraussetzung für gelingende Einfühlung in den jeweils anderen ist, dass die beiden Kommunikationspartner eine bestimmte Grundhaltung zu sich selbst und zu dem jeweils anderen haben, für die Harris und Berne das Schlagwort »Ich bin o.k. – Du bist o.k.« geprägt haben.

Die Autoren meinen damit nicht etwa, dass man sich selbst und die andere Person überschätzt und glorifiziert, sondern sie verstehen darunter eine prinzipielle Akzeptanz und Wertschätzung für sich selbst und den anderen. Nur in dieser grundlegenden Haltung, in der sich keiner dem anderen über- oder unterlegen fühlt, sich beide gleichwertig und wertvoll empfinden, kann es beiden Personen relativ leicht gelingen, sich auf die Gefühlswelt der jeweils anderen einzulassen, ihre Bedürfnisse zu erkennen, sich wirklich gegenseitig zu verstehen.

Selbst wenn unsere Beziehung vor der Demenz eine »Ich-bin-o.k.-du-bist-o.k.-Beziehung« gewesen ist, was ja nicht unbedingt so gewesen sein muss, hat die Demenz unsere Beziehung doch wahrscheinlich

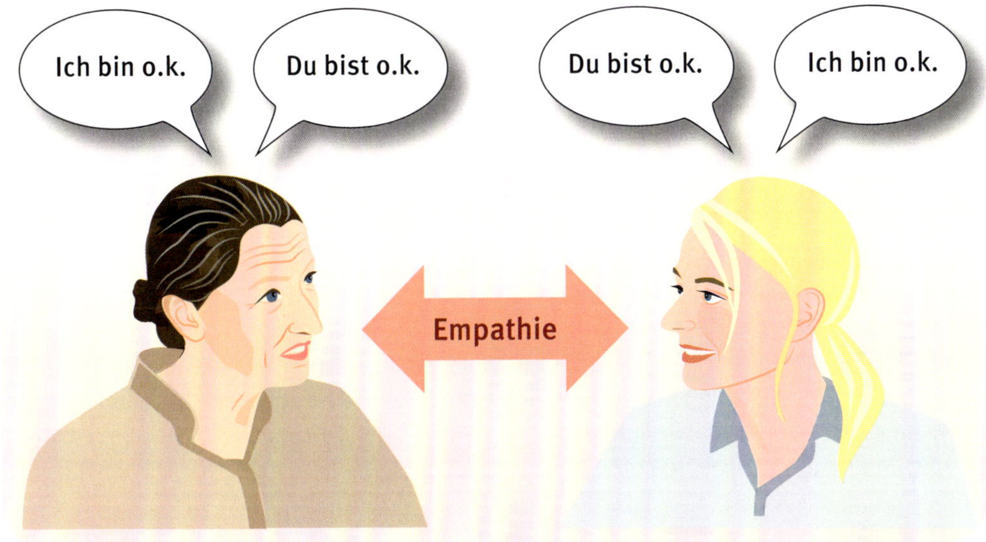

⬆ Eine Grundaussage der Kommunikationspsychologie lautet: Gelingende Kommunikation setzt Einfühlungsvermögen voraus, die nur durch Selbstakzeptanz und die volle Akzeptanz des anderen entstehen kann. Die Transaktionsanalyse hat dies mithilfe eines Schlagworts auf den Punkt gebracht: Kommunikation gelingt dann, wenn beide Gesprächspartner die Haltung haben: »Ich bin o.k. und du bist o.k.«

sehr verändert. Hatte die erkrankte Person in ihren gesunden Zeiten eine sichere »Ich-bin-o.k.-Haltung« zu sich selbst, ist sie heute vielleicht verunsichert, bemerkt ihre Beeinträchtigungen, hat Ängste und ein angeschlagenes Selbstwertgefühl.

Die erkrankte Person schämt sich für ihren geistigen Abbau

Viele Menschen mit Demenz können sich selbst nicht einfach so akzeptieren, wie sie sind, weil sie sich für ihre Defizite schämen. Diese Scham ist ja auch verständlich, weil in unserer Kultur Wissen, Intelligenz und geistige Leistungsfähigkeit sehr wichtig sind. Über diese Werte schaffen wir uns unseren Selbstwert. Das beginnt schon in der Schule: Kinder, die zwar eine große soziale Kompetenz haben, ausgeglichen und friedfertig sind, aber »nur« einen Notendurchschnitt von 3 haben, gelten als weniger erfolgreich als die Kinder, die allerlei Probleme im Kontakt mit anderen Kindern, aber in den Schulfächern durchweg sehr gute Noten haben.

Über die geistigen Leistungen definieren wir uns und unseren Wert.

Und wie verständlich ist es daher, dass ein Mensch mit Demenz anfänglich versucht, die Defizite zu verbergen und sie weder sich noch anderen einzugestehen.

Auch die »Du-bist-o.k.-Haltung« einer Person kann durch ihre Demenz erschüttert werden. Immer wieder berichten Angehörige, dass ihr erkranktes Familienmitglied wenig wertschätzend mit ihnen umgeht und z. B. neidisch auf sie reagiert, weil sie viele Dinge nun besser können als die Person selbst, sie sie manchmal sogar beschimpft oder ihre Fähigkeiten abspricht.

So erzählte eine Frau in der Angehörigengruppe, ihr erkrankter Mann habe ihr vor einigen Tagen berichtet, er habe eigentlich den Rasen im Garten schneiden wollen, aber feststellen müssen, dass der Rasenmäher kaputt sei. Weil sie sich das nicht habe vorstellen können, sei sie selbst in den Geräteschuppen gegangen, habe nachgesehen und festgestellt, dass das Stromkabel gar nicht vorhanden war. Als sie es geholt und den Mäher an den Strom angeschlossen habe, sei er sofort angesprungen. Ihr Mann habe dies gesehen, wütend reagiert und ihr bissig entgegnet »Ja, natürlich hast du es geschafft! Du kannst ja immer alles besser!«

Sie will ihre Beeinträchtigung verbergen

Das Leugnen der eigenen Unfähigkeit kann unsere »Ich-bin-o.k.-du-bist-o.k.-Beziehung« stark beeinträchtigen. Obwohl die erkrankte Person versucht, ihre Probleme zu verbergen, um ihr normales Leben in gewohnter Weise fortzusetzen, bemerke ich als Angehörige ihre Defizite im alltäglichen Leben dennoch. Wenn ich sie darauf anspreche, mache ich all ihre Verdrängungsversuche zunichte, was nicht selten zu heftigen Gefühlsreaktionen führt: Wut, Aggression, Depression, Reizbarkeit, Streitsüchtigkeit, mangelnder Kooperationsbereitschaft oder Rückzug.

In einem späteren Stadium der Erkrankung können sich erkrankte Personen meist immer weniger realistisch einschätzen. Wenn sie daher die Frage, ob sie denn Gedächtnisprobleme hätten, verneinen, dann nicht etwa, weil sie lügen oder verdrängen, leugnen oder es sich nicht eingestehen wollen, sondern weil sie ihre Gedächtnisprobleme gar nicht wahrnehmen oder sie nur kurzfristig bemerken, jedoch sofort wieder vergessen.

Die Ansichten stimmen nicht mehr überein

In zunehmendem Maße machen Menschen mit Demenz die Erfahrung, dass ihre Sicht der Welt und ihre Einschätzung ihrer selbst nicht mehr mit den Interpretationen der anderen Menschen übereinstimmen. Sie nehmen sich selbst und die Dinge um sie herum anders wahr, als es die anderen Menschen tun! Dieser Verlust an sogenannter Kongruenz (= Übereinstimmung) kann einen Menschen ganz schön verunsichern!

Da Menschen mit Demenz ihre eigene Unfähigkeit oft anders einschätzen und sich in ihrer Wahrnehmung durch andere Menschen infrage gestellt fühlen, führt dies bei vielen zu Misstrauen und Argwohn. Sie glauben dann z. B., andere Menschen wollten sie betrügen, hinters Licht führen oder würden sich gegen sie verschwören! Bezogen auf das Modell von Harris und Berne bedeutet das: Die erkrankte Person verliert zunehmend auch ihre akzeptierende Haltung gegenüber ihrem Kommunikationspartner, misstraut ihm, verliert ihre »Du-bist-o.k.-Haltung«!

Und wie sieht es mit meiner »Ich-bin-o.k.-du-bist-o.k.-Haltung« aus? Auch als Angehörige erlebe ich in meinen Grundhaltungen vielleicht Veränderungen. Hatte ich bislang ein »gesundes Maß« an Selbstachtung, zweifle ich jetzt möglicherweise immer mal wieder an mir: Womöglich habe ich nun häufiger ein schlechtes Gewissen, weil ich ungeduldig auf die erkrankte Person reagiere. Obwohl ich doch weiß, dass sie doch krank ist, empfinde ich sie bzw. ihre Versorgung als Belastung – wofür ich mich auch zugleich schäme. Ich ärgere mich über sie, weil sie mir meine Versorgung nicht dankt, obwohl ich weiß, dass ich das von ihr gar nicht mehr erwarten kann.

Die psychische Situation von Angehörigen wird in einem späteren Kapitel ausführlich behandelt. Hier jedoch mag der Hinweis genügen, dass durch die Auswirkungen der Demenz nicht selten auch die »Ich-bin-o.k.-Haltung« von Angehörigen beeinträchtigt wird.

Und wie geht es meiner »Du-bist-o.k.-Haltung«? Kann ich die Person mit ihrer Erkrankung wirklich so akzeptieren und bedingungslos wertschätzen, wie sie jetzt ist? Viele Angehörige brauchen Zeit, um die Erkrankung und damit auch die Beeinträchtigungen der erkrankten Person akzeptieren zu lernen. Bis sie in diese neue Haltung hineingewachsen sind, können sie es oft einfach nicht glauben, dass die erkrankte Person einfachste Dinge nicht mehr zu können scheint! Vielleicht war sie in gesunden Zeiten geistig sehr rege. Umso schwerer fällt es ihnen nun, ihren geistigen Abbau zu akzeptieren. Manche schämen sich vielleicht sogar für die Defizite ihres erkrankten Familienmitgliedes.

Was für viele Menschen mit Demenz gilt, gilt vielleicht auch für Angehörige: Auch sie empfinden oft Scham angesichts der Tatsache, dass ein ihnen nahestehendes Familienmitglied zunehmend seine intellektuellen Fähigkeiten verliert. Denn auch Angehörige sind geprägt von den Werten der Gesellschaft, in der sie leben.

Manche Angehörige unterstellen Absicht

Die größten Probleme beim Akzeptieren der erkrankten Person haben Angehörige dann, wenn sie nicht ausreichend über Demenz und ihre Folgen informiert sind. Dann vermuten sie nämlich hinter vielen Störungen und Beeinträchtigungen der erkrankten Person Absicht und Mutwillen oder zumindest fehlende Disziplin, Sturheit oder gar Faulheit. Und drängen sich ihnen Gedanken auf wie »Wenn sie sich doch mal ein bisschen zusammenreißen würde!« oder »Wenn sie nur wollte, könnte sie auch!«, dann verlieren sie der erkrankten Person gegenüber ihre akzeptierende »Du-bist-o.k.-Haltung«!

Dies bringt natürlich auch die erkrankte Person in eine äußerst belastende Situation: Denn obwohl sie ihre Beeinträchtigungen und Störungen nicht beeinflussen und verändern kann, erfährt sie Ablehnung, weil der Angehörige fälschlicherweise glaubt, dass sie sich nicht genügend bemüht.

Belastende Gefühle plagen Angehörige

Es gibt noch eine Vielzahl weiterer Gründe, die dazu führen können, dass Angehörige die Erkrankung ihres Familienangehörigen (noch) nicht akzeptieren: Möglicherweise ist es Angst vor der Zukunft, vor den bevorstehenden Abschieden und Verlusten oder Abwehr gegen die Trauer. Aber immer bedeutet diese Nichtakzeptanz der Krankheit, dass auch die erkrankte Person nicht als die akzeptiert wird, die sie momentan ist, und eine »Du-bist-nicht-o.k.-Haltung« ihrer Angehörigen erfährt.

Demenz erschwert das Einfühlungsvermögen

Gehirnerkrankungen, die Demenz verursachen, beeinträchtigen im Verlauf oft auch das Einfühlungsvermögen der erkrankten Person. Dann haben Angehörige zunehmend den Eindruck, dass die erkrankte Person immer egoistischer und selbstbezogener wird, immer weniger Interesse für andere – und sogar für den Angehörigen! – aufbringt. Dass eine derartige wachsende Anteilnahme psychisch sehr kränkend und belastend sein kann, liegt auf der Hand! Ein geliebter

Betrachtet man nun noch einmal die beiden tragenden Säulen der Kommunikation, die beiderseitigen Einstellungen der Kommunikationspartner »Ich bin o.k.« und »Du bist o.k.«, dann wird deutlich, wie sehr eine Demenz die Beziehung zwischen der erkrankten Person und dem Angehörigen in ihren Grundsätzen erschüttern kann.

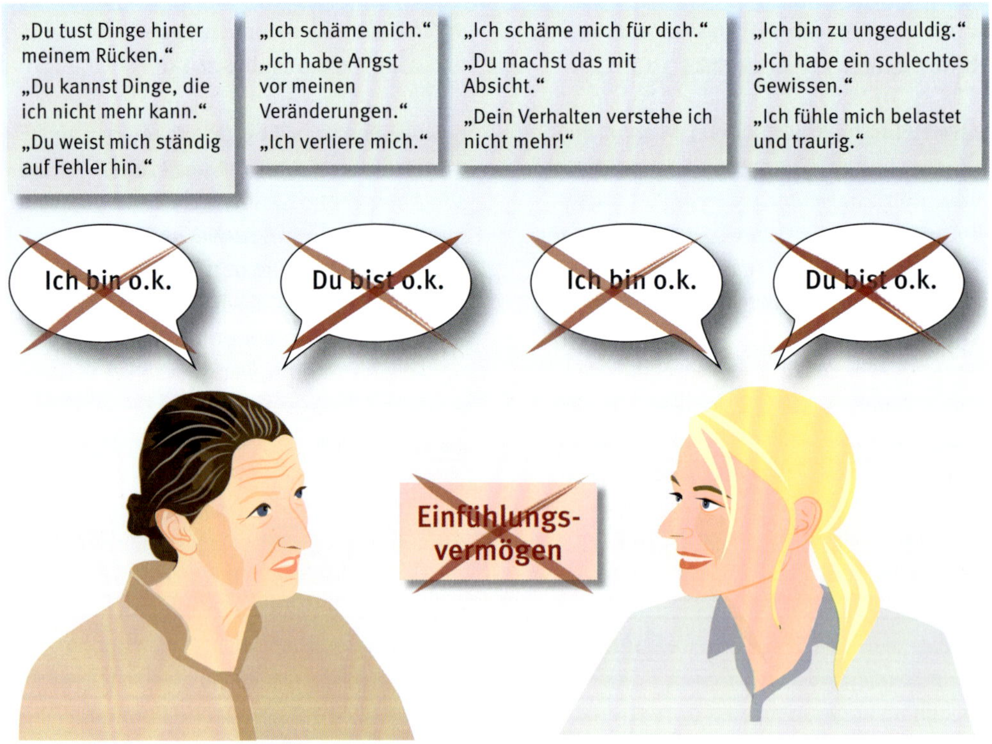

Mensch, der sich immer mit mir verbunden und solidarisch gefühlt hat, verliert sein Interesse an mir und meinen Belangen. Dieser Verlust der Empathie ist eine Folge der fortschreitenden Demenz. So kränkend dies auch für Angehörige ist, so können sie diese Veränderungen doch am besten ertragen, wenn sie die »egoistischen« Äußerungen oder Handlungen als Zeichen der Erkrankung akzeptieren.

Hinter Wut steht oft ein tiefes Bedürfnis

Schwer ist es für Angehörige auch, eine »Du-bist-o.k.-Haltung« aufrechtzuerhalten, wenn die erkrankte Person sie durch ihre Aggression beleidigt oder verletzt.

In Schulungsgruppen und Gesprächskreisen, in denen Angehörige von ihren Erfahrungen berichten, kommen solche aggressiven Situationen immer wieder zu Sprache:

- Da explodiert eine Frau mit Demenz und beschimpft ihre Tochter heftig, sie solle sie doch in Ruhe lassen, weil diese ihr bei der Körperhygiene helfen will, die sie in den Augen der Tochter alleine nicht mehr gründlich genug durchführen kann.
- Da greift eine Frau mit Demenz ihren Ehemann scharf mit Worten an und behauptet, er wolle sie aus ihren Arbeitsbereichen herausdrängen, weil er sich nun um die Essenszubereitung kümmert, die ihr seiner Meinung nach nicht mehr gelingt.
- Da schreit ein Mann mit Demenz seinen Sohn an, als dieser ganz vorsichtig versucht, seinen Vater dazu zu bewegen, das Autofahren einzustellen, weil es mittlerweile einfach zu gefährlich geworden sei.

Für eine »Du-bist-o.k.-Haltung« eines Angehörigen stellen solche Situationen große Herausforderungen dar! Warum nur, so fragen sie sich, reagiert er bzw. sie so unangemessen?

Nur wenn Angehörige eine stabile »Ich-bin-o.k.-du-bist-o.k.-Haltung« haben, können sie sich in den anderen einfühlen und »hinter« seinen aggressiven Worten seine Scham und Verzweiflung wahrnehmen!

Alle diese Veränderungen der Beziehung erschweren den Angehörigen den Zugang zur Gefühls- und Bedürfniswelt ihres Familienangehörigen und machen ein bedürfnisorientiertes Verstehen beschwerlich.

Gibt es einen Ausweg aus dieser unbefriedigenden und belastenden Situation? Die jahrelange Arbeit mit Angehörigen von Menschen mit Demenz hat gezeigt, dass Angehörige im Laufe der Zeit gute Bewältigungsstrategien entwickelt können, um ihre Beziehung zu der erkrankten Person aufrechtzuerhalten. Darüber soll auf den kommenden Seiten berichtet werden.

Eine gute Beziehung ist dennoch möglich

Menschen mit Demenz sind nicht mehr in der Lage, sich selbst oder Beziehungen willentlich zu verändern. Nur Angehörige können für ein gutes Klima sorgen!

Für Angehörige ist es wichtig zu erkennen, dass alle Veränderungen, die die Beziehung zu der erkrankten Person verbessern, immer nur von ihnen selbst ausgehen können. Die Hoffnung, die erkrankte Person zu verändern, sie z. B. zu einer bestimmten Einsicht zu bewegen oder sie durch Argumente zu überzeugen, ist unrealistisch. Ein Mensch mit Demenz ist kaum mehr in der Lage zu lernen. Und ein auf Einsicht beruhendes verändertes Verhalten setzt Lernprozesse voraus. Deshalb müssen Veränderungen immer von den Angehörigen ausgehen! Wer eine akzeptierende und positive Grundhaltung zu der erkrankten Person entwickelt, schafft – trotz aller Schwierigkeiten – die Grundvoraussetzungen für einen guten und harmonischen Kontakt.

Akzeptanz ist der Schlüssel zu einer besseren Beziehung

Kommunikationspartner bilden ein System: Verändert eine der beteiligten Personen ihr Verhalten, führt dies auch Veränderungen bei der anderen herbei. Wenn es mir also in der Beziehung zu der erkrankten Person gelingt, eine »Ich-bin-o.k.- und-Du-bist-o.k.-Haltung« zu haben und auszustrahlen, wird sich sicherlich auch bei der erkrankten Person etwas verändern: Sie fühlt sich angenommen. Dies unterstützt ihr Selbstwertgefühl, und ihr Misstrauen mir gegenüber lässt vermutlich nach.

Ein geändertes Verhalten der gesunden Person kann die Atmosphäre und die gesamte Situation entspannen. So wird der erkrankten Person ebenfalls ein verändertes Verhalten erleichtert. Wenn Angehörige lernen, die Krankheit und ihre Auswirkungen auf das tägliche Leben zu akzeptieren, kann das dazu führen, dass sich die erkrankte Person mit ihrer Krankheit angenommen fühlt. Dadurch wird es ihr selbst leichter fallen, die eigenen »Schwächen« zu akzeptieren.

»Deine Mutter ist viel freundlicher zu mir!«

» *In einer Angehörigenschulung berichtet die Ehefrau eines Mannes mit Demenz in der zweiten Sitzung, dass sie am Vortag zufällig gehört habe, wie ihr Mann mit der gemeinsamen Tochter telefonierte. Auf deren Frage, wie es ihm denn heute gehe, habe er seiner Tochter geantwortet: »Gut geht es mir – weißt du, das liegt daran, dass deine Mutter irgendwie viel freundlicher zu mir ist!« Das habe sie, die Angehörige, zunächst stutzig gemacht. Aber als sie ein wenig über ihr eigenes Verhalten nachgedacht habe, sei sie zu dem Schluss gekommen, dass sie in den vergangenen Tagen tatsächlich – ganz unbewusst – verständnisvoller und »freundlicher« auf ihren Mann reagiert habe, nachdem sie in der ersten Sitzung der Angehörigenschulung vor einer Woche gelernt habe, dass die Verhaltensweisen ihres Mannes krankheitsbedingt und nicht Zeichen seiner bösen Absicht oder seines fehlenden Interesses an ihr seien.* «

Und um zu lernen, mich selbst in meiner neuen, veränderten Situation zu akzeptieren, muss ich mich und meine emotionalen Reaktionen erkennen können. Am schwersten ist es für mich als Angehörige sicherlich zu verstehen, warum ich – trotz bester Vorsätze und Wissen um die Erkrankung – dennoch oft noch ungeduldig und ärgerlich reagiere, Wut empfinde und ein schlechtes Gewissen habe bzw. Schuldgefühle mich plagen. Hilfreich bei dieser Selbstklärung ist eine Beschäftigung mit der Frage, wie es denn anderen Angehörigen von Menschen mit Demenz ergeht, die sich ja in einer ähnlichen Lage wie ich befinden. Daher kommen in einem späteren Kapitel Angehörige zu Wort, die ihre eigene Situation schildern. Sehr unterstützend kann auch der Austausch in einer Gesprächsgruppe für Angehörige sein.

Viel schwieriger als der Erwerb dieses Wissens ist natürlich der Umgang mit dem eigenen Gefühlschaos aus Trauer, Schuldgefühlen und Wut. Vielleicht ist es jedoch hilfreich, zu erkennen und zu akzeptieren, dass enge Bindungen immer zwei Seiten haben: Liebe, Zugewandtsein und Vertrautheit auf der einen und Ärger, Ablehnung und manchmal sogar Hass auf der anderen.

Meine Gefühle sind berechtigt

Auch wenn es paradox erscheinen mag, so gehört es wohl doch zu der Natur menschlicher Beziehungen, dass wir oft auf den Menschen besonders wütend und ärgerlich sind, den wir lieben. Enge Bindungen ohne Gefühle von Ärger und Aggression gibt es nicht! Und das schlechte Gewissen angesichts der erkrankten Person entsteht oft im Zusammenhang mit dem Empfinden der eigenen Hilflosigkeit und dem Eindruck, selbst nicht immer in der Lage zu sein, eine optimale Versorgungssituation für sie zu bewerkstelligen.

Bei dem Versuch, diese oft quälenden Gefühle zu bewältigen, ist es nicht hilfreich, sie sich auszureden oder zu ignorieren. Dagegen kann es wirklich erleichternd sein zu realisieren, dass diese Gefühle kein Zeichen persönlichen Versagens und persönlicher Schwäche sind: Sie sind Zeichen einer engen emotionalen Bindung und nicht selten der eigenen Überforderungen – und gehören zu jedem Leben ebenso wie die »schönen Gefühle«.

Auch wenn die Empathiefähigkeit eines Menschen mit Demenz immer weiter schwindet, so kann ich als Angehörige doch meine emotionale Sensitivität aufrechterhalten und versuchen seine Gefühle zu verstehen, auch wenn er nicht mehr in der Lage ist, diese in Worte zu fassen. Zwar wird unsere Beziehung mit dem Fortschreiten der Demenz zunehmend einseitig, doch bleibt der Kontakt zwischen uns dennoch möglich, solange ich durch meine Resonanzfähigkeit und mein Mitgefühl in der Lage bin, mich in die Welt des erkrankten Menschen einzufühlen. Meine Empathie ist somit der Schlüssel zu einer Welt, in der ich ihm begegnen kann: seiner Welt!

Eigene Gefühle zurücknehmen können

Damit Angehörige sich in die Welt des anderen einfühlen können, müssen sie ihre eigenen Gefühle zurücknehmen können. Was ganz logisch klingt, ist in der Tat sehr schwer.

Es liegt auf der Hand, dass es nahestehenden Menschen viel schwerer fällt als z. B. professionellen Pflegekräften, sich von ihren eigenen Gefühlen zu distanzieren, um sich den neuen Herausforderungen zu stellen und sich auf die Erlebenswelt des Kranken einzulassen. Denn Nahestehende erleben ja oftmals sehr starke Gefühle wie Trauer über die vielen Verluste, die die Demenzerkrankung mit sich bringt, Hilflosigkeit angesichts der fehlenden Möglichkeit, die Krankheit zu heilen, und Abwehr gegen die unabwendbaren Veränderungen.

Und tatsächlich zeigt es sich, dass ich als Angehörige deutlich weniger in der Lage bin, mich in den Kranken einzufühlen und empathisch mit ihm zu kommunizieren, wenn ich das »alte Bild« von ihm nicht loslassen und seine Krankheit nicht akzeptieren kann.

Der Austausch in einer Gesprächsgruppe kann sehr entlasten

Belastende und schmerzliche Gefühle sind leichter zu ertragen, wenn man sie einem anderen Menschen mitteilen kann. Dies macht eben auch den Sinn von Selbsthilfegruppen aus: Menschen, die sich in einer ähnlichen Situation befinden, können sich gegenseitig stützen, indem sie sich ihre – auch als negativ erlebten – Gefühle mitteilen können. Die Einsicht: »Es geht ja nicht nur mir so!« nimmt das Gefühl persönlichen Versagens und stärkt die Fähigkeit, sich selbst und den Kranken zu akzeptieren. So kann schließlich die Erkenntnis in mir wachsen: »Obwohl du krank und oft schwierig und anstrengend bist und ich oft Schuld, Ärger, Wut und Scham empfinde, sind wir beide – du und ich – o.k.!«

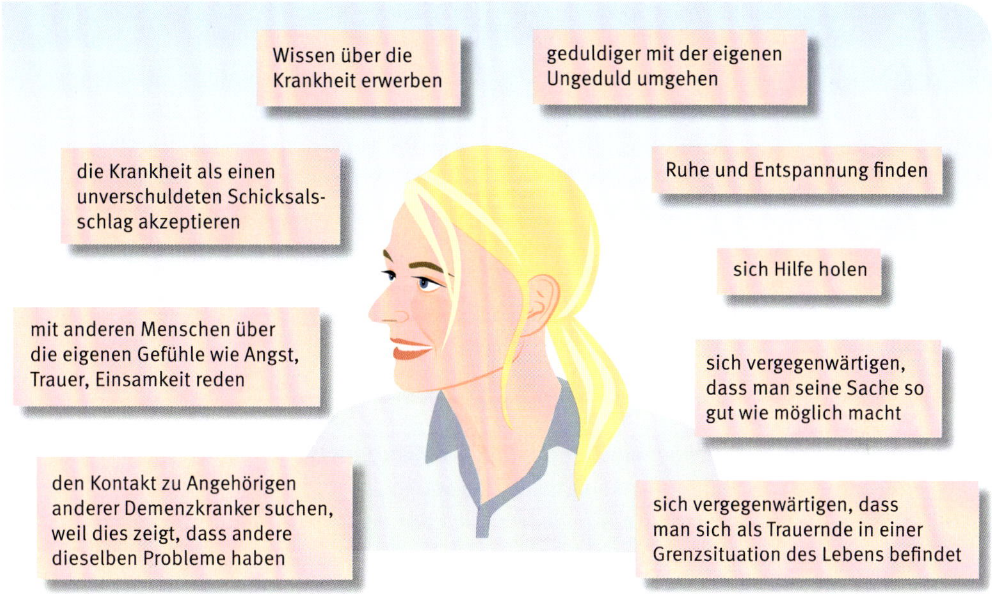

Diese Abbildung verdeutlicht, dass es auch bei Ihnen viele »Stellschrauben« gibt, an denen Sie im Rahmen der einfühlsamen Kommunikation »drehen« können: Wenn Sie mit sich im Einklang sind und die nötige Unterstützung erhalten, können Sie auch viel entspannter und verständnisvoller mit der erkrankten Person umgehen.

Aber wie geht das? Wie soll ich meine eigenen Gefühle, meinen Ärger, meine Trauer, meine Wut, meine Enttäuschung beiseitelassen? Empfehlenswert ist hier das Erlernen von Entspannungstechniken, die man in der aktuellen Situation anwenden kann.

Kleine Entspannungsübungen helfen

Um die erkrankte Person bei der Bewältigung alter, schmerzhafter Erinnerungen zu unterstützen, hilft es, wenn Angehörige ihre eigenen Gefühle vorübergehend beiseite lassen. Dies können sie vielleicht durch eine schnell durchführbare, kurze Entspannungsmethode erreichen: Man konzentriert sich auf die eigene Körpermitte und atmet etwa 3 Minuten lang tief durch die Nase ein und den Mund aus. Dabei richtet man die eigene Aufmerksamkeit nur auf das Atmen, ohne an etwas zu denken. Schon nach kurzer Zeit spürt man die Entspannung, kann von sich selbst besser loslassen und ist offener für die Gefühlswelt der erkrankten Person.

Solche Entspannungsverfahren sind natürlich nicht der einzige Weg für mich als Angehörige, die eigenen Gefühle »in den Griff« zu bekommen. Eigene Gefühle, insbesondere Trauer, sollen auch gespürt, mitgeteilt und anerkannt werden. Deshalb ist es ebenso wichtig, dass ich mich anderen Menschen mitteilen kann. Der Austausch mit Verwandten, Freunden oder anderen Angehörigen von Menschen mit Demenz hilft mir, meine eigenen Gefühle zu verarbeiten, und hilft daher auch, das Verhältnis zu dem Kranken zu verbessern.

Im folgenden Kapitel soll gezeigt werden, dass einfühlsame Kommunikation die einzige Möglichkeit ist, die Beziehung zu einem Menschen mit Demenz langfristig aufrechtzuerhalten. Dass diese »Spielart« der Kommunikation mir zunächst fremd erscheinen mag, liegt daran, dass es nicht die gewohnte Art und Weise darstellt, in der wir üblicherweise im Alltag miteinander kommunizieren. Doch einfühlsame Kommunikation kann man lernen!

»Ich will einfach nicht, dass er krank ist!«

» *In einer Angehörigenschulung berichtet ein Mann immer wieder von Situationen, in denen er sehr ungehalten, rau und unwirsch auf seinen Vater reagiert, der Demenz hat, wenn dieser etwas sagt oder tut, was der Sohn als unangemessen und nicht nachvollziehbar empfindet. Für Überlegungen in der Gruppe, wie man mit dem Vater einfühlsamer kommunizieren könnte, scheint dieser Sohn wenig aufgeschlossen zu sein und daran ändert sich in den ersten Wochen der Angehörigenschulung auch nichts. Als er eines Tages erneut eine sehr unharmonische Szene zwischen ihm und seinem Vater schildert und eine andere Teilnehmerin laut überlegt, was wohl in dem Vater des Mannes vorgehe, wenn es zu einem solchen Streit komme, bricht es aus dem Sohn mit starken Emotionen hervor: Er könne sich einfach nicht in den Vater einfühlen, denn das setze ja voraus, dass er die Krankheit des Vaters akzeptiere. Tränen stehen ihm in den Augen, als er – fast wie ein kleiner Junge – trotzig darauf beharrt: »Ich will einfach nicht, dass er diese Krankheit hat.«*

Doch wie die meisten Angehörigen hat es auch dieser Mann schließlich geschafft, seine Trauer um den Vater, wie er früher einmal war, zuzulassen und durch eine neue Form des Umgangs die Beziehung zu dem Vater wieder zu verbessern. «

Einfühlsam kommunizieren – wie geht das?

Das Erkennen der Bedürfnisse, die sich hinter einer Äußerung verbergen, ist der erste Schritt der einfühlsamen Kommunikation. Aber wie geht es dann weiter?

Tom Kitwood geht in seiner Theorie davon aus, dass Menschen mit Demenz darauf angewiesen sind, durch die Beziehungen zu anderen Menschen in ihrem Identitätserleben gestärkt und stabilisiert zu werden, das er »Personsein« nennt. Unter den Begriffen »Identitätserleben«, »Personsein« und »Selbst« ist das Phänomen gemeint, dass ein Mensch sich gleichbleibend als dieselbe Person erlebt, die er immer schon gewesen ist, trotz möglicher Veränderungen. Dieses Gefühl zu sich selbst ist die Grundlage psychischer Gesundheit.

Ein bedürfnisorientierter »aufwertender« Umgang

Durch die respektvolle Wertschätzung nahestehender Personen und durch ihre gleichbleibenden, konstanten Umgangsweisen, die sich an den zugrundeliegenden Bedürfnissen des Menschen mit Demenz orientieren, kann sein Personsein gestärkt und unterstützt werden.

Verständnis, Beistand, Begleitung

Wenn ich als Angehörige das Bedürfnis erkannt habe, das einer zunächst unpassend erscheinenden Handlung oder Äußerung zugrunde liegt, sollte ich es zunächst anerkennen. Auch wenn ich es in dieser Situation nicht immer nachvollziehen kann, ergibt sich dieses aus Respekt vor dem anderen Menschen. Wenn mir das als Angehöriger manchmal schwerfällt, dann hilft mir möglicherweise der Gedanke, dass eben jeder Mensch einzigartig ist. Zwar haben wir alle dieselben Grundbedürfnisse, doch äußern wir sie je nach individuellem Lebensweg und besonderer Lebenssituation auf ganz individuelle Weise.

Je nach Situation und Persönlichkeit der erkrankten Person sowie dem Stadium der Demenz kann es schon ein erster hilfreicher Schritt sein, das erkannte Bedürfnis zu benennen – und es anzuerkennen.

Wenn ich als Angehörige hinter dem Verhalten der erkrankten Person Angst, Verunsicherung oder Desorientierung erkenne, ich also spüre, dass ihr Bedürfnis nach Sicherheit nicht befriedigt ist, entspricht es einem einfühlsamen Miteinander, wenn ich ihr beistehe und mit meiner Begleitung Halt biete. Je nach Situation und Persönlichkeit der erkrankten Person kann dies möglicherweise dadurch geschehen, dass ich ihr zeige – oder gar wörtlich sage –, dass ich mich um sie kümmere, sie in dieser Situation nicht alleinlasse und mich mit ihr um eine Lösung bemühen werde.

Signalisieren Sie der erkrankten Person, dass Sie einfach für sie da sind!

Ich lass’ dich jetzt nicht allein!

» *Weil die Abnahme des Tageslichts nachmittags zu einer Umstellung des Hirnstoffwechsels führt, kommt es bei Menschen mit Demenz in dieser Zeit oft zu Verwirrung, vorübergehender Desorientierung und Bewusstseinsstörungen.*

Von diesem als »Sundowning« bezeichneten Störungsbild berichtet auch eine Frau in der Angehörigenschulung: Nachmittags werde ihr Mann, der an Demenz leidet, unruhig, ängstlich, erkenne seine Umgebung nicht mehr und sage ständig: »Ich will jetzt heim zu Mutter!« Sie erzählt weiter: Anfangs habe ich sachlich argumentiert, habe ihn zu überzeugen versucht: »Deine Mutter ist doch schon längst tot!«, »Du bist doch hier zu Hause!« Doch das hat nicht geholfen: Mein Mann wurde noch rastloser, oftmals sogar aggressiv und versuchte wegzulaufen. Als ich verstanden hatte, dass er in diesen Momenten Angst und ein sehr starkes Bedürfnis nach Geborgenheit und Sicherheit hat, habe ich gelernt, anders zu reagieren. Nun schaffe ich es, ruhig zu bleiben. Verständnisvoll sage ich ihm, dass ich ihn nicht allein lasse, ihn begleite und bei ihm bleiben werde. Dann ziehen wir uns die Jacken an und gehen gemeinsam aus dem Haus. Wir machen einen kleinen Spaziergang, ich rede ruhig mit ihm und sage, dass wir doch ein gutes Team seien und immer zusammenhalten würden, und ich so gerne mit ihm spazieren ginge. Von seiner Mutter spreche ich dabei überhaupt nicht! Dann merke ich schon, dass er während des Gehens ruhiger wird. Wenn wir zu Hause sind, sage ich, dass das ein herrlicher Abendspaziergang war, und wir es uns jetzt zu Hause gemütlich machen werden. Dann freut er sich – meist ist der Spuk für diesen Abend dann wieder vorbei! «

Ablenken hilft

Leider gelingt eine Verbesserung der Situation beim Sundowning durch einfühlsame Kommunikation nicht immer. Dann muss ich als Angehörige andere mögliche Lösungen ausprobieren, eine andere gemeinsame Beschäftigung, eine Ablenkung – als letzte Lösung ist der Einsatz von Medikamenten manchmal unumgänglich. «

Anerkennung und Bestätigung

Jeder Mensch braucht Anerkennung und Bestätigung, hat das Grundbedürfnis, für andere wichtig und wertvoll zu sein. Leider bringt es die Demenz mit sich, dass erkrankte Personen immer weniger können und sich deshalb häufig unnütz und wertlos fühlen. Ihr unbefriedigtes Bedürfnis nach Wertschätzung ist häufig unbewusster »Motor« für Verhaltensweisen, die für Menschen ohne Demenz schwer nachvollziehbar sind. Die Erfahrung zeigt, dass viele konfliktträchtige Situationen zwischen Menschen mit Demenz und ihren Angehörigen sich in eine harmonischere Atmosphäre verwandeln lassen, wenn Angehörige die Anerkennung und Bestätigung zeigen, die die erkrankten Personen brauchen, um in ihrem Personsein gestärkt zu werden.

»Ich bin so froh, dass es dich gibt!«

» *Eine Frau wohnt mit ihrer Mutter, die Demenz hat, im selben Haushalt. Zwar handelt es sich hierbei noch um ein leichtes Stadium der Demenz. Das bedeutet, dass man ihr die Erkrankung fast noch gar nicht anmerkt. Dennoch ist eine Fähigkeit schon sehr stark beeinträchtigt: die Konsolidierungsleistung des Gedächtnisses. Das heißt, sie kann sich kaum noch neue Informationen merken. Diese Störung hat bereits sehr große Auswirkungen auf ihre Alltagsfähigkeit. Schon nach wenigen Minuten hat sie die meisten Dinge, die sich ereignet haben, völlig vergessen: Gespräche, Verabredungen, Terminvereinbarungen, Ereignisse.*

Das Gedächtnis lässt nach

Immer wieder kommt es vor, dass die Mutter im Laufe des Vormittags den Frühstückstisch herrichtet, weil sie schon wieder vergessen hat, dass sie heute schon mit der Tochter gefrühstückt hat. Anfangs konnte sich die Tochter einfach nicht vorstellen, dass man eine Begebenheit, die sich erst vor kurzer Zeit ereignet hat, vergessen haben kann! Sie entgegnete der Mutter sehr ärgerlich: »Aber wir haben doch schon gefrühstückt!«, weil es aus ihrer Sicht, die sie sich ja mit ihren gesunden Gedächtnisfunktionen noch an das heutige Frühstück erinnern kann, verrückt erscheinen musste, erneut den Frühstückstisch zuzubereiten. Die Mutter ihrerseits fühlte sich dann unverstanden und so kam es regelmäßig zu Konflikten zwischen den beiden.

Einfühlsam kommunizieren

Mittlerweile aber hat die Tochter gelernt, einfühlsam zu kommunizieren. Sie stellt sich die Fragen »Was geht in ihr vor?«, »Welches Bedürfnis hat sie?« und hat erkannt, dass hinter dem erneuten Frühstückzubereiten der Mutter das Bedürfnis steckt, eine Aufgabe zu haben, für die Tochter zu sorgen, sich um sie zu kümmern, fürsorglich sein zu wollen. Die Tochter benennt dieses Bedürfnis der Mutter nun mit Wertschätzung und kann sie auf diese Weise ablenken: »Ich bin so froh, dass es dich gibt und du dich um mich kümmerst!« Anschließend erzählt sie der

Mutter, was sie heute gerne zum Mittag essen würde und dass sie die Kochkünste der Mutter schätze, die diese Speise schon früher so gut zubereitet habe. Mit dem Gespräch über die Zubereitung des Mittagsessens kann sie die Mutter vom Frühstückzubereiten abbringen, ohne sie zu verletzen oder die gemeinsame Beziehung zu belasten. Die Mutter fühlt sich anerkannt und wertgeschätzt und diese Lösung ist für beide – Mutter und Tochter – viel entspannter! «

Natürlich erfordert es viel Energie, dem Angehörigen mit Demenz die Anerkennung zu geben, die er braucht. Wenn die Demenz fortschreitet, und die erkrankte Person nicht mehr allein sein kann, ist es mir schließlich nicht mehr möglich, eine bedürfnisorientierte Betreuung und Versorgung allein – ohne Hilfe anderer – zu gewährleisten. Um nach wie vor für einen einfühlsamen Umgang mit ihr zu sorgen, muss ich nun andere einfühlsame Menschen mit »ins Boot holen«, die mich bei meiner Aufgabe entlasten.

Aufwertender Umgang nach Kitwood.

- Wärme geben, ihr zugetan sein
- Sicherheit, Geborgenheit geben
- entspanntes Tempo wählen
- mit Respekt anerkennen
- mit positiver Einstellung
- sie anerkennen, bestärken
- sich über ihre Leistungen freuen
- offen, echt und sensibel sein
- ihre Wirklichkeit anerkennen
- sie bestärken, Fähigkeiten zu nutzen
- benötigte Hilfen bereitstellen
- sie beteiligen, soweit es geht
- sie als Partner behandeln
- ihr als einzigartiger Person begegnen
- sie einbeziehen
- ihr zeigen, dass sie dazu gehört
- Spaß ermöglichen, auf Humor reagieren

»Ich war immer der Beste!«

» *Das Leben von Frau M., einer sehr engagierten und aktiven 70-jährigen Frau, hat sich in den vergangenen zwei Jahren sehr verändert: Seit ihr Mann Demenz hat und nicht mehr allein bleiben kann, hat sie keine freie Minute mehr für sich! Den ganzen Tag weicht er nicht von ihrer Seite. Ihrem Bedürfnis nach Entspannung kann sie kaum nachkommen. Daher versucht sie anfangs, jeden Tag 10 Minuten Yogaübungen im Wohnzimmer durchzuführen, während ihr Mann auf dem Sofa sitzt. Doch kommt es immer wieder zu Streit zwischen den beiden: Sie setzt sich auf ihre Trainingsmatte auf dem Fußboden, schaltet Entspannungsmusik ein, und während sie anfängt, sich auf ihre Übungen zu konzentrieren, die Hände vor der Brust zu falten und langsam über den Kopf zu führen, beginnt ihr Mann ihre Handlungen abzuwerten: »Was soll denn das für ein Quatsch sein, den du da mit deinen Händen machst! Ich habe mit meinen Händen Zeit meines Lebens gearbeitet und ich habe viel geleistet! In unserer Werkstatt war ich der Beste!« Frau M. ärgert sich über seine Störungen und schimpft, er reagiert beleidigt, sie beginnen einen Streit und vorbei war es mit der Entspannung für Frau M.! Obwohl Frau M. weiß, dass sich hinter den Angriffen ihres Mannes doch »nur« sein starkes Bedürfnis nach Anerkennung verbirgt, will sie in dieser Situation nicht darauf eingehen. Sie braucht Entspannung – und kann sich während ihrer Yogaübung nicht auf ihren Mann konzentrieren!*

Um sowohl seinem Bedürfnis nach Anerkennung als auch ihrem Bedürfnis nach Entspannung gerecht zu werden, wendet sich Frau M. nun an einen Besuchsdienst ihrer Stadt. Sie organisiert, dass Frau R., eine Dame vom Besuchsdienst, die in einfühlsamer Kommunikation mit Menschen mit Demenz geschult ist, zweimal in der Woche für jeweils zwei Stunden zu ihrem Mann kommt. Frau R. unterhält sich in dieser Zeit mit Herrn M. Nach anfänglicher Skepsis hat er sich mittlerweile an sie gewöhnt und spricht gerne mit ihr über seinen Beruf und seine Leistungen. Währenddessen besucht Frau M. eine Yogagruppe und kommt ihrem eigenen Bedürfnis nach Entspannung nach, was ihr neue Kraft für die Betreuung und Versorgung ihres Mannes gibt. «

Was Angehörige vermeiden sollten

Dass sachliche Diskussionen nicht erfolgreich sind, haben schon einige der bereits geschilderten Beispiele gezeigt: Weder erwies es sich als hilfreich, den ängstlichen Mann, der zu seiner Mutter wollte, mit der Wahrheit über die längst gestorbene Mutter zu konfrontieren, noch war es der gemeinsamen zwischenmenschlichen Beziehung förderlich, als die Tochter ihrer frühstückzubereitenden Mutter schroff entgegnete, dass sie doch heute schon gefrühstückt hätten!

Es gibt noch einige weitere Fallstricke, die eine einfühlsame Kommunikation mit einem Menschen mit Demenz verhindern. Sie sollen im Folgenden kurz dargestellt werden.

Vermeiden Sie Fragen nach dem Warum

Wenn Angehörige das der Äußerung oder Handlung eines Familienmitgliedes zugrunde liegende Bedürfnis eines Familienmitgliedes mit Demenz erkannt haben, es aber nicht nachvollziehen können, neigen sie oft dazu, nach dem Grund dafür zu fragen: »Warum hast du jetzt Angst?«, »Warum bist du jetzt verunsichert?« Aber Warum-Fragen sind letztendlich nur gut getarnte »Angeln«, mit denen man doch wieder versucht, vom Gesprächspartner eine rationale Argumentation einzufordern. Warum-Fragen vermitteln der erkrankten Person den Eindruck, dass man erst dann die Berechtigung ihres Gefühls anerkennt, wenn sie eine logisch nachvollziehbare Begründung liefern kann. Daher sollten Warum-Fragen besser vermieden werden.

Vermutlich kann die erkrankte Person keine Gründe dafür angeben, dass sie z. B. Angst hat, allein zu bleiben, während ich als Angehörige das Haus verlasse, um Erledigungen zu machen, oder draußen bin und in Ruhe im Garten arbeiten möchte. Die Frage »Warum hast du denn Angst? Es passiert dir doch nichts!« hilft ihr also nicht, sondern verunsichert sie nur noch mehr. Denn einerseits verdeutliche ich ihr mit meiner Frage, dass ich ihre Gefühle nicht nachvollziehen kann und deshalb also mit ihr und ihren Gefühlen etwas nicht stimmen kann. Andererseits weise ich sie durch meine Frage auf ihre Unzulänglichkeit hin, da sie ihre Gefühle nicht einmal erklären kann. Statt ihr zu helfen, schwäche ich sie! Warum-Fragen können also echte Kommunikationskiller sein – übrigens nicht nur im Umgang mit Menschen mit Demenz.

Ignorieren Sie vermeintliche Kritik

Wenn ich mit einer Person kommuniziere, will ich sie nicht nur an meinen Gedanken teilhaben lassen. Ich gebe ihr auch – durch die Art wie ich mit ihr spreche – zu verstehen, wie ich zu ihr stehe, was ich von ihr halte. Dies tue ich oft ganz unbewusst und unüberlegt. Da diese Botschaften aber nonverbal – durch Blickkontakt, Mimik und Körperhaltung – zum Ausdruck gebracht werden, sind sie selten eindeutig. Diese Uneindeutigkeit birgt eine große Gefahr von Missverständnissen. Immer wieder interpretieren Menschen die nonverbalen Signale ihres Gegenübers als Ablehnung, Kritik, Überheblichkeit, obwohl es gar nicht so gemeint sein muss!

Ein wichtiges Prinzip der einfühlsamen Kommunikation mit einem Menschen mit Demenz ist daher: Vermeiden Sie es, die

Äußerung der erkrankten Person als Kritik oder Vorwurf einzustufen. Besonders in konfliktreichen Situationen neigt man dazu, dem anderen Kommunikationspartner solche negativen Haltungen zu unterstellen. Dann geht man davon aus, dass der andere denkt: »Das sage ich, um dich zu ärgern«, »Du hast mir gar nichts vorzuschreiben«, »Auf dich höre ich nie«, »Du bist rechthaberisch« oder auch »Das mache ich, um dich einzuschüchtern«.

Wenn ich meinem Kommunikationspartner solche negativen Bedeutungen unterstelle, neige ich automatisch dazu, aggressiv auf ihn zu reagieren. Und dies ist im Umgang mit einem Menschen mit Demenz nicht hilfreich: Es macht die ganze Situation verfahren. Und Mensch mit Demenz hat immer weniger die Möglichkeit, diese Verfahrenheit zu begreifen und aufzulösen.

Bleibe ich dagegen fest bei den Prinzipien der einfühlsamen Kommunikation und meiner wertschätzenden Haltung »Ich bin o.k. und du bist o.k.«, dann finde ich vielleicht entweder eine praktikable Lösung oder aber eine wirksame Ablenkung. So wird die Situation entschärft und ist möglicherweise schnell wieder vergessen.

Einfühlsame Kommunikation heißt hier, solche Interpretationen bewusst zu unterdrücken, um Gedanken wie »Das macht er nur, weil er mir eins auswischen will« oder »Das macht er, um mich zu ärgern« nicht aufkommen zu lassen.

Wenn Angehörige aufhören, hinter Handlungen und Verhaltensweisen der erkrankten Person Kritik an sich oder Ablehnung ihrer Person zu vermuten, hören sie auch auf, ihre Äußerungen als gegen sich gerichtet zu empfinden. Dadurch erleichtern sie sich die Einsicht, dass die erkrankte Person das tut, weil sie sich nicht anders ausdrücken kann und nicht etwa, um den Angehörigen zu ärgern.

Vermeiden Sie Konflikte vorausschauend

Zur einfühlsamen Kommunikation gehört, dass Angehörige Situationen, von denen sie wissen, dass sie häufig zu Konflikten führen, vorausschauend vermeiden. Dieses ist eine der größten Künste von Angehörigen und erfordert großes Einfühlungsvermögen, Geduld und Phantasie! Ein Angehöriger hat dies einmal auf den Punkt gebracht, als er gesagt hat: »Um Konflikte mit meiner Frau zu vermeiden, musste ich einen neuen Beruf erlernen: Diplomat!«

Diese Lernprozesse fallen mir als Angehöriger sicherlich nicht leicht, aber sie ermöglichen es mir, den Prozess der erfolgreichen und vertrauensvollen Verständigung mit der erkrankten Person aufrechtzuerhalten. Sachliche Diskussionen und Appelle an die Einsicht der erkrankten Person sind zum einen nicht hilfreich und zum anderen vergrößern sie oft noch ihre seelische Not; spürt sie doch dadurch wieder einmal, dass sie etwas falsch macht, dass etwas mit ihr nicht stimmt!

Vorwürfe helfen nicht!

Auch bei Fehlleistungen und Missgeschicken von Menschen mit Demenz schießen Appelle an seine Disziplin und sein Bemühen am eigentlichen Ziel vorbei. Einer erkrankten Person zu sagen: »Jetzt denk halt mal nach!«, oder: »Streng dich bitte an«, ist also nicht nur unpassend, sondern kann sogar sehr verletzend sein!

Die Tatsache, dass die Fähigkeiten bei einer Demenz stark schwankend sind bzw. sein können, erschwert mir als Angehöriger natürlich, die Beeinträchtigungen als Krankheitszeichen zu akzeptieren. Wenn die erkrankte Person gestern noch problemlos das abgetrocknete Geschirr in die richtigen Küchenschränke räumen konnte und heute bei keinem Stück weiß, in welchem Schrank es seinen Platz hat, dann fällt es mir wahrscheinlich schwer zu akzeptieren, dass sie es heute nicht kann. Der Gedanke, dass sie sich heute nicht richtig anstrengt, liegt nahe. Dennoch gilt es auch in solch einer Situation zu realisieren, dass die Krankheitssymptome tatsächlich sehr stark in ihrem Ausmaß schwanken können: von einem Tag auf den anderen, vom Vormittag zum Nachmittag, von einem Augenblick zum nächsten. Und was die erkrankte Person jetzt nicht kann, kann sie auch dann nicht, wenn ich sie hartnäckig zu größerer Anstrengung ermahne.

Natürlich ist es nicht immer leicht, die Perspektive der erkrankten Person einzunehmen, ihr in ihrer Welt zu begegnen, und ihren Bedürfnissen zu entsprechen. Und schließlich gibt es Situationen im Alltagsleben, in denen es sogar fast unmöglich erscheint! Der Alltag mit einem Menschen mit Demenz ist zweifellos anspruchsvoll und anstrengend, kann bis an die Grenzen der eigenen persönlichen Belastbarkeit gehen.

Mithilfe der einfühlsamen Kommunikation haben Angehörige ein Werkzeug an der Hand, das Leben mit der erkrankten Person entspannter, ruhiger und positiver zu gestalten. Dadurch wird die Krankheit zwar nicht geheilt, aber die Stabilisierung der emotionalen Beziehung wirkt entlastend – für die erkrankte Person und ihre Angehörigen.

Mehrere Lösungen sind denkbar

Natürlich ist die einfühlsame Kommunikation eine Möglichkeit mit vielen Lösungswegen und sie braucht Übung und Erfahrung. Auch gehört die Disziplin dazu, sich das Besondere der Kommunikationssituation mit Menschen mit Demenz immer wieder bewusst zu machen.

Wenn Sie in eine Situation mit Ihrem Angehörigen kommen, in der Sie zunächst nicht weiterwissen oder völlig ratlos sind, dann versuchen Sie nicht sofort, und spontan zu reagieren, sondern geben Sie sich ein wenig Zeit und versuchen Sie zu erkennen: Welches Bedürfnis offenbart die erkrankte Person? Welche Reaktion wäre jetzt hilfreich?

Auch bei der einfühlsamen Kommunikation gibt es kein Patentrezept, das für alle Situationen und alle Menschen gilt. Nur durch kontinuierliches Ausprobieren kann es gelingen, ein Gespür für den jeweiligen Augenblick zu entwickeln. Und wenn es Ihnen einmal nicht gelingt, sind Sie beim nächsten Mal um eine Erfahrung reicher.

Wenn Besuch kommt, ist er auf einmal wieder »der Alte« ...

» *Besonders schwer fällt es mir, die Leistungsschwankungen meines an Demenz erkrankten Vaters zu akzeptieren, wenn er in Anwesenheit von anderen Familienangehörigen, Freunden oder Bekannten scheinbar ein Leistungshoch hat, von früher erzählt oder über seine Alltagsaktivitäten berichtet. Seine Beeinträchtigungen zeigen sich erst dann wieder in vollem Ausmaß, wenn ich mit ihm allein bin.*

Fassade ist intakt

Man spricht in solchen Situationen davon, dass die erkrankte Person eine gute Fassade aufrechterhalten kann: Es ist, als setzte sie dann eine Maske auf, durch die sie ihr »wahres Gesicht«, also ihre Einbußen und Störungen, verbirgt. Wenn sie die Maske wieder absetzt, treten ihre Krankheitszeichen wieder deutlich zu Tage. Als Angehörige kann mich die gute Fassade der erkrankten Person in äußerst unangenehme Situationen bringen: Sicher habe ich anderen Familienmitgliedern oder Freunden von ihren Veränderungen berichtet und davon erzählt, wie die Demenz mein Leben belastet. Und nun kommen sie zu Besuch, machen sich selbst ein Bild – und erleben sie als Menschen, dem gar keine großen Veränderungen anzumerken sind. Wenn diese Besucher nicht über Demenz informiert sind, werden sie nun sicherlich denken, dass ich übertreibe, die erkrankte Person in ein schlechtes Licht setze, sie schlechter mache, als sie ist.

Schauspielern kostet Kraft

Vielleicht kommt mir dann der Gedanke, dass der Mensch mit Demenz sich gehen lässt und sich keine Mühe gibt, wenn er mit mir alleine ist, und sehr wohl noch über viele seiner früheren Fähigkeiten verfügt – das zeigt sich ja anscheinend, wenn andere Personen dabei sind. Tatsächlich ist es aber so, dass auch ein Mensch mit Demenz – wie jeder Mensch – das Urbedürfnis hat, seine Würde und seinen Selbstwert zu bewahren. Um vor anderen ein gutes Bild abzugeben, kann er oder sie kurzfristig noch viele Kräfte mobilisieren. Doch weder kann er diesen geschönten Zustand lange aufrechterhalten, noch setzt er ihn absichtlich und berechnend ein. Vielmehr scheint es ein unbewusstes Verhalten zu sein, sich anders zu geben, wenn Besuch kommt. Doch dieses andere Verhalten kostet den Menschen mit Demenz unheimlich viel Energie! Deswegen ist er nach dem Besuch meist erschöpft, was sich nicht selten in Unruhe, Verwirrtheit und einer kurzfristigen Verstärkung der übrigen Krankheitszeichen äußert.

Zudem können sich Familienangehörige, Freunde und Bekannte ja gerne von der Wahrheit meiner Erzählungen überzeugen, indem sie mich z. B. einige Tage vertreten! In dieser Zeit könnte ich ein wenig ausspannen und Entlastung finden, und sie könnten sich ein realistisches Bild von meiner Situation machen! «

Die Identität erhalten

Die Demenz lässt Erinnerungen an das eigene Leben verblassen. Erinnern, Entspannung und Bewegung helfen der erkrankten Person, ihre Identität länger zu bewahren.

Die Identität des Menschen

Unter Identitätserleben versteht man das Empfinden, über die Lebensspanne hinweg immer dieselbe Person zu bleiben, obwohl man sich entwickelt und verändert.

Trotz der persönlichen Entwicklung, die manchmal mit deutlichen Veränderungen einhergeht, empfindet man sich als »immer ein und dieselbe« Person. Identitätserleben mag gesunden Menschen so selbstverständlich erscheinen, dass es ihnen schwerfällt, sich vorzustellen, dass dieses Erleben auch beeinträchtigt oder gar zerstört sein kann. Grundlage des Identitätserlebens ist ein stabiles Selbstbild, das sich aus dem Wissen über sich selbst und das eigene Leben zusammensetzt.

Bestimmte Gehirnerkrankungen oder -störungen können aber genau dieses Wissen von sich selbst zerstören und bedrohen somit das Identitätserleben der erkrankten Personen. Auch Menschen mit Demenz erleben zunehmend dieses Gefühl, sich selbst fremd zu werden und sich selbst zu verlieren, empfinden Orientierungslosigkeit und Angst.

Durch einfühlsamen, personenstärkenden Umgang können Angehörige diesem Verlust entgegenwirken. Das Ziel ist es also, der erkrankten Person zu helfen, ihr Selbstbild zu erhalten, d. h., ihr Wissen von sich selbst, von ihren Stärken, von ihren Interessen, von ihren Vorlieben und von ihrer Vergangenheit nicht zu verlieren, um ihr Erleben zu stärken, immer noch »dieselbe« zu sein.

Was ist das Selbstbild eigentlich?

Um nachfühlen zu können, wie bedrohlich ein Mensch mit Demenz die Zerstörung seines Selbst erlebt, die durch die Demenz verursacht werden, ist es hilfreich zu verstehen, was das Selbst überhaupt ist, wie es sich im Laufe eines Lebens entwickelt und inwiefern es überhaupt verletzlich ist bzw. gar verloren gehen kann.

In einer ihrer Veröffentlichungen zitiert die Autorin Barbara Romero einen Mann mit Demenz, der in sein Tagebuch schrieb: »Jeden Moment fühle ich, dass ein anderer

Teil von mir verloren geht. Mein Leben […] mein Selbst […] fallen auseinander […]. Die meisten Menschen erwarten eines Tages den Tod, aber wer hätte je erwartet, das Selbst zuvor zu verlieren«?

Jeder Mensch entwirft von sich ein Selbstbild, weil er es zum Überleben braucht. Er muss wissen, wer er ist, um sich orientieren und in jeder Situation seines Lebens entscheiden und handeln zu können.

Die Arbeit am eigenen Selbstbild, die auch Identitätsarbeit genannt wird, setzt die Fähigkeit voraus, sich selbst zu betrachten, eigene Fähigkeiten, Eigenschaften, Haltungen und Vorstellungen zu reflektieren und sie mit dem eigenen Ideal-Ich zu vergleichen. Mithilfe dieser selbstreflexiven Fähigkeit entwirft man ein Bild von sich selbst, von dem, wie man früher war, wie man jetzt ist, woher man kommt, welche Persönlichkeitseigenschaften man hat, welche Bedürfnisse, Werte, Haltungen man hat, und welchen Sinn man in seinem eigenen Dasein erkennt.

Lernfähige Menschen passen ihr Selbstbild an

Das Bild von sich selbst ist bei einem gesunden Menschen dynamisch, d. h., es wird ständig weiterentwickelt und zu einem gewissen Grad verändert. So müssen neue Erlebnisse und neues Wissen in dieses Bild eingepasst werden. Sollte dies nicht gelingen, weil das alte Bild und die neuen Erlebnisse nicht zusammenpassen, müssen entweder die neuen Erlebnisse ignoriert und verdrängt werden oder das alte Bild muss geändert werden.

Menschen, von denen wir sagen, sie seien offen und tolerant und lernfähig, neigen in einem solchen Konfliktfall zwischen neuen Erlebnissen und altem Selbstbild eher dazu, ihr Selbstbild zu verändern. Menschen, die eher unflexibel, starr und nicht lernfähig wirken, tendieren wahrscheinlich eher dazu, die neuen Erfahrungen zu ignorieren oder, wenn dies nicht geht, die neuen Erlebnisse so zu interpretieren, dass sie doch wieder in das alte Bild passen.

Am »alten« Selbstbild festhalten oder ein »neues« entwerfen?

» *Nehmen wir an, ein Mensch hat das Selbstbild von sich, ein guter, umsichtiger, konzentrierter Autofahrer zu sein. Dieses Bild hat er entworfen, weil er in den fünfzig Jahren, die schon er Auto fährt, noch nie einen Unfall verursacht und schon viele brenzlige Verkehrssituationen, in die andere ihn gebracht haben, gut gemeistert hat. Dieser Mensch verursacht nun – durch eigene Unkonzentriertheit – einen kleinen Auffahrunfall. Nun kollidiert also die neue Erfahrung, einen Unfall durch eigenes Fehlverhalten verursacht zu haben, mit dem »alten« Selbstbild, ein guter Autofahrer zu sein, der immer fehlerfrei fährt! Dieser Zustand des Nichtzusammenpassens, der in der Psychologie Inkongruenz genannt wird, führt sofort zu Anpassungsprozessen. Diese können in zwei verschiedenen Richtungen verlaufen:*

Erlebnis uminterpretieren oder verdrängen
Im einen Fall versucht dieser Mensch, das neue Erlebnis so zu interpretieren, dass es nun doch zu dem »alten« Selbstbild passt: »Die Straße war glatt, die Bremslichter des Vordermanns haben nicht funktioniert, die eigenen Bremsen haben blockiert« o.Ä. Er kommt also zu dem Schluss, dass nicht seine Unaufmerksamkeit der Grund war, sondern äußere Umstände, die er nicht beeinflussen konnte. Oder aber er verdrängt diese Situation schnell, bezahlt den entstandenen Schaden, erzählt niemandem davon und versucht, die Sache zu vergessen.

Selbstbild anpassen
Die andere Möglichkeit besteht darin, dass er das eigene Selbstbild ändert: »Manchmal scheine ich doch nicht mehr so konzentriert zu sein, wie ich das von früher von mir gewohnt bin!«

In beiden Fällen passen nun neues Erlebnis und Selbstbild wieder zusammen, doch es liegt auf der Hand, dass die zweite Alternative die vernünftigere ist: Weil ein Mensch nur dann lern- und entwicklungsfähig ist, wenn er bereit und imstande ist, sein Selbstbild neuen Erfahrungen anzupassen. Erst wenn er einsieht, dass er unkonzentrierter fährt als früher, kann er für die Zukunft Vorsichtsmaßnahmen ergreifen und somit verhindern, eines Tages einen schlimmeren Unfall zu verursachen. «

Menschen mit Demenz können ihr Selbstbild nicht korrigieren

Gerade Menschen mit Demenz tendieren im Verlauf ihrer Gehirnerkrankung zunehmend dazu, in dem beschriebenen Beispiel die erste Alternative zu wählen: Sie leugnen oder bagatellisieren eigene Fehler, »winden« sich um die Tatsachen herum und verdrängen Missgeschicke. Im Umgang mit diesen schwierigen Verhaltensweisen machen Angehörige immer wieder die frustrierende Erfahrung, dass es überhaupt nichts bringt, die erkrankte Person zu der besseren Alternative der Selbstbildänderung zu bewegen. Alle Versuche von »Sieh doch ein ...«, »Akzeptiere doch endlich ...«, »Begreife doch, dass du ...« führen zu Aggression, Angst, Wut oder Rückzug des Kranken, aber nicht zu der gewünschten Veränderung.

Wenn die Voraussetzungen fehlen

Um verstehen zu können, warum ein Mensch mit Demenz kein realistisches Bild von sich selbst, seinen Einbußen, Beeinträchtigungen und Problemen mehr entwickeln kann, ist es hilfreich, sich darüber klar zu werden, dass alle Erlebnisse, die mit dem eigenen Selbstbild kollidieren, grundsätzlich erst einmal als bedrohlich erlebt werden.

Diese bedrohliche, unsichere Situation kann aufgelöst werden, indem das Selbstbild verändert und an die neuen Erlebnisse angepasst wird. Doch dazu sind mindestens zwei Voraussetzungen erforderlich:

- Die eine ist ein stabiles Selbstwertgefühl und
- die andere betrifft die geistigen Fähigkeiten wie das Erkennen von Fehlern.

Denn das Gefühl »mein Bild von mir selbst scheint nicht mehr zu stimmen, ich bin doch nicht (mehr) der, der ich zu sein glaubte«, führt zunächst zu großer Verunsicherung. Alle Erlebnisse, die mein Bild von mir selbst gefährden, erlebe ich als bedrohlich. Denn mein Selbstbild ist der Fixpunkt, von dem aus ich die Welt ordne. Verliere ich ihn, bin ich orientierungslos.

Warum ist ein stabiles Selbstwertgefühl Voraussetzung für die Weiterentwicklung meines Selbstbildes? Nur wenn ich die tiefe Überzeugung habe, dass ich wertvoll bin und auch bleibe, kann ich mich auf das Risiko einlassen und Teile meines Selbstbildes aufgeben. Nur wenn ich also glaube, dass der wichtigste wertvolle Teil von mir übrigbleiben wird, kann ich Veränderungen meines Selbstbildes zulassen und mir z. B. eingestehen, dass ich nun doch nicht mehr ein so guter Autofahrer bin wie früher.

Und warum sind geistige Fähigkeiten Voraussetzung für die Weiterentwicklung des eigenen Selbstbildes? Weil es auf meinem Wissen basiert, meinem Wissen von der Welt, meinem Wissen von meiner eigenen Biografie. Um mein Selbstbild nun zu verändern, muss ich die neuen kollidierenden Ereignisse als neues Wissen aufnehmen und mir merken können. Die Veränderung und Weiterentwicklung des eigenen Selbstbildes setzt also Gedächtnis- und Lernprozesse voraus.

Die Demenz zerstört jedoch nicht nur die Fähigkeit der erkrankten Person, das Selbstbild weiterzuentwickeln, sondern auch das viel grundlegendere Vermögen, ihr altes Selbstbild überhaupt aufrechtzuerhalten. Und dieser Aspekt stellt für die erkrankte Person die größte Bedrohung dar.

Da beide Säulen der einsichtigen Selbstbildveränderung, nämlich Selbstwertgefühl und Fähigkeit zu Gedächtnis- und Lernprozessen, durch die Demenz zunehmend angegriffen werden, bricht die Fähigkeit, sich selbst realistisch einzuschätzen und Einsicht in die eigenen Defizite und Auffälligkeiten zu haben, immer mehr weg. Für die Angehörigen bedeutet dies eine große Belastung.

Das Selbstbild beruht auf intaktem Gedächtnis

Das Selbstbild gründet auch auf den geistigen Fähigkeiten des Menschen, auf seinem Wissen und Gedächtnis. Wissen sammeln wir in jedem Moment unseres Lebens, indem wir Informationen aus der Umwelt aufnehmen, ihnen eine Bedeutung beimessen, und sie so »aufbewahren«, dass wir zu einem späteren Zeitpunkt auf diese bewerteten Informationen zurückgreifen können. Die Fähigkeit, Informationen aufzunehmen, sie zu bewerten, sie zu speichern und sie später wieder abzurufen, nennt man Gedächtnis.

Bereits in einem vorangegangenen Kapitel wurde beschrieben, dass das Langzeitgedächtnis unterteilt wird in einen impliziten und einen expliziten Speicher. Das Selbstbild wird im expliziten Langzeitgedächtnis gespeichert. Den Verarbeitungsprozess, der schließlich zum langfristigen Speichern (= Konsolidierung) führt, leistet das Arbeitsgedächtnis. Da die meisten Gehirnerkrankungen, die Demenz verursachen, genau diejenigen Gehirnregionen schon früh angreifen und schließlich zerstören, die diese Konsolidierungsprozesse in das explizite Langzeitgedächtnis leisten, können Menschen mit Demenz ihrem Selbstbild schon bald keine neuen Informationen und Aspekte hinzufügen.

Wenn neue Erfahrungen nicht im Gedächtnis bleiben

Wenn aber nichts Neues mehr in das explizite Langzeitgedächtnis aufgenommen werden kann, kann ein Mensch seine Lebensgeschichte nicht mehr fortschreiben. Bildhaft könnte man sagen: Sein inneres Tagebuch hat ab einem bestimmten Zeitpunkt keine Seiten mehr, neue Erlebnisse können nicht mehr festgehalten werden.

Wenn der Mensch mit Demenz also auf den letzten beschriebenen Seiten seines inneren Tagebuchs noch als guter Autofahrer beschrieben wird, dann bleibt er in seinem Selbstbild ein guter Autofahrer, auch wenn er jetzt, da in dieses Tagebuch nichts mehr eingetragen werden kann, zunehmend unsicher und unkonzentriert fährt. Neue Erfahrungen können dem Selbstbild nicht mehr hinzugefügt werden! Wenn ein Erlebnis beendet ist, wird es vergessen und hinterlässt keine Spuren.

Wenn auch die Erinnerungen an früher verloren gehen

Zunächst führen also Störungen des Arbeitsgedächtnisses dazu, dass keine neuen Erfahrungen mehr gespeichert werden können. Im weiteren Verlauf der Demenz kommt es aber auch zu Beeinträchtigungen des expliziten Langzeitgedächtnisses, d. h. des Wissens von der eigenen Lebensgeschichte und den bisherigen Lebenserfahrungen.

Dies wird von den Betroffenen meist als existenziell bedrohlich erlebt. Dann wissen sie vielleicht nicht mehr, wie viele Geschwister sie haben, wie viele Kinder, wo sie geboren wurden, welchen Beruf sie hatten, wer ihre Freunde sind, was ihre großen und kleinen Ziele im Leben waren.

Dieser Erinnerungsverlust nimmt einem Menschen sein Identitätserleben und seinen sicheren Halt im Leben. Es ist bestimmt nicht schwer nachzuvollziehen, wie verunsichernd dieses Gefühl der Orientierungslosigkeit und Hilflosigkeit wohl ist!

Da diese Erlebnisse nicht selten massive psychische Störungen wie Aggressionen, Depression, Wahnvorstellungen oder Ängste und natürlich auch großes persönliches Leid hervorrufen, ist es das vorrangige Ziel eines einfühlsamen, personenstärkenden Umgangs, das Selbstbild der erkrankten Person zu stärken und ihr Identitätserleben zu erhalten.

Von den positiven Wirkungen eines einfühlsamen Umgangs profitiere ich als Angehörige ja auch, weil die erwähnten psychischen Reaktionen und Verhaltensweisen der erkrankten Person, die durch ihr Gefühl von Identitätsverlust verursacht werden, gelindert und reduziert werden können, was auch mich stark entlastet.

Das Identitätserleben bei Demenz stärken

Alles, was Sicherheit schafft und dem Leben Struktur gibt, gibt einer erkrankten Person Halt: eine vertraute Umgebung, konstante Bezugspersonen und ein ruhiger Tagesablauf.

Wenn ein Mensch Gefahr läuft, sein Wissen von sich selbst und seinem eigenen Lebensweg zu verlieren, dient ihm eine Umwelt, die keinen Veränderungen unterworfen ist, als Stütze seines Selbst. Vertraute Räumlichkeiten und bekannte und lieb gewonnene Gegenstände am gewohnten Platz geben das Gefühl, sich an einem sicheren Ort der eigenen Lebensgeschichte zu befinden. Andererseits rufen sie Erinnerungen hervor und sind somit häufig Andenken an wichtige Lebenssituationen. In diesem Sinne ist eine konstante Umwelt Träger von identitätsstabilisierenden Elementen.

Die vertraute Umgebung bietet Erinnerungsstützen.

In einer fremden Umgebung, in der kein Bild, kein Teppich und kein Dekorationsgegenstand an die eigene Geschichte erinnern, verliert ein Mensch mit Demenz, der unter Langzeitgedächtnisstörungen leidet, sich selbst. Dieses Gefühl der eigenen Desorientierung führt häufig zu starken psychischen Reaktionen wie Angst, Unruhe, Aggression und Misstrauen.

Eine konstante Bezugsperson vermittelt Sicherheit

Was auf die nicht belebte Umwelt zutrifft, gilt natürlich auch für die Menschen im Umfeld: Bekannte oder vertraute Bezugspersonen tragen ebenfalls zu dem Gefühl von Sicherheit und Geborgenheit bei. Da eine konstante Bezugsperson immer in einer ähnlichen Art und Weise auf den erkrankten Menschen reagiert, erfährt er über diesen Umgang konstant eine Selbstversicherung: Wenn die Bezugsperson z. B. immer wieder über seine Scherze lacht oder schmunzelt, erfährt er durch diese gleichbleibende Reaktion: »Ich bin ein humorvoller Mensch.«

Was ist ein »Delir«?

In bestimmten Situationen kommt es bei erkrankten Personen zu einer relativ plötzlichen Verschlechterung der geistigen Fähigkeit. Oft ist dies ein Delir, das sich wieder zurückbildet.

Starker Stress führt bei Menschen mit Demenz oft zu einem »Delir«. Wie das Delir entsteht, kann ein Blick ins Gehirn erklären: Die Gehirnzellen kommunizieren über Botenstoffe, die Informationen von einer Zelle zur nächsten übertragen. Es gibt ca. 100 verschiedene dieser Überträgersubstanzen, die auf komplexe Weise miteinander interagieren und sich normalerweise in einem komplexen Gleichgewicht befinden.

Forschungsergebnisse zeigen, dass Veränderungen der Botenstoffsysteme zu Störungen im psychischen Erleben und Verhalten führen. Solche Veränderungen im Botenstoff-Gleichgewicht können u. a. im Zusammenhang mit einer Operation auftreten, aber auch bei schweren Entzündungen, starken Schmerzen, Blutdruckspitzen, nach Einnahme bestimmter Medikamente, bei Veränderungen der Blutsalze oder schwerwiegenden körperlichen Erkrankungen. Sie können aber bei Menschen mit entsprechenden Risikofaktoren, z. B. bei alten Menschen mit altersbedingten Beeinträchtigungen oder bei Menschen mit Demenz, deren Acetylcholinproduktion im Gehirn aufgrund der demenzbedingten Veränderungen ohnehin bereits reduziert ist, auch schon dann ausgelöst werden, wenn sie starken Stress erleben, z. B. weil sie sich fremd fühlen. Denn beim Erleben von Stress steigt die Kortisol-Konzentration im Blut. Gelangt mehr Kortisol ins Gehirn, beeinflusst dies auch das Botenstoffsystem-Gleichgewicht bei den Betroffenen.

Die Botenstoffsystemveränderungen lösen das Delir aus, einen relativ plötzlich auftretenden, meist stark schwankenden Zustand der Verwirrung. Ein Delir ist grundsätzlich ein vorübergehender Zustand, was bedeutet, dass er sich normalerweise wieder vollständig zurückbildet. Aber je nach Ursache kann ein Delir Tage, Wochen oder sogar Monate anhalten.

Ein Delir äußert sich darin, dass die Betroffenen in den Phasen der Verwirrtheit plötzlich verstärkte Aufmerksamkeitsstörungen, oft auch Gedächtnisstörungen oder Sprachprobleme haben oder desorientiert sind. Häufig zeigen sie auch Anzeichen von Bewusstseinsstörungen, was daran erkennbar ist, dass sie nicht vollständig wach bzw. nicht weckbar und ansprechbar sind.

Beim Delir fluktuieren diese Phasen der Verwirrtheit, d.h. sie wechseln sich mit Phasen geistiger Klarheit immer wieder ab – manchmal sogar schnell und in kurzen Abständen. Daher setzt das Erkennen eines Delirs voraus, dass man die betroffene Person über einen längeren Zeitraum konstant beobachtet!

Wird das Delir nicht schnell erkannt, kann dies für die betroffene Person in zweifacher Hinsicht gefährlich werden: Zum einen kann ein Delir durch eine lebensbedrohliche Erkrankung ausgelöst werden, z. B. einen Herzinfarkt. Es macht also auf diese aufmerksam! Seiner Ursache sollte man somit schnell auf den Grund gehen, um sie gegebenenfalls behandeln zu können. Zum anderen kann ein Delir aber auch lebensgefährliche Auswirkungen haben, denn im Zustand der Verwirrung verletzt sich die betroffene Person vielleicht selbst, zieht z. B. an Katheter- oder Infusionsschläuchen oder klettert über das Bettgitter und stürzt.

Bei Menschen mit Demenz wird ein Delir meist nicht durch eine schwere oder gar lebensbedrohliche Erkrankung ausgelöst: Da durch ihre pathologischen Gehirnveränderungen und altersbedingten Beeinträchtigungen häufig eine Vielzahl von Risikofaktoren für eine Störung ihres Botenstoffgleichgewichts im Gehirn vorliegt, genügt bei ihnen oft schon ein bestimmtes Ausmaß an psychischem Stress, um ein Delir auszulösen.

Dennoch wäre es aus medizinischer Sicht unverantwortlich, nicht auch bei ihnen eine mögliche schwerwiegende Erkrankung als Ursache in Erwägung zu ziehen, wenn sie relativ plötzlich eine fluktuierende Verschlechterung ihrer geistigen Funktionen zeigen.

Daher sollte bei Vorliegen eines Delirs immer eine Doppelstrategie verfolgt werden: nach einer möglichen Ursache suchen, um diese zu behandeln, und gleichzeitig das Delir selbst behandeln, weil auch seine Folgen gefährliche Ausmaße annehmen können.

Für Angehörige von Menschen mit Demenz ist es wichtig, diese Zusammenhänge zu kennen, weil sie andernfalls nicht verstehen, warum die Person mit Demenz plötzlich so verwirrt und durcheinander ist. Viele Angehörigen denken dann fälschlicherweise, es handele sich um einen »Demenzschub«. Wenn sie die Entstehungszusammenhänge eines Delirs jedoch kennen, können sie selbst aktiv in die Situation eingreifen. So können sie da, wo das Risiko eines Delirs besteht (z. B. im Krankenhaus), versuchen, die Entwicklung des Delirs zu verhindern, indem sie beispielsweise der erkrankten Person durch ihre eigene Anwesenheit Sicherheit vermitteln und das Stresserleben reduzieren.

Zum anderen können gut informierte Angehörige einiges dazu beitragen, dass sich die Verwirrtheitssymptome des Delirs bei der erkrankten Person schneller wieder zurückbilden, indem sie z. B. dafür sorgen, dass sich die erkrankte Person bewegt, sie durch bestimmte Dinge oder Fotos beruhigen, ihr helfen, sich wieder zu orientieren, und allgemein für Stressreduktion sorgen.

Und schließlich können Angehörige, die wissen, dass ein spontan auftretendes Delir auch ein Warnsignal sein kann, das auf eine schwere Erkrankung oder Komplikation hinweist, in solchen Situationen schnell für medizinische Hilfe sorgen.

Strukturieren Sie den Tagesablauf der erkrankten Person

Durch einen klar strukturierten Tagesablauf gewinnt eine erkrankte Person Alltagssicherheit: Das Wissen, was zu welcher Tageszeit an welchem Wochentag wie zu tun ist, entlastet von oftmals als quälend empfundenen Überlegungen und Grübeleien: »Was soll ich jetzt tun?«, »Was kann ich noch?«, »Wofür werde ich noch gebraucht?« Dieser Tagesplan sollte klare Beschäftigungs- und Entspannungsphasen beinhalten.

Natürlich sollten die Betätigungen an die Vorlieben des Kranken angepasst werden, denn sie sollen ihm ja das Gefühl geben, etwas Sinnvolles zu tun und eine wichtige Aufgabe zu haben.

Wieder erfordert es hier großes Feingefühl von Angehörigen herauszufinden, welche Aufgaben den Kranken weder über- noch unterfordern und welche ihm Freude bereiten. Auch ist es häufig ein großer Balanceakt, dem Kranken das größtmögliche Maß an Selbstständigkeit zu lassen, ihm aber Unterstützung und Hilfe zukommen zu lassen, wo er sie wirklich braucht. In der Literatur spricht man hier von dem guten Maß an »fürsorglicher Autorität«.

Diese Konstanz im Tagesablauf dient der erkrankten Person ebenfalls als Selbstbild-Stütze, zeigt sie ihm doch über seine immer wiederkehrenden Beschäftigungen, wer er ist und wie er ist, z. B.: »Ich bin gesundheitsbewusst, weil ich nachmittags immer eine Stunde spazieren gehe«, »Ich bin hilfsbereit, weil ich meiner Frau im Haushalt helfe«, »Ich bin naturverbunden, weil ich täglich Gartenarbeit erledige« usw.

Ausdrucksmöglichkeiten: Kunst- und Musiktherapie

Eine andere Möglichkeit, den Kontakt der erkrankten Person zu ihrem Selbstbild aufrechtzuerhalten – in diesem Fall zu den eher emotionalen Anteilen –, können auch kunst- und musiktherapeutische Ansätze sein. Konkret bedeutet dies, der erkrankten Person zu ermöglichen, ihre Gefühle auszudrücken – über Bildermalen, Modellieren mit Ton, Basteln, Liedersingen oder -hören oder Spielen von Musikinstrumenten. Denn nicht selten wird es für Menschen mit Demenz im Verlauf ihrer Erkrankung immer schwerer, ihre Gefühle und Stimmungen verbal mitzuteilen. Über expressive Formen der Kunst ist dies aber manchmal auch dann noch möglich. Kreative Ausdrucksformen ermöglichen aber nicht nur, sich anderen mitzuteilen, sondern können auch helfen, sich über sich selbst und den eigenen Gefühlszustand klar zu werden.

Vielleicht ist es Angehörigen zu Hause nicht möglich, mit der erkrankten Person zu malen oder sie zum Malen anzuregen, aber möglicherweise kennen sie Lieder, die sie gerne gesungen hat und jetzt noch gerne hört. Vielleicht kann sie auch noch zum Mitsingen oder Mitsummen bewogen werden. Manche Menschen mit Demenz, die von sich aus gar nicht mehr sprechen, stimmen plötzlich mit ein, wenn man ein Lied singt – und kennen noch einige Strophen!

Lebensrückblick

Insbesondere im Alter oder bei Krankheit wird vielen Menschen die eigene Endlichkeit bewusst und sie haben das Bedürfnis, auf die Fragen nach dem Sinn des eigenen

Lebens eine befriedigende Antwort zu finden. Aus der Hospizarbeit weiß man, dass Menschen, die sich mit ihrem Lebenssinn befassen, häufig darüber reden möchten. Sie brauchen Zuhörer, die sich diesem oft angstbeladenen Thema stellen, die ihnen ihre Sicht auf das eigene Leben bestätigen, die ihnen durch Fragen helfen, klar zu sehen.

Auch viele Menschen mit Demenz haben das Bedürfnis, ihr Leben zu bilanzieren, über Ängste, Werte, eigene Überzeugungen, Leistungen und Schuld zu sprechen. Dem Wunsch, das eigene Leben Revue passieren zu lassen, um Zufriedenheit mit dem Resultat dieser Bilanz verspüren zu können, steht aber oft die Tatsache im Weg, dass sie bereits einen Teil ihres Wissens um die eigene Lebensgeschichte vergessen haben. Daher brauchen sie Menschen, die ihnen helfen, die Erinnerungslücken zu füllen. Mit Erzählungen über das Leben der erkrankten Person und vielleicht sogar mithilfe von Gesprächen über religiöse oder philosophische Themen können Angehörige der erkrankten Person bei der Bearbeitung der für sie so wichtigen Themen und bei der Bilanzierung ihres Lebens helfen.

Das Gefühl, dass das eigene Leben angefüllt war mit sinnvollen Erlebnissen und Handlungen, stärkt die Identität eines Menschen und verhilft ihm zu größerer Zufriedenheit. Natürlich werde ich als Angehörige der erkrankten Person solche Gespräche nicht aufdrängen, wenn sie das Bedürfnis dazu offensichtlich nicht hat. Doch ich versuche aufmerksam und achtsam zu sein, ob sich hinter irgendwelchen ihrer unverständlichen Äußerungen möglicherweise dieses Bedürfnis verbirgt, auf das eigene Leben zurückzublicken.

Im Laufe von Lebensrückblicken bleibt es meist nicht aus, dass auch sehr traurige, belastende oder sogar traumatische Erlebnisse erinnert werden. Gerade Angehörige aus der Kindergeneration berichten in Gesprächskreisen oder Schulungen, dass sie Angst davor hätten, solche »Schreckgespenster aus der Vergangenheit« bei der erkrankten Person wachzurufen, weil sie nicht wüssten, wie sie dann reagieren sollten. In solchen Situationen ist es sicherlich ratsam, so zu reagieren, wie es auch eine therapeutische Fachkraft täte: Diese ließe sich zunächst das Ereignis so genau wie möglich erzählen und würdigte es anschließend mitfühlend, authentisch und wertschätzend als große Belastung, indem sie beispielsweise sagte: »Das ist ja wirklich sehr schlimm, was du da erlebt hast. Ich kann mir sehr gut vorstellen, wie sehr dich das damals belastet hat.« In dem folgenden Gesprächsabschnitt ist es nun wichtig, rückblickend eine weitere Bedeutung dieses damaligen Lebensereignisses hervorzuheben, indem man die Stärke der erzählenden Person betont, die sich ja darin gezeigt hat, dass sie ein solch schweres Ereignis überlebt hat und ihren weiteren Lebensweg aktiv gestaltet und weitergegangen ist.

Dunkle Erinnerungen aufarbeiten

» *So berichtet eine Tochter in einer Angehörigenschulung von ihren Erfahrungen: Ich habe genau das mit meinem Vater erlebt. Er erzählte mir gerade aus seiner Kindheit, da verdunkelten sich plötzlich seine Augen, seine Stimme brach und dann erzählte er, wie sein großer Bruder damals bei einem Unfall starb. Er war sehr traurig und weinte. Ich selbst hatte bis dahin von einem Bruder meines Vaters gar nichts gewusst! Da berührte ich meinen alten weinenden Vater an der Schulter und sagte: »Es muss sehr schlimm für dich gewesen sein! Was für ein Verlust!« Ich fühlte mit ihm und seiner Trauer. Nach einer Weile sagte ich: »Aber du hast diesen Verlust überlebt! Bist ein erfolgreicher, glücklicher Mann geworden, hast eine eigene Familie gegründet. Dein großer Bruder wäre bestimmt sehr stolz auf dich gewesen. Meinst du nicht?« Sein Blick klarte auf, er lächelte und sagte: »Ja, du hast recht. Das glaube ich auch. Er hätte sich bestimmt über meine Familie gefreut!« Danach wirkte er gelöster und entspannter – und ich mich ihm viel näher!* «

Sich mit der Krankheit auseinandersetzen

Eng verbunden mit der Frage nach dem Sinn des eigenen Lebens ist oft auch die Beschäftigung mit der eigenen Krankheit. Jahrelange Erfahrung in der Beratungsarbeit lässt es ratsam erscheinen, mit der erkrankten Person über ihre Krankheit zu sprechen, wenn sie das möchte. Wichtig ist dabei, sensibel darauf zu achten, wann ihr das Reden über ihre Krankheit zu viel wird. Außerdem sollte der Schicksalscharakter der Krankheit betont werden, der jede Schuldhaftigkeit ausschließt.

Da die Gehirnerkrankung, die die Demenz verursacht, nicht verschuldet ist, ist sie auch nicht vermeidbar gewesen. Wenn die erkrankte Person das Bedürfnis hat, über ihre Erkrankung zu sprechen, betone ich als Angehörige, dass sie für ihre Krankheit nichts kann und dass es daher klug und sinnvoll ist, das eigene Schicksal anzunehmen und die Erkrankung zu akzeptieren.

Natürlich werden Menschen mit Demenz, die weniger Krankheitseinsicht haben, ein solches Gespräch nicht wünschen. Dann scheint es auch weder sinnvoll noch hilfreich, mit ihnen über ihre Erkrankung zu sprechen.

Angst vor der Zukunft

Dass sie vieles nicht mehr so können wie früher, nagt häufig an dem Selbstwertgefühl von Menschen mit Demenz. Zudem macht die Vorstellung, dass die noch vorhandenen Fähigkeiten und Kompetenzen weiter abnehmen könnten, Angst vor der Zukunft: »Wer werde ich sein, was wird von mir übrigbleiben, wenn ich all das nicht mehr kann, was mich doch ausmacht?«

Der Umgang mit derartigen Ängsten und Selbstzweifeln ist für Angehörige nicht immer leicht. Um das Identitätserleben der erkrankten Person zu stärken und zu stützen, ist es hilfreich, ihr Zuversicht zu vermitteln, und sie bei den Dingen und Fähigkeiten zu unterstützen, die sie ausmachen. Auf diese Weise können identitätsstiftende und -stärkende Kompetenzen und Beschäftigungen so lange wie möglich aufrechterhalten werden. Wie bei jeder Form des Umgangs sind natürlich auch hier Feingefühl und Empathie erforderlich. Denn bei aller Vermittlung von Zuversicht versuche ich trotzdem auch, die Ängste und Zweifel der erkrankten Person wahrzunehmen und zu akzeptieren. Das Ziel ist es also nicht, ihr ihre Gefühle auszureden, sondern sie ernst zu nehmen und Hilfe und Unterstützung anzubieten.

Erinnerungstherapie

Alte Erinnerungen – Bilder und Gespräche über früher – helfen der erkrankten Person, mit ihrer Lebensgeschichte in Kontakt zu bleiben und ihr Selbstbild zu bewahren.

Umgangssprachlich meint »erinnern« so viel wie: sich eine vergangene Situation noch einmal genau zu vergegenwärtigen. Dieser Bedeutung liegt die Idee zugrunde, dass das Gedächtnis frühere Situationen und Erlebnisse realitätsgetreu speichert, wie eine Videokamera oder ein Fotoapparat ein Urlaubserlebnis festhält. Unter »erinnern« versteht man also das Betrachten dieses Gedächtnisfilmes oder -bildes mit dem inneren Auge. Wenn der Kommissar in einem Krimi zu einem Zeugen sagt: »Bitte versuchen Sie sich genau daran zu erinnern, welche Farbe das Fluchtauto hatte!«, dann meint er damit: »Sehen Sie sich Ihren Gedächtnisfilm noch einmal genau an und achten Sie besonders auf die Farbe des Fluchtautos!«

Tatsächlich ist es jedoch so, dass unsere Erinnerungen nicht realitätsgetreue Beschreibungen vergangener Situationen sind, sondern wir uns nur einzelne Ausschnitte merken, die für uns persönlich eine Bedeutung haben. Sicherlich kennen Sie die Situation, dass jemand ein gemeinsames Erlebnis ganz anders schildert, als Sie es in Erinnerung haben, obwohl Sie doch vermeintlich das Gleiche erlebt haben.

Das liegt daran, dass wir eben nicht wie ein Fotoapparat funktionieren, der alle Details – wichtig oder unwichtig – gleichermaßen abbildet. Wir haben einen persönlichen Filter, der bestimmt, was wir behalten wollen und was nicht. Dieser Filter hängt von unseren Interessen, Persönlichkeitsmerkmalen und unserem Wissen ab und auch von unserem momentanen Zustand: Wenn es uns schlecht geht, nehmen wir unsere Umwelt kaum wahr und kapseln uns ab. Wenn es uns gut geht, sind wir offen und lassen alle Eindrücke in uns hineinströmen.

Schon beim Abspeichern wird die Realität also durch ein persönliches Filtersystem verändert. Doch auch Erlebnisse, die bereits gespeichert sind, werden im Laufe der Zeit weiter verändert: Durch neu hinzukommende Erlebnisse werden alte Erinnerungen und Gedächtnisinhalte ständig neu bewertet, also in einem neuen, veränderten Licht betrachtet, dem neuen Wissensstand angepasst und somit verändert. Dies geschieht meist unbewusst.

Wenn Menschen von einem wichtigen Ereignis ihrer Biografie, z. B. ihren ersten Arbeitstag, wiederholt in ihrem Leben erzählen, verändert sich die Erzählung immer mehr: Die Abweichungen von einer Erzählung zur nächsten sind vielleicht nur gering, doch vergliche man die Geschichten miteinander, die 30 Jahre auseinanderliegen, würde die Verschiedenartigkeit der Erinnerungen wahrscheinlich verblüffen!

Durch jeden Rückblick ordnet man die Erfahrungen des Lebens erneut und kann sich so seiner eigenen Identität vergewissern: »Wie erkläre ich mir heute, aus meiner heutigen Sicht auf die Welt, warum mein Leben so und nicht anders verlaufen ist?«

Erinnern als Therapie

Der therapeutische Umgang mit dem Erinnern basiert auf der Erfahrung, dass das Erzählen von Erinnerungen eine heilende Wirkung auf den Menschen haben kann. Zwar kann ein Mensch natürlich auch ganz alleine für sich auf sein bisheriges Leben zurückblicken, doch gewinnt das Erinnern eine ganz andere Qualität, wenn man seine Erinnerungen einem anderen Menschen mitteilt.

So scheint es zu den menschlichen Grundbedürfnissen zu gehören, über das eigene Leben zu sprechen. Setzt ein solches Erzählen doch voraus, dass es jemanden gibt, der mir zuhören, meine Geschichte hören will, der sich für mein Leben interessiert. Und dieses Interesse zeigt mir, dass mein Leben wertvoll ist und dass ich wertvoll bin, weil niemand anders meine einzigartige Lebensgeschichte aus meiner jetzigen Sicht erzählen kann. Man könnte deshalb sagen, dass ein Mensch dann einsam ist, wenn es niemanden gibt, der sich für seine Lebenserinnerungen interessiert.

Der therapeutische Umgang mit Erinnerungen geht jedoch über die Befriedigung dieses Grundbedürfnisses, einen Zuhörer zu finden, der sich für mein Leben interessiert, hinaus. Denn im therapeutischen Gespräch soll ein Mensch darin unterstützt werden, sich mit seiner eigenen Lebensgeschichte auseinanderzusetzen: Dadurch kann ihm bewusst werden, welche Bedeutungen frühere Erlebnisse für ihn hatten und inwieweit sie ihn in seinem späteren Handeln und Tun beeinflusst haben. Durch Nachfragen kann er auf eigene Stärken aufmerksam werden, die ihn im Laufe seines Lebens immer wieder befähigt haben, Probleme zu bewältigen. Durch die Bestätigung seiner Interpretationen kann er in seinen Bedürfnissen, seinem Ich-Gefühl, seinem Selbstvertrauen und seinem Selbstwertgefühl unterstützt und gestärkt werden.

Der Verlust des Selbstbildes führt meist zu Gefühlen der Entwurzelung und des Verlorenseins und wird daher von Betroffenen als massive Lebensbedrohung erlebt. Die Vergewisserung der eigenen Identität ist dagegen ein Anker, der selbst in Zeiten des Umbruchs, der Veränderungen, der Krankheit und des Abschieds Halt und Sicherheit bietet.

Die Erfahrungen durch die Arbeit mit Menschen mit Demenz haben gezeigt, dass es den meisten von ihnen nicht möglich ist, ohne Hilfestellung anderer Menschen die fördernde Wirkung der Erinnerungsarbeit zu erfahren. Erkrankte Personen brauchen interessierte Zuhörer, die ihre Lebensgeschichte hören wollen, die die Bedürfnisse hinter den Geschichten verstehen, die ihre früheren Leistungen anerkennen, die sie durch ihre Fragen und Erinnerungshilfen darin unterstützen, die positiven Aspekte der vergangenen Erlebnisse zu erkennen.

Mit dem Wissen um die stärkende Kraft der einfühlsamen Kommunikation wird auch deutlich, dass es den Prinzipien der Erinnerungstherapie mit Menschen mit Demenz widerspricht, die erkrankte Person zu korrigieren, sie mit der Realität zu konfrontieren oder sie auf Irrtümer hinzuweisen. Vielmehr basiert auch dieser Ansatz auf dem Grundsatz der respektierenden Bejahung.

Der Wahrheitsgehalt ist nebensächlich

» *Wenn die Person mit Demenz in meiner Familie sich gerne ihre Erfolgserlebnisse ins Gedächtnis ruft und sich vielleicht auch an Erfolge »erinnert«, die nach meinem Dafürhalten ihrer Phantasie entspringen und gar nicht stattgefunden haben, dann ist es nicht hilfreich, wenn ich ihr antworte: »Nein, also das stimmt jetzt aber wirklich nicht!« Sie, die angesichts ihrer schwindenden Fähigkeiten ihren Selbstwert bewahren will und sich mir anvertraut, damit ich sie dabei unterstütze, wird sich durch eine solche »Abfuhr« zurecht zurückgewiesen fühlen. Denn die verborgenen Bedürfnisse, die hinter ihrer »Phantasieerinnerung« stehen, lauten vielleicht: »Ich möchte stolz auf mich sein können und möchte Anerkennung bekommen!« Doch dieses Bedürfnis habe ich offenbar nicht verstanden. Insofern fühlt sie sich zu Recht unverstanden.* «

Gemeinsam ein Tagebuch führen

Die im Verlauf einer Demenz auftretenden Beeinträchtigungen des Arbeitsgedächtnisses führen dazu, dass neue Erlebnisse nicht mehr ins explizite Langzeitgedächtnis übertragen werden können: Das innere Tagebuch hat keine leeren Seiten mehr, die beschrieben werden könnten.

Das Führen eines Tagebuchs kann diesem Verlust an weiterer Lebensgeschichte entgegenwirken. In dieses Tagebuch können Sie wichtige Ereignisse und alltägliche Verrichtungen notieren. Man kann die Eintrittskarte, die an das schöne Konzert erinnert, oder Fotos einkleben oder die Torte vom letzten runden Geburtstag hineinzeichnen. Wie das Langzeitgedächtnis ist auch das Tagebuch ein sehr individueller Speicher, der nicht einem sachlichen Bericht gleichen soll, sondern die Erlebnisse enthalten sollte, an die sich die erkrankte Person gern erinnert.

Für Menschen mit Demenz kann eine solche Gedächtnisstütze eine große Sicherheit darstellen: So können sie den Teil ihrer

Gemeinsam erinnern

Neben der erinnerungstherapeutischen Funktion kann es außerdem die Sprach- und Kommunikationsfähigkeit der erkrankten Person fördern und stabilisieren, wenn ich als Angehörige ein Tagebuch mit ihr führe: Wir rufen uns abends noch einmal gemeinsam den Tag in Erinnerung, besprechen wichtige Ereignisse, klären Situationen, erinnern uns vielleicht darüber auch an frühere Erlebnisse. Außerdem kann es sehr beziehungsfördernd sein, wenn man auf diese Weise der anderen Person Geschichten erzählt und sich ihr mitteilt. Und schließlich könnte es zu einem schönen Ritual werden, das dem Tag einen harmonischen Abschluss gibt!

Lebensgeschichte, an den sie sich nicht mehr erinnern können, nachlesen.

Gespräche über früher

Als Angehörige mache ich vielleicht immer wieder die Erfahrung, dass die erkrankte Person sehr oft, vielleicht sogar ausschließlich über die Vergangenheit spricht. Mit dem Wissen um die Gedächtnisbeeinträchtigungen, die durch eine Demenz verursacht werden, wird dieses Verhalten verständlich: Da in erster Linie Arbeitsgedächtnisleistungen gestört sind, kann sie neuere Erlebnisse und jüngere Ereignisse nicht mehr abspeichern. Was bleibt, sind die Erinnerungen an lange zurückliegende Geschehen. Das ständige Bedürfnis, über diese alten Erinnerungen zu sprechen, lässt sich aus psychologischer Hinsicht auf vier Gründe zurückführen:

- Wenn sich ein Mensch mit Demenz aufgrund seiner Arbeitsgedächtnisstörungen an kurz zurückliegende Ereignisse nicht mehr erinnern kann und dennoch das kommunikative Bedürfnis hat, sich mit anderen zu unterhalten, bleibt ihm keine andere Möglichkeit, als über das zu sprechen, was er noch weiß: alte Erinnerungen.
- Es gibt ihm das gute Gefühl, dass er auch noch Stärken hat, wenn er über Dinge spricht, die er noch weiß.
- Es vermittelt ihm Sicherheit, wenn er sich über das Erzählen alter Erinnerungen seiner Lebensgeschichte vergewissern kann.
- Manch eine erkrankte Person wird das Bedürfnis haben, alte Erinnerungen aufzufrischen, weil sie Angst hat, die alten Erinnerungen könnten ihr auch noch verloren gehen – und mit ihnen ihr Selbstbild.

Es ist für Menschen mit Demenz daher eine große Unterstützung und Förderung, wenn Angehörige sich immer wieder auf diese Reisen in die – möglicherweise selbst erschaffene – Vergangenheit der erkrankten Personen einlassen und sie sogar aufmuntern, von früher zu erzählen. Über solche Anregungen können auch erkrankte Personen, die von sich aus gar kein Gespräch mehr beginnen und beinahe völlig verstummt sind, zur Kommunikation aktiviert werden. Aus der Alternspsychotherapie weiß man, dass sich auch das Wohlbefinden vieler älterer Menschen, die keine Demenz haben, verbessert, wenn sie ihre Lebensgeschichte einem empathischen Zuhörer erzählen können.

Das Erinnerungsalbum

Ein Erinnerungsalbum hilft der erkrankten Person, ihr Selbstbild zu bewahren, indem es ihr die wichtigen Elemente ihres Lebens immer wieder ins Gedächtnis ruft. Auch für pflegende Personen ist es eine gute Hilfe.

Damit ein Erinnerungsalbum seine Funktionen erfüllen kann, sollte es die wichtigsten Informationen über das Leben der erkrankten Person enthalten: Wann und wo wurde sie geboren, welchen Beruf hatten die Eltern und wie waren sie? Gibt es Geschwister, wo leben sie jetzt? Welche Schulen hat sie besucht, welche Berufsausbildung absolviert, womit hat sie sich gerne beschäftigt, was waren ihre »großen Leistungen«, worauf war sie immer stolz? Ein langes Leben wird viele verschiedene Facetten haben.

Das Album kann eine wichtige Funktion für die erkrankte Person selbst erfüllen: So kann schon das gemeinsame Zusammenstellen von Fotos oder anderen kleinen Erinnerungsstützen mit einem Angehörigen und das Sprechen über die Inhalte ein schönes und verbindendes Erlebnis sein. Aber auch, wenn die erkrankte Person sich selbst nicht an der Anfertigung des Albums beteiligen kann, kann das fertige Erinnerungsalbum eine wichtige Gedächtnisstütze darstellen, und die Erinnerungen an wichtige Momente der eigenen Lebensgeschichte kann zur Selbstvergewisserung beitragen. Daher sollte das Erinnerungsalbum auch kein großes, schweres Buch sein, sondern vielmehr ein kleines Büchlein, das auf dem Tisch liegen bleiben kann, aber auch in eine Handtasche passt.

Ein Erinnerungsalbum kann aber auch anderen Menschen helfen, die wichtigen Lebensbotschaften und Daseinsthemen der erkrankten Person zu verstehen. In der Altenpflege und Alternspsychotherapie weiß man schon lange um die Bedeutung der Biografiearbeit: Nur wenn man die zentralen Themen der Lebensgeschichte einer Person kennt, kann man sich in einer aktuellen Situation in ihre Bedürfnisse einfühlen. Dies ist die Grundlage für eine gute, empathische und wertschätzende Betreuung, Versorgung und Pflege.

Das Erinnerungsalbum ist daher auch in solchen Situationen von Bedeutung, in denen Angehörige die Betreuung bzw. Pflege nicht selbst leisten können. Wenn Angehörige z. B. selbst für einige Zeit ins Krankenhaus müssen, wenn sie beruflich stark eingespannt oder aus anderen Gründen verhindert sind, die Fürsorge für die erkrankte Person zu leisten, wird sie in dieser Zeit meist durch Sozialstationen, in Pflegeheimen, Tagesstätten oder andere Institutionen zeitweilig oder langfristig betreut. Den Menschen, die hier arbeiten, ist die erkrankte Person ja zunächst völlig fremd. Sie kennen sie weder näher, noch sind sie über ihre Familienverhältnisse informiert. Sie wissen nicht, wen sie da vor sich haben, kennen nicht ihre Bedürfnisse und Wünsche, sind nicht vertraut mit ihrer Lebensgeschichte! Das genaue Wissen über einen Menschen, der Demenz hat, ist aber die Grundlage für eine gute und vertrauensvolle Fürsorge. Nur wenn ich einen Menschen kenne, verstehe ich seine Bedürfnisse, nur wenn ich weiß, wer er ist, kann ich einfühlsamen Umgang mit ihm pflegen, seine Sorgen begreifen und ihn so in seinem Sinne betreuen und pflegen.

In den meisten Lehrbüchern für Kranken- und Altenpflegeberufe wird betont, von welch zentraler Bedeutung es für die Pflege ist, den Patienten und seine Lebensgeschichte zu kennen. Dennoch ist es leider noch häufig traurige Realität, dass Pflegekräfte Patienten mit Demenz betreuen, von denen sie gerade einmal Namen und Alter kennen und wissen, welche Medikamente sie einnehmen müssen. Auch wenn sie selbst dies als großes Problem erkennen, ist es ihnen meist kaum möglich, etwas an dieser Situation zu ändern. Bei einem Menschen mit Demenz kann erschwerend hinzukommen, dass es ihm selbst gar nicht mehr möglich ist, den Pflegekräften sein Leben zu erzählen. Zwar gibt es in vielen Einrichtungen sog. »Biografiebögen«, die bei der Aufnahme mit einem Angehörigen ausgefüllt und dann in die Dokumentationsmappe der jeweiligen Person abgeheftet werden, doch wird diesen oftmals im späteren Pflegealltag wenig Aufmerksamkeit geschenkt. Sehr viel anregender ist hier ein kleines Album, das man durchblättern kann, in dem man Bilder betrachten und durch kurze Erklärungen einen schnellen Einblick erhalten kann.

Am Anfertigen des Erinnerungsalbums sollte die erkrankte Person nach Möglichkeit selbst beteiligt werden. Denn einerseits kann das gemeinsame Überlegen und Sprechen über Bilder die Beziehung zueinander stärken oder dazu beitragen, frühere Erfahrungen nochmals aus einem anderen Blickwinkel zu betrachten. Andererseits kann es aber auch sein, dass schwierige Themen angesprochen und traurige oder belastende Erinnerungen wachgerufen werden. Es ist daher wichtig, sich bereits zuvor auch auf solche Momente einzustellen und sich für diese Situationen zu wappnen. Sollten belastende Erinnerungen bei der erkrankten Person aktiviert werden, sollten Angehörige diese auf keinen Fall ignorieren oder mit einer knappen Bemerkung schnell beiseitewischen, sondern sie ebenfalls als Teil der Lebensgeschichte der Person wertschätzen und dem Sprechen darüber einen angemessenen Raum geben. Danach sollte aber hervorgehoben werden, dass das Leben ja aber dennoch weiterging und wieder andere positive Erfahrungen brachte.

Auch die Frage, welche Themen der Lebensgeschichte denn überhaupt »wichtig« genug sind, um im Erinnerungsalbum aufgenommen zu werden, ist nicht immer leicht zu beantworten. Denn es soll ja nicht einfach nur darum gehen, chronologisch die allgemeinen, formalen »Stationen« einer Lebensgeschichte, also Schule, Ausbildung, Heirat etc. zu dokumentieren, sondern die »Daseinsthemen« der Person zu erkennen, d. h. ihre zentralen Anliegen, die sie ein Leben lang bewegt und motiviert haben und sich bis jetzt noch erkennen lassen. Und um diese Themen verstehen zu können, ist eine empathische und einfühlsame Haltung erforderlich.

Ein Erinnerungsalbum anlegen

Das Selbstbild eines Menschen macht sich an den für ihn wichtigen Schlüsselerlebnissen seines Lebens fest. Verliert er diese Eckpunkte aus seiner Erinnerung, ist er desorientiert und hilflos.

Aus diesem Grund empfiehlt die Autorin Jennie Powell, Angehörigen von Menschen mit Demenz ein Erinnerungsalbum anzulegen – im besten Fall gemeinsam mit der erkrankten Person.

Ein Erinnerungsalbum ist ein kleines Fotoalbum, das chronologisch die wichtigsten Ereignisse, Orte und Personen im Leben der erkrankten Person dokumentiert. Die Dokumente können Fotos, Urkunden, Zeugnisse, Zeitungsausschnitte, Eintrittskarten usw. sein. Am günstigsten ist es, so Powell, wenn man ein ca. 10 × 15 Zentimeter großes Fotoalbum verwendet. Hier kann man auf die eine Hälfte einer Doppelseite die Fotografie oder eine andere Erinnerungsstütze einkleben, auf der anderen sollte eine genaue Beschreibung des Bildes gegeben werden. Diese genaue Beschreibung hat 2 Funktionen: Zum einen kann sich die erkrankte Person selbst der Bildinhalte vergewissern, wenn ihr Gedächtnis schwächer und sie sich hinsichtlich der Details unsicher wird. Zum anderen können so andere Menschen, die die erkrankte Person betreuen und versorgen, durch die genauen Beschreibungen erfahren, was die Bilder darstellen und welche Bedeutung sie für die erkrankte Person haben.

Welche Themen sind geeignet?

Folgende Themen, die alte Erinnerungen wachrufen können, werden zum Beispiel von verschiedenen Autoren empfohlen:

Kindheit aufregende Erlebnisse – Verhältnis zu den Eltern, Großeltern und Geschwistern – Krankheiten – ein schönes Erlebnis – Schulzeit – Lieblingslehrer – bester Freund/Freundin – Kleidung – Spiele – Haustiere – Lieblingsspielzeug – Ängste

Junges Erwachsenenalter erste Tätigkeit nach der Schule – erster Verdienst – Freizeitbeschäftigungen – Tanzveranstaltungen – erste Liebe – Urlaube – Beruf

Bestimmte Utensilien wie alte Fotos, alte Haushaltsgegenstände oder andere persönliche Dinge von früher können das Erinnern noch erleichtern. Eine große Erinnerungsstütze sind möglicherweise auch Volkslieder oder Schlager von früher.

Musik aus früheren Zeiten

Musik spricht direkt die Emotionen des Menschen an, ohne dass hierfür bestimmte Sprach- und Denkleistungen erforderlich wären. Daher ist der Einsatz von Musik bei der einfühlsamen Kommunikation mit Menschen mit Demenz besonders geeignet. Dies gelingt natürlich nur dann, wenn ich weiß

- welche Lieder in seiner Kindheit und in seiner Schulzeit gesungen wurden,
- ob in seiner Familie musiziert wurde,
- ob er in einem Chor mitgesungen hat,
- ob er selbst ein Instrument gespielt hat,
- ob ihm Kirchenbesuche und die dazugehörige Orgelmusik etwas bedeutet haben,
- ob er auf Wanderungen gesungen hat,
- ob er gerne tanzen ging,
- ob er ins Kino oder auf Volksfeste ging,
- ob zu bestimmten Familienfesten besondere Musik gespielt wurde und
- ob er in der letzten Zeit gerne Musik hörte und, wenn ja, welche Stilrichtung.

Musik kann unterschiedlichste Gefühle hervorrufen, je nachdem in welcher früheren Lebenssituation sie gehört wurde. Das bedeutet aber auch, dass Musik bei einem Menschen mit Demenz nicht nur angenehme und schöne Gefühle anrühren kann, sondern möglicherweise auch Sehnsucht oder Trauer wachruft. Natürlich gehören auch traurige Gefühle zum Leben und sollen daher beim gemeinsamen Erinnern nicht ausgeklammert werden, doch tragen belebende, fröhliche Gefühle sicherlich eher zum Wohlbefinden der erkrankten Person bei.

Durch Musikhören können Erinnerungen wachgerufen werden, über die es möglicherweise viel zu erzählen gibt. So kann Musik auch einen Zugang zu bereits vergessen geglaubten Erinnerungen schaffen. Geistliche Musik ruft manchmal religiöse oder spirituelle Gefühle hervor und kann so zu Besinnung und innerer Gelassenheit führen.

In jedem Fall kann der Kontakt mit spezieller, für die erkrankte Person bedeutungsvoller Musik zu ihrer Entspannung und Aktivierung beitragen. Ein Blick in die Schallplatten- bzw. CD-Sammlung gibt Hinweise auf den jeweiligen Geschmack.

Musik kann zu Tanz und Bewegung animieren

Über Musik kann man Menschen mit Demenz möglicherweise zu Bewegungen aktivieren, indem man gemeinsam tanzt bzw. tänzerische oder einfache rhythmische Bewegungen macht. Neben dem Spaß, den solche rhythmischen Bewegungen bereiten können, lassen sich durch sie häufig auch innere Unruhezustande reduzieren. Zudem unterstützt dies die Koordinationsfähigkeit.

Körperliche Bewegungen sind für Menschen mit Demenz demnach nicht nur wichtig, um die Beweglichkeit der Gelenke und die Dehnbarkeit der Sehnen zu erhalten, sondern auch, um die koordinativen Fähigkeiten zu stabilisieren. Tänzerische Übungen sind hierfür besonders empfehlenswert, weil sie sehr wirksam alle koordinativen Teilfähigkeiten trainieren. Zudem hat der Einsatz von Musik positiven Einfluss auf die Stimmung.

Natürlich gilt auch hier, dass keine Aktivierungsform positive Auswirkungen auf den Demenzkranken hat, wenn er sie ablehnt und keinen Spaß daran findet. Jeglicher Zwang ist grundsätzlich kontraproduktiv und bewirkt das Gegenteil dessen, was eigentlich beabsichtigt ist. Die Wünsche und Bedürfnisse des Kranken sollten immer gültiger Orientierungspunkt sein: zeigt der Kranke Unbehagen, hat er keine Lust oder keinen Spaß an einer Beschäftigung, sollten diese Anzeichen keinesfalls übergangen werden. Denn: Vielleicht hilft es schon, einen Stuhl anzubieten und Übungen im Sitzen zu machen. Eventuell ist der Grund des Unbehagens allein die Standunsicherheit.

Beschäftigung und Entspannung

Einfühlsames Miteinander bedeutet auch, den Menschen mit Demenz – so gut es geht – in den Alltag einzubinden. Dazu gehören klare Aufgaben ebenso wie Entspannung und Bewegung.

Entscheidend ist, einen klar strukturierten Tagesablauf herzustellen. Tagesstrukturierung und sinngebende Beschäftigungen stärken das Identitätserleben eines Menschen. Dabei ist es jedoch oft gar nicht so einfach zu entscheiden, inwieweit man Menschen mit Demenz zu Beschäftigungen motivieren und in tägliche Erledigungen einbinden soll und ab wann man ihnen Aufgaben abnehmen oder sogar bestimmte Tätigkeiten unterbinden muss.

Im einfühlsamen Miteinander mit einer erkrankten Person ist es daher in erster Linie wichtig herauszufinden, was sie noch kann und was ihr Spaß macht und zu welchen Dingen sie nicht mehr in der Lage ist. Denn Überforderung und das damit einhergehende Gefühl des Misserfolgs und Versagens sollten auf jeden Fall vermieden werden.

Natürlich hängt es sehr stark von der Person und ihren (früheren) Interessen ab, welche Beschäftigungen ihr heute Spaß machen und sie positiv stimulieren. Grundsätzlich sind solche Betätigungen gut für sie, die zwar in körperlicher, geistiger, sozialer und psychischer Hinsicht anregen, aber dennoch in lockerer, spielerischer Atmosphäre durchgeführt werden – ohne Zwang, Druck oder Konflikte.

Wie funktioniert aktivierende Fürsorge?

Die Interventions-Gerontologie ist die Wissenschaft von der Aufrechterhaltung bzw. Förderung der Alltagsfähigkeiten des älteren Menschen durch geeignete Maßnahmen. Durch zahlreiche interventionsgerontologische Forschungen konnte gezeigt werden, dass eine anregende Umwelt eine wichtige Voraussetzung für die Unterstützung und den Erhalt der Kompetenzen älterer Menschen ist.

Anregend bedeutet aber in gewissem Sinne auch fordernd: Es ist einem älteren Menschen also nicht gedient, wenn ihm alle

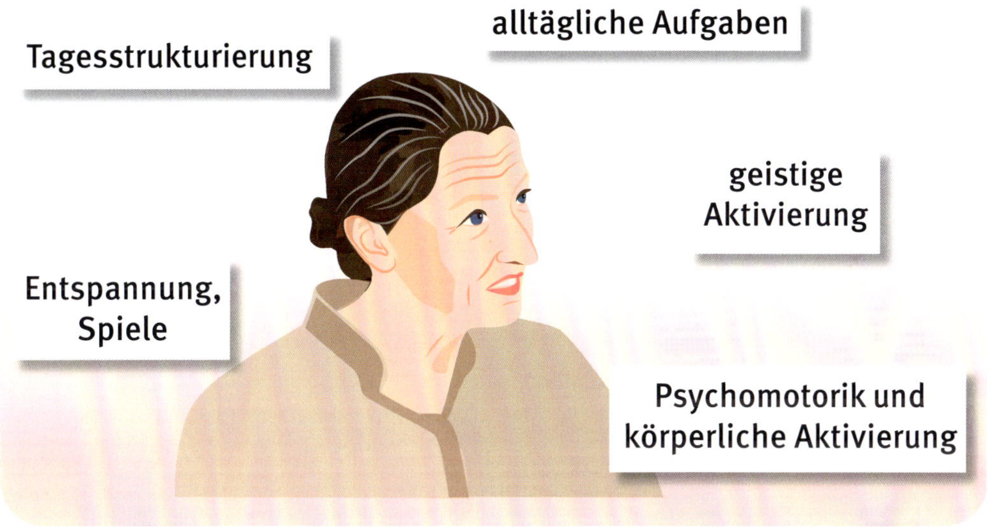

Idealerweise sollte der Mensch mit Demenz in allen fünf dargestellten Bereichen gefördert bzw. eingebunden werden.

Aufgaben, Arbeiten und Alltagsverpflichtungen abgenommen werden. Zum einen vermittelt ihm dies schnell, dass er nicht mehr gebraucht wird. Zum anderen verhindert es aber auch, dass er sich mit den ihn umgebenden Dingen geistig auseinandersetzen muss: Er muss keinen Arbeitsschritt mehr durchdenken, nichts mehr planen, keine Entscheidungen mehr fällen, kein Problem mehr lösen. Was auf den ersten Blick wie eine Erleichterung aussieht, ist auf den zweiten Blick eher schädlich. Viel hilfreicher ist die aktivierende Fürsorge.

Möchte man aktivierende Fürsorge für einen Menschen ermöglichen, setzt dies eine genaue Kenntnis seiner Fähigkeiten und Fertigkeiten voraus. Seine Stärken und Ressourcen werden im Rahmen aktivierender Fürsorge durch geeignete Aufgaben und Beschäftigungen gefördert und gestützt, während solche Dinge, die der Betreffende nicht mehr kann, vermieden werden. Im Vordergrund stehen also Beschäftigungen, die der Demenzkranke erfolgreich durchführt und die ihm das Gefühl vermitteln, gebraucht zu werden.

In alltägliche Aufgaben einbinden

Jeder Mensch hat das Bedürfnis, gebraucht zu werden. Neben seinen sozialen Kontakten vermitteln ihm auch seine alltäglichen Aufgaben, dass sein Leben einen Sinn hat und dass er gebraucht wird. Dies gilt natürlich auch für Menschen mit Demenz. Vielleicht neige ich als fürsorgliche Angehörige dazu, der erkrankten Person alle Arbeiten abnehmen zu wollen, um sie zu schonen, oder weil es einfach schneller geht, wenn ich etwas selbst erledige.

Für sie ist es jedoch viel förderlicher, ihr ihre Aufgaben zu lassen – im Sinne einer aktivierenden Fürsorge. Wichtig ist, dass ihre Aufgaben ihren Fähigkeiten und Interessen entsprechen. Es ist außerdem sehr unterstützend für sie, wenn die Aufgaben nach einem festen, unveränderten, ritualisierten Schema durchgeführt werden. Festgelegte Tagesstrukturen stellen einen wichtigen Beitrag zu einer »konstanten Umwelt« dar. Denn diese Strukturen geben Sicherheit und das Gefühl, eine wichtige Rolle innezuhaben, auf die sich andere verlassen.

Gedächtnisaktivierung

Im einfühlsamen Miteinander mit Menschen mit Demenz hat klassisches Gedächtnistraining keinen Platz! Der Begriff »Training« steht nämlich für ein Vorgehen, das eher auf einer defizitorientierten Haltung basiert: Ich erkenne die Defizite eines Menschen und versuche nun durch Training, also durch ständiges Wiederholen und Aufgaben, die an diesen Schwachstellen ansetzen, Verbesserungen zu erzielen.

Einen ganz anderen Ansatz verfolgt dagegen Gedächtnisaktivierung. Hier ist die grundlegende Haltung »Kompetenzorientierung«. In diesem Fall setze ich an den Stärken und verbliebenen Kompetenzen eines Menschen an, um sie durch kreative, unterhaltsame, Spaß bereitende Übungen zu aktivieren und ihrem Verlust entgegenzuwirken.

Gedächtnisaktivierung ist grundsätzlich ein guter und sinnvoller Ansatz in der Arbeit mit Menschen mit Demenz, denn sie ist für viele eine angenehme und stimulierende Beschäftigung. Dabei ist es jedoch von großer Bedeutung, wie die Gedächtnisaktivierung angeleitet wird. Vorrangiges Ziel sollte immer die Freude am Üben und die Stärkung der noch erhaltenen Kompetenzen sein und nicht der Wiedergewinn bereits verloren gegangener Fähigkeiten. Daher ist eine spielerische Atmosphäre ebenso wichtig wie die Orientierung am Erfolgserlebnis. Um in jedem Fall Erfolgserlebnisse erzielen zu können, muss der Schwierigkeitsgrad der Übungen individuell an die jeweilige erkrankte Person und ihre Beeinträchtigungen angepasst sein. Natürlich sollte auch keine Überforderung durch zu lange Übungen entstehen. Sinnvoll ist daher ein Abwechseln von Aktivierung und Entspannung.

Am sinnvollsten sind gedächtnisaktivierende Maßnahmen, wenn sie als Gruppenangebot durchgeführt werden. Dabei sollte die

Druck und Zwang vermeiden

Als Angehörige habe ich natürlich das Bedürfnis, die erkrankte Person bestmöglich zu fördern. Dennoch sollte ich immer darauf achten, dass sie nicht überfordert wird oder sich unter Druck gesetzt fühlt. Dabei sollte ich mir in Erinnerung rufen, dass psychische und geistige Bereiche beim Menschen sehr eng verwoben sind und dass Menschen mit Demenz daher von einem klassischen Training sowieso nicht profitieren würden, weil es zu Druck und psychischer Belastung führt.

Leitung der Gruppe unbedingt erfahren sein im sensiblen und einfühlsamen Umgang mit Menschen mit Demenz.

Gymnastik, Bewegung und Geselligkeit

Zwischen dem psychischen Erleben eines Menschen und seiner Haltung und seinen Bewegungen besteht ein enger Zusammenhang. Die Gefühle drücken sich in der Haltung aus: Ein Mensch, der fröhlich ist, lächelt; ein Mensch, der zufrieden mit sich ist, hat einen aufrechten Gang; ein Mensch der niedergeschlagen ist, lässt – im wahrsten Sinne des Wortes – den Kopf hängen und blickt eher zu Boden.

Doch es ist nicht nur so, dass sich psychisches Erleben durch körperliches Verhalten ausdrückt! Es lassen sich auch psychische Zustände durch körperliche Aktivierungen und Bewegungsübungen beeinflussen!

Hier setzt die psychomotorische Übungsbehandlung an: Bewegung und körperliche Aktivierung wird als Stimulation angesehen, die emotionales Verhalten, Wahrnehmung und Denken fördern kann. Sie gilt als ganzheitliche Behandlung, die auch soziales Verhalten fördern soll.

Körperliches Aktivieren, Bewegung, Gymnastik usw. unterstützen also nicht nur das körperliche Wohlbefinden, sondern stärken auch die geistige Beweglichkeit und verbessern das psychische Erleben. Körperliche Aktivierung ist daher für einen Menschen mit Demenz, dessen geistige und psychische Gesundheit ja ohnehin schon »gefährdet« ist, sehr sinnvoll – wenn diese Aktivierung ihm Freude bereitet. Alle Formen von Bewegung in Geselligkeit, möglicherweise sogar in der Natur, sind hier besonders empfehlenswert: Wandern, der Besuch einer Gymnastik- oder Tanzgruppe, Tischtennis- oder Federballspielen sowie Kegeln.

Entspannung und Spiele

Ein wichtiger Gegenpol zu Aktivität und Beschäftigung ist die Entspannung. Der umgangssprachliche Gebrauch dieses Begriffes legt nahe, dass es ganz einfach sei, sich schnell mal zu entspannen. Wenn die Fahrlehrerin zu ihrem Fahrschüler sagt: »Jetzt entspannen Sie sich erst einmal und dann fahren wir los«, geht sie sicherlich davon aus, dass die gemeinsame Fahrt in den nächsten Minuten beginnen kann, er bis dahin also »entspannt« ist. Tatsächlich ist Entspannung für den Menschen, der durch Eile, Anforderungen und wachsende Ansprüche häufig unter Druck steht, eher selten zu erreichen. Denn Entspannung stellt sich nur ein, wenn sie regelmäßig »gepflegt« und geübt wird. Dabei gehört Entspannung zu den Grundbedürfnissen des Menschen! Wenn dieses Grundbedürfnis nach Entspannung nicht erfüllt wird, kann es zu drastischen Störungen wie Schlafstörungen, Konzentrationseinbußen, depressiven Symptomen, Appetitstörungen, bis hin zu körperlichen Erkrankungen kommen.

Auch Menschen mit Demenz stehen häufig unter massivem Druck! Denn für jemanden, der unter zunehmenden Gedächtnisstörungen leidet, wird es immer schwieriger, sich in der Welt zurechtzufinden! Bereits die alltägliche Orientierung in Raum, Zeit und aktueller Situation kostet immer mehr Energie. Das Einkaufen im Supermarkt um die Ecke kann eine Reihe großer Anstrengungen bedeuten: den Weg zu finden, die richtigen Dinge mitzubringen und nichts zu vergessen, Bekannte und Nachbarn wiederzuerkennen und sich an ihren Namen zu erinnern, den richtigen Geldbetrag an der Kasse zu bezahlen und den Heimweg wiederzufinden.

Deshalb ist es verständlich, dass Menschen mit Demenz häufig sehr angespannt sind und sich nur noch sehr schwer entspannen können. Da diese Unfähigkeit zur Entspannung die allgemeine Situation der erkrankten Person erheblich beeinträchtigen kann, ist es sinnvoll, auch den Aspekt des Entspannens bei der Tagesplanung zu berücksichtigen.

Verschiedene Methoden entspannen

Sehr entspannend für Angehörige und erkrankte Personen kann ein gemeinsamer Abendspaziergang vor dem Zubettgehen sein: Während des ruhigen Gehens kann man Abstand von den Aufregungen des Tages bekommen, denn durch die Dunkelheit stellt sich der Organismus auf die Schlafphase ein, sodass man müde wird. Diese Zeit der Entspannung gibt auch Raum, den Tag zu reflektieren. Das Gegenteil von Ruhe und Entspannung ruft dagegen Fernsehen direkt vor dem Schlafengehen hervor. Für Menschen mit Demenz, die ohnehin schon gefährdet sind, ihren Tag-Nacht-Rhythmus zu verändern, ist spätabendliches Fernsehen daher meist nicht empfehlenswert. Denn einerseits wirkt das Flimmern des Fernsehapparates dem natürlichen Müdewerden entgegen. Andererseits beschäftigen nervenaufreibende Inhalte den Geist noch in der Nacht, was zu nächtlicher Unruhe und Verwirrtheit führen kann.

Was ist »Entspannung«?

Unter Entspannung versteht man den Zustand, in dem der körperliche, geistige und seelische Spannungszustand reduziert wird. So hat man festgestellt, dass die Spannung in den Muskeln, die auch Muskeltonus genannt wird, nicht nur bei körperlicher Arbeit steigt, sondern auch bei Unruhe, Unsicherheit und Angst. Andererseits lässt auch die seelische Anspannung nach, wenn man es schafft, die Spannung in den Muskeln aufzulösen. Wieder einmal zeigt sich, dass Körper und Geist bzw. Seele ganz eng zusammenhängen.

Tagesstrukturierung und -planung

Vielen Menschen mit Demenz fällt es schwer, ihren Tag zu strukturieren. Sie haben vielleicht noch das Gefühl, dass sie etwas zu erledigen haben, wissen aber häufig nicht mehr, was. Manchmal kennen sie noch ihre Aufgaben, doch können sie diese zeitlich nicht mehr richtig planen. Und ein anderes Mal wissen sie genau, was sie jetzt zu tun haben, doch ist es ihnen nicht möglich, die einzelnen Handlungsschritte, aus denen sich die Tätigkeit zusammensetzt, zeitlich und logisch richtig zu koordinieren. Wenn ich z. B. einen Kuchen backen will, muss ich zuerst eine große Schüssel, eine Waage und die Zutaten holen, dann das Mehl abwiegen, dann die anderen Zutaten zufügen usw. Auch wenn ich durchaus in der Lage bin, die einzelnen Handlungsschritte auszuführen, ist es mir dennoch nicht möglich, den Kuchen zu backen, wenn ich die Reihenfolge der Teilschritte zeitlich nicht richtig koordinieren kann.

Der morgendliche Tagesplan

Angehörige können die erkrankte Person darin unterstützen, ihren Tag zu strukturieren. Dies kann mit unterschiedlichen Hilfsmitteln geschehen. Jennie Powell schlägt neben dem üblichen Terminkalender auch die Möglichkeit einer täglichen »To-do-Liste« vor. Mit genauen Zeitangaben kann da genau aufgelistet sein, was wann zu tun ist. Dies funktioniert natürlich nur dann, wenn die erkrankte Person noch auf die Liste bzw. in den Kalender sehen kann und wenn sie in der Lage ist, die Auflistung zu lesen, zu verstehen und die dort aufgelisteten Aufgaben auszuführen.

Viele Angehörigen machen hierbei die Erfahrung, dass der Tagesplan besser nicht schon am Vorabend besprochen werden sollte, da dies dazu führen kann, dass die erkrankte Person nachts unruhig wird, weil die morgigen Aufgaben sie beschäftigen. Das kann sogar so weit führen, dass sie nachts aufsteht, um die eine oder andere Arbeit gleich zu erledigen. Besser ist es dann, morgens den Tag zu strukturieren.

Wenn Angehörige nicht im selben Haushalt leben wie die erkrankte Person, können sie vielleicht telefonisch morgens mit ihr ihren Tagesplan durchgehen und sie bitten, sich alles aufzuschreiben.

Gelingt es jedoch nicht mehr, dass der Mensch mit Demenz selbst auf dem Tagesplan nachsehen kann, was jetzt zu tun ist, und kann er die Tätigkeiten nicht mehr alleine ausführen, dann braucht er ganz konkrete Hilfe bei den Erledigungen, indem er jeden einzelnen Handlungsschritt nacheinander vorgegeben bekommt.

Dies erfordert von mir natürlich viel Zeit und Geduld. Und vielleicht denke ich mir oft – zu Recht –, dass das alles viel schneller ginge, wenn ich die Arbeit selbst erledigte. Doch ist das Gefühl, nichts mehr zustande zu bringen, keine Aufgaben mehr zu haben, nicht mehr gebraucht zu werden, für einen Menschen mit Demenz eine der stärksten Kränkungen, die er erfahren kann.

Anleitung, Geduld und Strukturierung können dagegen den Selbstwert stabilisieren und zur Verbesserung der allgemeinen Situation beitragen.

Was tun bei Antriebslosigkeit?

Viele Menschen mit Demenz können sich allein nicht mehr beschäftigen. Dies muss aber weder zwingend daran liegen, dass es einfach gar nichts mehr gibt, was sie gerne unternähmen, noch daran, dass sie gar nichts mehr zustande brächten. Ursache für ihre Unfähigkeit, eine Tätigkeit zu beginnen, können auch Antriebs- und Motivationsstörungen und allgemeine geistige Beeinträchtigungen sein.

Dass depressive Krankheitszeichen wie Antriebs- und Motivationsstörungen im Rahmen einer Demenz relativ häufig auftreten, wurde bereits beschrieben. Diesen depressiven Störungen sollte man unbedingt entgegenzuwirken versuchen, da sie für die erkrankten Personen nicht selten einen großen Leidensdruck darstellen. Neben der medikamentösen Behandlung durch geeignete Antidepressiva kann auch die Motivation von außen sehr hilfreich sein.

Der äußere Anstoß fehlt

Viele Menschen, die unter Antriebsminderung leiden, wissen sehr wohl, was sie jetzt tun könnten oder wollten. Sie können nur nicht damit beginnen! Es ist, als könnten sie sich den Startschuss nicht geben. Kommt dieser »Anstoß« von außen, sodass die anfängliche Hemmschwelle überwunden werden kann, sind sie zum einen meist sehr wohl in der Lage, die Handlung erfolgreich auszuführen, und zum anderen hinterher zufrieden mit sich selbst, die Tätigkeit durchgeführt zu haben.

Überforderung vermeiden

» *Das richtige Maß an Motivation zu finden ist nicht einfach. Es ist ein Drahtseilakt zwischen den beiden Extremen »die Untätigkeit akzeptieren« und »zu Aktivitäten motivieren«: So ist es zum einen nicht empfehlenswert, die erkrankte Person völlig sich selbst und ihrer Untätigkeit bzw. Antriebslosigkeit zu überlassen und keinen Versuch der Aktivierung mehr zu unternehmen. Zum anderen ist es aber auch nicht fördernd, sie unentwegt motivieren zu wollen – möglicherweise sogar zu Tätigkeiten, die sie nicht tun möchte bzw. die sie nicht mehr ausführen kann.*

Beide Extreme sind für die Person und ihr Wohlbefinden schädlich: Das ausnahmslose Akzeptieren von Untätigkeit und Apathie führt häufig zu starker Reizverarmung, Isolation und völligem sozialen Rückzug. Durch fortwährende Aktivierung kommt es andererseits schnell zur Überforderung und den damit verbundenen Misserfolgserlebnissen, zu Unruhe und möglicherweise Aggressionen. Das richtige Maß an Aktivierung und gemeinsamen Beschäftigungen kann dagegen anregen, Spaß machen, die Stimmung heben, entspannen und das Gefühl vermitteln, etwas Sinnvolles getan zu haben. «

Vorschläge machen

Doch auch allgemeine geistige Beeinträchtigungen können den Grund dafür darstellen, dass Menschen mit Demenz von sich aus keine Beschäftigung beginnen: So haben sie möglicherweise vergessen, was sie in einer ähnlichen Situation wie der jetzigen früher immer getan haben, oder sie können sich nicht erinnern, was ihnen Spaß gemacht hat, oder sie haben einfach keine Idee, was sie tun könnten. Die Motivation von außen kann auch in diesem Falle helfen, eine geeignete Beschäftigung zu finden.

Das richtige Maß finden

Das richtige Maß zu finden – auch dies klingt in der Theorie ganz einfach, doch es ist in der Realität häufig eine der schwierigsten und psychisch belastendsten Aufgaben!

Ausschlaggebend sollten immer die psychischen Reaktionen des Menschen mit Demenz sein: Wirkt er mit seinem Alltag zufrieden, dann spricht dies dafür, dass sowohl das Ausmaß an Anregungen und Aktivität als auch das an Ruhe und Untätigkeit seinen Bedürfnissen entsprechen.

Auch hierbei kann Angehörigen der Austausch mit anderen Angehörigen, die von ihren Erfahrungen berichten, helfen. So kann man gemeinsam im Gespräch eine Lösung erarbeiten. Denn in Gruppen, in denen Menschen in ähnlichen Lebenssituationen miteinander sprechen, finden meist sehr hilfreiche Prozesse statt: Der Einzelne hört von den Lösungsversuchen der anderen, ahmt manche nach und lernt dadurch neue Wege der Bewältigung.

(Gefährliche) Tätigkeiten verhindern

Viele Menschen mit Demenz können nicht einsehen und verstehen, dass sie gewisse Dinge nicht mehr leisten können. Daher lassen sie nicht locker und bestehen darauf, bestimmte Aufgaben und Arbeiten weiterhin zu übernehmen, obwohl Angehörige oftmals schon wissen, dass sie scheitern werden.

So kann es vorkommen, dass die erkrankte Person unbedingt einen Brief an eine Verwandte schreiben will, obwohl sie schon seit einiger Zeit gar nicht mehr schreiben kann. Dennoch lässt sie nicht nach und versucht stundenlang verbissen, den Brief zu verfassen, bis sie schließlich völlig erschöpft und niedergeschlagen aufgibt. Im ihrem psychischen Erleben hinterlässt diese frustrierende Situation möglicherweise tiefe selbstwertkränkende Spuren!

Vielleicht besteht die erkrankte Person auch darauf, bestimmten Tätigkeiten wie bisher nachzugehen, obwohl sie dazu gar nicht mehr in der Lage ist, und bringt dadurch andere Menschen in Gefahr. Dies ist z. B. dann der Fall, wenn sie nach wie vor Auto fahren möchte, obwohl sie dies mit ihrer Demenz nicht mehr kann.

Appelle an ihre Einsicht helfen selten! Für Einsicht sind geistige Verarbeitungsschritte vonnöten, zu denen ein Mensch mit Demenz oft nicht mehr imstande ist. Wirksamer sind daher praktische Lösungen. Jennie Powell schlägt daher vor, pragmatisch zu handeln. Pragmatisch heißt, die erkrankte Person dazu zu bringen, zu tun, was sie tun soll, ohne sie verbal zu überzeugen oder sich auf argumentative Diskussionen einzulassen. Aber wie kann das gelingen?

Ablenken ist eine Möglichkeit

Eine pragmatische Lösung ist z. B. das Ablenken. In der oben geschilderten Situation, in der die erkrankte Person unbedingt einen Brief schreiben will, könnte ich sagen: »Ach, du kannst doch deinen Brief morgen schreiben! Jetzt würde ich viel lieber noch ein Stündchen mit dir spazieren gehen!« Die Situation, in der sie unbedingt mit dem Auto zum Einkaufen fahren möchte, könnte ich bewältigen, indem ich vorschlage: »Kannst du nicht später einkaufen? Ich wäre dir nämlich sehr dankbar, wenn du mir jetzt ein wenig beim Kochen helfen würdest!« Durch das Ablenken wird zwar das zugrundeliegende Bedürfnis der erkrankten Person nicht erfüllt und die problematische Situation somit erst einmal nur verschoben. Dennoch ist die Wahrscheinlichkeit sehr hoch, dass sie durch die Ablenkung vergisst, was sie eigentlich wollte.

Wichtig ist in diesen Beispielen, dass der Grund für den Verzicht auf die beabsichtigte Beschäftigung »extern« sein muss, also nichts mit der Demenz zu tun haben darf.

Andere Gründe finden

Eine weitere pragmatische Möglichkeit ist es, einen anderen Grund gegen die von der erkrankten Person geplante Tätigkeit zu finden. Gegen das beabsichtigte Briefschreiben könnte ich einwenden: »Ich glaube ja, Tante Irmi würde sich viel mehr über einen Anruf von dir freuen. Da hört sie endlich deine Stimme mal wieder.« Der geplanten Autofahrt könnte ich entgegenhalten: »Ich finde, wir sollten nicht mehr so viel Auto fahren! Bei den Umweltverschmutzungen könnten wir so unseren Beitrag zur Schonung der Umwelt leisten. Zum Einkaufen könnten wir ja z. B. zusammen mit dem Bus fahren!«

Gemeinsame Erledigungen

Bei manchen Tätigkeiten, die die erkrankte Person nicht mehr ausführen kann und dennoch immer wieder versucht, kann ich als Angehörige möglicherweise Hilfestellungen geben. Mit der Begründung, dass es gemeinsam doch viel schneller gehe und man so noch mehr Zeit für eine angenehme Unternehmung habe, kann ich ihr anbieten, ihr die Tätigkeit abzunehmen, wenn sie mir genau sage, wie sie es haben will.

Anfänglich haben Angehörige bei diesem pragmatischen Umgang oft ein ungutes Gefühl. Sie fühlen sich, als wären sie unehrlich bzw. als würden sie die erkrankte Person belügen und womöglich betrügen. In diesem Fall ist es jedoch wichtig, mir immer wieder vor Augen zu halten, dass meine Absicht, die ich mit diesen pragmatischen Lösungen verfolge, ja nicht etwa darin besteht, die erkrankte Person zu übervorteilen. Mein Ziel ist es doch vielmehr, einem Menschen Frustrationen und selbstwertkränkende Erlebnisse zu ersparen, die er nicht mehr verarbeiten könnte.

Sind Notlügen erlaubt?

Immer wieder berichten Angehörige, dass sie sich im Umgang mit der erkrankten Person manchmal einer Lüge bedienen, die sie dann als »kleine Notlüge« bezeichnen. Da erzählt ein Mann, dass sich seine erkrankte Frau abends immer dann ganz schnell wieder beruhige, wenn er sie anschwindele und ihr sage: »Deine Mutter hat gerade angerufen und gesagt, du brauchst heute Abend nicht mehr zu ihr zu kommen. Es geht ihr gut, sie geht schon schlafen und wünscht dir einen schönen Abend!« Trotz der Wirksamkeit solcher »Notlügen« fühlen sich Angehörige oft nicht ganz wohl dabei und fragen in Beratungsstunden, ob solch ein Verhalten noch richtig oder schon ethisch nicht vertretbar sei. Diese Frage haben sich auch Demenz-Experten gestellt und widersprüchliche Ansichten dazu vertreten. Dadurch kam der Autor Ian James auf die Idee, Menschen mit Demenz dazu zu befragen, die sich noch in einem frühen Stadium der Demenz befanden und Auskunft über ihren Standpunkt geben konnten.

Das Ergebnis dieser Studie zeigt, dass Menschen mit Demenz die Position vertreten, dass sie grundsätzlich lieber nicht belogen werden wollen, sondern sich einen ehrlichen, respektvollen Umgang wünschen. Sie wenden aber ein, dass es sicherlich sehr schwierige Situationen gebe, in denen die anderen Menschen – Angehörige oder Pflegekräfte – Lösungen finden müssten. Hätten sie schon alle anderen »ehrlichen« Lösungen probiert, aber ohne Erfolg, sei der Einsatz einer Notlüge gerechtfertigt, unter der Voraussetzung, dass sie wirklich nur zum Wohle der erkrankten Person eingesetzt werde. Außerdem dürfe die Lüge nicht dazu führen, dass die erkrankte Person weniger respektvoll behandelt werde. Und schließlich müsse sichergestellt sein, dass die erkrankte Person die Lüge nicht durchschaue und sich wirklich ernst genommen fühle. Einen unreflektierten, gedankenlosen Einsatz einer Lüge, um es sich selbst bequemer zu machen, lehnen sie aber ab.

Ethische Bedenken

Trotz pragmatischer Tricks stehen Angehörige also nicht selten vor der ethischen Frage, inwieweit sie das Recht hätten, in das Selbstbestimmungsrecht der erkrankten Person einzugreifen und hinter ihrem Rücken zu entscheiden, was gut und was nicht gut für sie ist. Während einige Situationen leichter zu entscheiden sind, lasten andere schwer auf den Angehörigen und lassen sie schwer an der Verantwortung tragen. So fällt es Angehörigen wahrscheinlich leichter, eine Tätigkeit der erkrankten Person zu verhindern, mit der sie auch andere Menschen gefährdete. Wie aber sollen sie sich entscheiden, wenn die erkrankte Person alleine das Haus verlassen möchte und die Möglichkeit besteht, dass sie ohne fremde Hilfe nicht mehr nach Hause findet? Zwar gibt es für solche Fälle einige technische Hilfsmittel, die Menschen mit Demenz mit sich tragen können, wie z. B. ein Mobiltelefon oder ein kleines Kärtchen, auf dem ihr Name und ihre Anschrift stehen. Doch auch diese Mittel können versagen.

Was für alle Problembereiche gilt, die im Zusammenhang mit Demenz entstehen, gilt auch für diese Situationen: Es gibt kein Patentrezept, und die Lösungen hängen immer sehr stark von der Persönlichkeit der erkrankten Person ab – und natürlich auch von der Persönlichkeit der Angehörigen. Was Angehörigen aber sicherlich hilft, ist das Wissen um den Willen und die Persönlichkeit der erkrankten Person: War sie ihr Leben lang sehr sicherheitsbedürftig und haben sie unbekannte Situationen schnell geängstigt, dann wird es wahrscheinlich in ihrem Sinne sein, in jedem Fall zu verhindern, dass sie sich verläuft. Denn es ist anzunehmen, dass das Gefühl, nicht zu wissen, wo sie ist und wie sie nach Hause finden kann, sie stark verängstigen und belasten würde. War sie immer eher mutig, kann man sie vielleicht gehen lassen.

Ist die erkrankte Person freiheitsliebend und risikofreudig gewesen und hat sie Abhängigkeit und das Gefühl, kontrolliert zu werden, immer schon gefürchtet, nehmen es Angehörige vielleicht eher in Kauf, dass sich die erkrankte Person verläuft – weil sie annehmen, dass es ihrem früheren, »mutmaßlichen« Willen entspräche, ihre Freiheit und Unabhängigkeit zu bewahren. Das Wissen um den früheren Willen der erkrankten Person kann Angehörigen die Entscheidung erleichtern. Dieses Thema soll daher später eigens behandelt werden.

Sorgen Sie gut für sich selbst!

Angehörige von Menschen mit Demenz müssen auch auf sich selbst achten, sonst geraten sie in einen Teufelskreis aus Überforderung und Frustration.

Sich alleingelassen fühlen

Viele Angehörige von Menschen mit Demenz fühlen sich zunehmend alleingelassen: einerseits durch die erkrankte Person und andererseits durch das soziale Umfeld.

Weil Angehörige den (Gesprächs-)Partner vermissen, den sie durch die Demenz schleichend verlieren, entsteht bei ihnen zunehmend das Gefühl, alleingelassen und isoliert zu sein. Doch auch viele Freunde und Bekannte ziehen sich zurück, weil sie mit der Situation nicht zurechtkommen: Dann haben Angehörige kaum noch jemanden, dem sie sich mitteilen können und der Verständnis für sie hat.

Alleingelassen von der Person mit Demenz

Wenn ein Familienangehöriger aufgrund seiner fortschreitenden Demenz zunehmend die Fähigkeiten verliert, seinen Gesprächspartner zu verstehen, ein Gespräch von sich aus zu beginnen, eigene Gedanken in Worte zu fassen und mitzuteilen, Bedeutungen von Äußerungen und Ereignissen zu begreifen, Probleme zu lösen, Routinehandlungen auszuführen und Entscheidungen zu fällen, steht er seinen Angehörigen immer weniger als verlässlicher und unterstützender Partner zur Verfügung.

Für mich als Angehörige führt dies zu Entfremdung und Einsamkeit: Wenn ich Sorgen habe und mich aussprechen möchte, finde ich in meinem Familienangehörigen mit Demenz keinen empathischen Zuhörer mehr. Wenn ich nicht weiter weiß, ist er mir kein hilfreicher Ratgeber. Wenn wir eine Verabredung treffen, kann ich mich nicht mehr auf ihn verlassen, weil er sich wenig später schon nicht mehr daran erinnert. Wenn organisatorische Aufgaben im Haushalt erledigt werden müssen, kann er mich bei der Planung nicht unterstützen.

All diese Erfahrungen führen dazu, dass ich zunehmend das Gefühl habe, im Stich gelassen worden zu sein und nun alles alleine machen zu müssen. Dies ist eine schmerzliche Erfahrung – die nicht selten Wut und Resignation mit sich bringt.

»Wir reden nicht mehr viel miteinander«

» *Dieses Alleingelassen-Werden kann bei Angehörigen die unterschiedlichsten Emotionen auslösen. Das zeigen die folgenden Beispiele:*

Im ersten Beispiel berichtet eine Tochter, die bei ihrer erkrankten Mutter eingezogen ist, um sie zu versorgen, wie sehr die eingeschränkte Kommunikation mit ihrer Mutter sie belastet:

»Und sie vergisst sofort, was gewesen ist. Gestern waren wir an einem Weiher spazieren, aus dem das Wasser abgelassen worden war. Als wir wieder zu Hause waren, wollte ich noch einmal mit ihr darüber sprechen, doch da hatte sie schon wieder vergessen, dass wir weg waren, und wusste auch nichts von dem abgelassenen Weiher. […] Es ist daher keine Unterhaltung möglich. […] Und das macht mich so fertig, dass ich keinen Ansprechpartner habe.«

Im zweiten Beispiel leidet eine Ehefrau sehr darunter, dass ihr Mann, der eine Demenz hat, nicht mehr in der Lage ist, sich an der Organisation des gemeinsamen Alltags zu beteiligen. Oft ist sie deshalb traurig, aber hin und wieder spürt sie starken Ärger in sich aufkommen:

»Manchmal kommt diese Wut. Es ist manchmal so ein Gefühl, wenn ich eine Situation gemeistert habe. Dann kriege ich oft hinterher so eine Wut, weil ich mir sage, warum muss ich immer für uns zwei denken! Dann komme ich wieder zu dem Gedanken, dass die Wut zwar berechtigt ist, aber er genauso wenig dafür kann wie ich. Er kann ja nichts dafür!«

Das dritte Beispiel verdeutlicht, wie sehr Persönlichkeitsveränderungen einer Person mit Demenz ein starkes Gefühl des Alleingelassen-Werdens bei Angehörigen verursachen können. Hier berichtet eine Tochter von ihrem Gefühl, ihre Mutter schleichend zu verlieren:

»Für mich ist das Schlimmste die komplette Veränderung ihrer Persönlichkeit. Ich verliere meine Mutter langsam. Sie ist nicht mehr der Mensch, der sie für mich war. Sie hat mich schon alleingelassen.« «

Alleingelassen von Freunden, Bekannten und Familie

Einerseits erleben Angehörige häufig, dass Freunde, Bekannte, Nachbarn oder andere Familienmitglieder sich viel seltener bei ihnen melden und zu Besuch kommen als früher. Fragt man nach den Ursachen für dieses scheinbar unsolidarische Verhalten, dann scheint weniger böse Absicht dahinterzustecken als vielmehr Unwissenheit über die Erkrankung und Unsicherheit im Umgang mit der erkrankten Person.

Denn wenn Außenstehende die Krankheitszeichen der Demenz erleben, z. B. das häufige Wiederholen derselben Frage, das Nichterkennen von Bekannten oder aufbrausendes oder distanzloses Verhalten, können sie diese Eindrücke meist nicht richtig einordnen oder wissen nicht, wie sie sich verhalten sollen. Da diese eigene Unsicherheit als unangenehm erlebt wird, ziehen sich viele von ihnen zurück.

Andererseits berichten viele Angehörige auch, dass die kurzen Besuche außenstehender Personen oft eine zusätzliche Belastung darstellten, da viele der Besucher ihnen anschließend die Rückmeldung gäben, die Demenz der erkrankten Person sei ja gar nicht so fortgeschritten und ihr Verhalten viel weniger auffallend, als die Angehörige es oft in Telefonaten oder Gesprächen darstellen.

Außenstehende nehmen das Ausmaß der Beeinträchtigungen der erkrankten Person meist nicht als so ausgeprägt wahr wie die Angehörigen. Da sie eben nur seltenen und kurzen Kontakt zu der erkrankten Person haben, erleben sie sie oft nur in besonderen Situationen, in denen es ihr meist noch möglich ist, all ihre verbliebenen geistigen Kräfte und Ressourcen kurzfristig zu mobilisieren und sich von ihrer besten Seite zu zeigen. In diesen Situationen präsentiert sie sich mit Tätigkeiten, die sie noch kann – vielleicht dem Erzählen von Geschichten aus ihrer Kindheit oder Jugend –, und überbrückt oder überspielt auf diese Weise ihre geistigen Defizite. Personen, die unerfahren im Umgang mit Menschen mit Demenz sind, lassen sich von diesem Schutzverhalten erkrankter Personen häufig blenden, ziehen aus dem Erleben ihrer verbliebenen Kompetenzen die Schlussfolgerungen, dass sie doch gar nicht so beeinträchtigt sein könne, wie die Angehörigen sie schildern, diese also sicherlich stark übertrieben.

Dasselbe Gefühl entsteht bei Angehörigen auch durch den Kontakt mit Ärzten, die die Symptome der erkrankten Person nicht als Krankheitszeichen erkennen und als »normale Alterserscheinungen« bezeichnen, die den Angehörigen die Untersuchungsergebnisse nicht mitteilen bzw. erklären oder die Sorgen der Angehörigen mit Sätzen wie: »So ist das eben im Alter!« und »Da kann man eben nichts machen!« abtun. Auch Krankenhauspersonal, das unsensibel oder gar aggressiv auf die Verhaltensauffälligkeiten von Patienten mit Demenz reagiert, sie für ihre Defizite und ihr Fehlverhalten verantwortlich macht oder die Angehörige wegen der mangelnden Kooperation der erkrankten Person zur Rede stellt, verstärken dieses Gefühl der Angehörigen, ganz allein mit der Bewältigung der Krankheitsfolgen zu sein.

»Meine Freunde scheinen mich vergessen zu haben.«

» *So berichtet in der Angehörigenschulung eine 70-jährige Frau, die seit zwei Jahren ihren an Demenz leidenden Ehemann versorgt und betreut, von ihren Erlebnissen: »Wenn du einen Mann mit Demenz zu Hause hast, bist du plötzlich ganz allein! Wir hatten früher so viele Freunde und Bekannte, aber jetzt scheinen sie mich vergessen zu haben.*

Plötzlich bist du allein!

Sie kommen eben mit meinem Mann nicht zurecht, und deshalb besuchen sie uns einfach nicht mehr! Ich glaube, einige von ihnen haben auch Angst, es könnte ihnen selbst auch einmal so gehen. Denn vor so einer Krankheit ist ja niemand gefeit! Meine Schwägerin ruft manchmal an, fragt kurz, wie es meinem Mann geht, aber dann ist das Telefonat auch schon wieder beendet.

Auch der Hausarzt hört nicht zu!

Wenn ich zu unserem Hausarzt gehe und von den Symptomen meines Mannes berichten will, sagt er: »Na, wir sind doch alle mal ein bisschen vergesslich!« Erst als ich in die Angehörigengruppe kam, war das für mich wie eine Erlösung! Denn hier habe ich Menschen kennengelernt, die mich verstehen, weil es ihnen ganz ähnlich geht!« «

Sich belastet fühlen

Das Zusammenleben mit einem Menschen mit Demenz bringt zweifellos belastende Momente mit sich – dennoch gehen viele Angehörige gestärkt aus dieser Lebensaufgabe hervor!

In der modernen Angehörigenforschung geht man mittlerweile davon aus, dass Menschen, die einen Angehörigen versorgen oder pflegen, nicht nur negative Empfindungen mit ihrer Situation verbinden, sondern teilweise auch positive Erfahrungen machen. So zeigen Untersuchungen, dass Menschen davon berichten, durch die Versorgung eines Familienmitglieds eine Verbesserung des eigenen Selbstwertgefühls und ein Persönlichkeitswachstum zu erleben. Auch das Gefühl, gebraucht zu werden, hinterlässt bei vielen pflegenden Angehörigen eine positive Empfindung. Andere berichten, dass es sie stolz und zufrieden mache, zum Wohlbefinden eines nahestehenden Menschen beitragen zu können, dass diese Zeit eine ihrer intensivsten Lebensphasen darstelle. Trotz solch möglicher positiver Aspekte berichten pflegende Angehörige von Menschen mit Demenz, dass das Gefühl psychischer und physischer Belastung dennoch oft zentral in ihrem Erleben sei. Denn die Aufgaben, die ein solches Leben mit sich bringt, sind auf keinen Fall zu unterschätzen. Fehlende Freiräume und ständiges Eingebundensein sind zwei Beispiele dafür.

Belastet durch neue Aufgaben

Da Menschen mit Demenz aufgrund ihrer Beeinträchtigungen immer weniger Aktivitäten des täglichen Lebens ausüben können, fallen Angehörigen zunehmend mehr Aufgaben zu. Handelt es sich hierbei um Aufgaben, mit denen sie sich zeitlebens noch nicht beschäftigt habe, kann dies durchaus eine Belastung oder gar Überforderung darstellen. Dies kann der Fall sein, wenn pflegende Männer lernen müssen, zu kochen, Wäsche zu waschen oder die Wohnung sauber zu halten, oder Frauen sich erstmals mit Reparaturen im Haus und finanziellen Angelegenheiten beschäftigen müssen. Dies gilt umso mehr, wenn Angehörige selbst schon älter sind, sich nicht mehr so leicht in neue Aufgabengebiete einarbeiten können oder selbst durch körperliche Probleme in ihrem Handlungsspektrum eingeschränkt sind.

Belastet durch fehlende Freiräume

Als sehr belastend erleben Angehörige den Verlust der eigenen Freiräume, der im Rahmen der Versorgung und Betreuung eines Menschen mit Demenz unweigerlich eintritt, wenn die Angehörigen als sogenannte »Hauptpflegepersonen« nicht durch andere Personen entlastet werden. Aufgrund der zunehmenden Unselbstständigkeit, Abhängigkeit und Ängstlichkeit können die erkrankten Personen ab einem bestimmten Krankheitsstadium nicht mehr allein sein und brauchen fast rund um die Uhr Betreuung, Aufsicht und Versorgung. »Der 36-Stunden-Tag« heißt ein Buch der amerikanischen Autorin Nancy L. Mace, die hierin die große Beanspruchung beschreibt, die die Pflege eines Menschen mit Demenz für die Angehörigen darstellt.

»Ich muss jetzt alles machen.«

» *Eine mit 80 Jahren selbst schon ältere Dame, die ihren erkrankten Mann zu Hause versorgt, berichtet, dass es ihr sehr schwerfällt, die vielen neuen Aufgaben, die sie jetzt übernehmen muss, zu erledigen: »Ich plane alles allein. Da beteiligt er sich überhaupt nicht mehr. Diesbezüglich ist er wie ein großes Kind. […] Ich muss jetzt auch alles Schriftliche erledigen. […] Wenn wir etwas planen, geht das von mir aus, im Gegensatz zu früher, als es von ihm ausging. Ich muss die Sache dann auch in die Hand nehmen. Mir fallen immer mehr Aufgaben zu! Ich muss alles im Kopf haben und kann mich nicht mehr auf ihn verlassen!«* «

»Ich habe kein Privatleben mehr.«

» *Eine 60-jährige Frau, die mit ihrem Mann zusammenlebt und selbst schon im Ruhestand ist, berichtet, dass sie ihre Mutter, die eine Demenz hat, zu sich geholt habe, als sie gemerkt habe, dass diese zu Hause nicht mehr alleine zurechtgekommen sei. Jetzt belaste sie das Fehlen freier Zeit für sich selbst:*

»Die meisten Probleme habe ich damit, dass sie immer da ist. Sie ist ständig da. Seit mein Mann im Vorruhestand ist, könnten wir morgens aufstehen, wann wir wollen. Aber meine Mutter ist schon sehr früh auf. Und dann läuft sie herum und sucht mich. Dann läuft sie die Treppe rauf, die Treppe runter, die Treppe rauf, die Treppe runter, und dann stehe ich natürlich auf! Sie ist eben ständig da – ich habe im Prinzip kein Privatleben mehr. Ich kann nicht ins Bad oder in die Toilette gehen, ohne dass sie hereinkommt. Auch wenn ich ihr sage, dass ich jetzt ins Bad gehe, mich wasche und anziehe, dauert es keine Minute und schon ruft sie und kommt ins Bad. Ich bin keine Minute mehr allein.«

Eine andere 60-jährige Frau, deren Ehemann nach einer Herzoperation vor drei Jahren die ersten Zeichen einer Demenz zeigte, hat nach einer aktuellen Untersuchung jetzt die Gewissheit, dass es sich um eine Alzheimer-Demenz in noch leichtem Stadium handelt. Sie erzählt, dass das Zusammenleben mit ihm im Großen und Ganzen noch gut gelinge, doch bemerke sie schon jetzt schmerzlich, dass sie sich durch seine Krankheit angebunden fühle:

»Es ist nur so, dass ich mich nicht mehr frei fühle. Ich treffe mich zum Beispiel zweimal in der Woche mit früheren Geschäftskolleginnen oder Freundinnen. Wenn ich ihm das nicht auf einen Zettel schreibe, dass ich da und da bin, dann ruft er meinen Sohn in der Firma an und fragt ihn, ob er weiß, wo ich bin. Dann weiß er nicht mehr, wo ich bin und dann wird er panisch. Dann hat er irgendwie Angst, dass ich nicht mehr komme.«

Verstärkt wird die Belastung, die aufgrund fehlender Freiräume entsteht, wenn die erkrankte Person unter einer Störung des Tag-Nacht-Rhythmus leidet und nachts – teilweise mehrfach – aufsteht, weil sie meint, es sei schon Morgen. Dadurch erstreckt sich die Betreuung von Menschen mit Demenz auch auf die Nachtzeit, Angehörige kommen nicht zu ausreichend Schlaf, was häufig zur Entwicklung einer psychischen Überforderung beiträgt. Denn dann stehen sie 24 Stunden unter Stress.

Belastet durch herausforderndes Verhalten

Manche Menschen mit Demenz zeigen im Verlauf ihrer Erkrankung Verhaltensweisen, die in der jeweiligen Situation unangemessen und unpassend sind und für das Umfeld eine echte Herausforderung darstellen. Der Begriff »herausforderndes Verhalten« wurde erst 2005 von Demenz-Expertinnen und -Experten in die Fachdiskussion eingeführt und stellt die deutsche Übersetzung des englischen Fachausdrucks »challenging behavior« dar. Leider wird der Begriff oft falsch verstanden, wenn »Herausforderung« mit »Provokation« verwechselt wird. Als »herausforderndes Verhalten« sollen aber nicht provozierende Verhaltensweisen bezeichnet werden, sondern Verhaltensweisen eines erkrankten Menschen, die für ihn selbst oder für die anderen Menschen im Umfeld problematisch sind, weil sie ihn und/ oder die anderen gefährden oder überfordern. Die Herausforderung für Angehörige oder Pflegekräfte besteht nun darin, dass die Bewältigung dieser problematischen Situationen eine schwierige Anforderung darstellt, die Einfühlung, soziale Kompetenz und Geschick im Umgang mit Menschen mit Demenz erfordert.

Zwar kommen Angehörige mit zunehmender Erfahrung immer besser mit solch schwierigen Situationen zurecht, doch fühlen sie sich durch das Verhalten der erkrankten Person dennoch immer wieder belastet – insbesondere dann, wenn sie sich dadurch hilflos, beschämt oder gar bedroht fühlen. Denn so, wie sie den vertrauten Menschen nun sehen, kennen sie ihn nicht!

»Dann fühle ich mich völlig hilflos.«

» *Von der häuslichen Pflegesituation berichtet eine Frau, die ihre unter Demenz leidende Mutter einige Jahre zu Hause betreut und versorgt hat. Auf die Frage, was für sie – rückblickend – besonders belastend gewesen sei, beschreibt sie ihre eigene Hilflosigkeit angesichts der Verhaltensveränderungen ihrer Mutter, die für sie, die Tochter, eine große Herausforderung waren:*

»Ab irgendwann war sie immer voller Unruhe: immer dieses ziellose Herumlaufen, immer dieses Aufkratzen. Sie hat sich im Gesicht aufgekratzt, sie hat sich die Arme aufgekratzt und war immer unruhig. Und ich fühlte mich völlig hilflos!«

Eine andere Frau thematisiert auch ihre eigenen Gefühlsreaktionen auf die herausfordernden Verhaltensweisen ihrer Mutter, die Demenz hat. In ihrem Erleben aber steht ein ausgeprägtes Schamgefühl im Zentrum, das sie angesichts des Verhaltens ihrer Mutter oft empfindet. So berichtet sie z. B., dass ihre Mutter, die früher eine auf gutes Benehmen und vornehme Zurückhaltung bedachte Frau war, sich jetzt häufig distanzlos zeige, indem sie fremden Menschen höchst private oder gar intime Dinge erzähle. Bei Familienfeiern sei ihre ganze Sorge darauf gerichtet, genug Kuchen zugeteilt zu bekommen. Zunehmend verdächtige und beschuldige sie andere Menschen, z. B. etwas zu stehlen oder ihr Böses zu wollen.

Als große Herausforderung an ihre eigene Geduld und ihre Fähigkeit zu beruhigen und zu deeskalieren erlebt eine Frau die Verhaltensänderung ihres erkrankten Ehemannes, durch die sie sich manchmal sogar bedroht fühlt:

»Dann wird er aggressiv und beleidigend. Plötzlich greift er mich an, was früher nicht der Fall war. Früher haben wir uns gut verstanden und immer alles miteinander besprochen. Jetzt sagt er, ich rede zu viel. Einmal hat er mich richtig beleidigt und sogar bedroht. Er hat mir vorgehalten, ich sei doch ein Niemand und ein Habenichts, und gesagt, ich solle einfach abhauen – er bräuchte mich jedenfalls nicht!« «

»Sie hat mich nicht mehr erkannt.«

» *Die größte Herausforderung sei es für sie gewesen, als die an Demenz leidende Mutter jeden Nachmittag eine illusionäre Verkennung entwickelte. So berichtet es die 62-jährige Tochter, die mit ihr zusammenlebt:*

»Und dann hat sie mich nicht mehr erkannt. Das war dann ganz schwierig. Sie glaubte dann, wir beide wären zwei Alleinreisende. Ab nachmittags war ich, die Tochter, für sie immer weg. Am Nachmittag hat sie mich nicht mehr erkannt. Dann wollte sie heim. Ich habe immer versucht, sie abzulenken. Habe ihr erzählt, dass sie mein Besuch sei. Dann haben wir Tee getrunken. Sie wurde unruhig und sagte, ihr Vater würde mit ihr schimpfen, wenn sie nicht heimkomme, bevor es dunkel wird. Ich habe ihr versichert, dass sie keinen Ärger bekommen würde. Ich habe mir immer was einfallen lassen, damit sie sitzen geblieben und wenigstens nicht zur Tür raus ist. Ich konnte ja die Tür nicht absperren, denn das hätte sie wahnsinnig gemacht, wenn sie eingesperrt gewesen wäre. Manchmal dachte sie auch, sie sei im Krankenhaus, und ich bin die Schwester, die für sie zuständig ist. Dann wollte sie wenigstens nicht weggehen.« «

Trauern

Trauer wird oft mit dem Thema »Tod« verbunden. Aber bei Demenz beginnt die Trauer der Angehörigen schon, wenn die erkrankte Person Fähigkeiten und Eigenschaften verliert.

Unter Trauer versteht man die psychischen Reaktionen auf einen empfundenen Verlust, die sich nicht nur auf traurige Gefühle erstrecken, sondern oft auch auf eine Vielzahl von körperlichen Beschwerden und andere Störungen.

Angehörige von Menschen mit Demenz verlieren noch zu Lebzeiten der erkrankten Person einen vertrauten Menschen - und das meist schleichend und Schritt für Schritt. So müssen sie im Verlauf der Demenz viele Verluste miterleben und viele Abschiede mittragen und selbst bewältigen: Sie erleben mit, wie die erkrankte Person zunehmend ihre Fähigkeiten und Eigenschaften verliert. Sie müssen Abschied nehmen von ihrem früheren gemeinsamen Leben, wie es vor der Erkrankung war, von gemeinsamen Zukunftsplänen, von lieb gewonnenen Beschäftigungen und Charaktereigenschaften, von Normalität und Unbeschwertheit – letztendlich von einem nahestehenden Menschen. Es liegt somit auf der Hand, dass Angehörige von Menschen mit Demenz Trauernde sind.

Tatsächlich zeigen viele von ihnen typische Trauerreaktionen, wie sie in der Trauerforschung beschrieben werden: von gefühlsmäßigen Reaktionen wie Traurigkeit, Einsamkeit, Wut und Angst über körperliche Symptome wie Magenbeschwerden, Schmerzen, Appetitlosigkeit, Schlafstörungen, Muskelschwäche, Kurzatmigkeit bis hin zu Symptomen auf geistiger Ebene wie Konzentrationsstörungen, Vergesslichkeit und Wortfindungsproblemen.

Und dennoch zeigen die Erfahrung aus der Angehörigenarbeit, dass sich die meisten Angehörigen ihrer Trauer gar nicht bewusst sind, d. h., sie bringen ihre Symptome nicht in Verbindung mit den vielen Verlusten und kleinen Abschieden, die sie tagtäglich erleben. In diesem Fall spricht man in der Psychologie auch von »verdeckter Trauer«.

Die Trauer, die Angehörige durchleben, ist zudem erschwert, weil Demenz meist zu einem lang andauernden, schleichenden und partiellen Verlust führt: Während ein Todesfall unwiederbringlich und endgültig den Verlust eines geliebten Menschen bedeutet, kann eine Demenz ein langwieriger Prozess sein, in dessen Verlauf Angehörige die erkrankte Person ganz allmählich verlieren. Von diesem »früheren«, gesunden Menschen müssen sich Angehörige langsam, Schritt für Schritt, immer ein bisschen mehr verabschieden. In der Fachliteratur wird dieses Erleben daher auch als »Abschied auf Raten« bezeichnet. Die amerikanische Autorin Pauline Boss hat für diesen Trauerprozess den Ausdruck »Goodbye without leaving« (»Abschied ohne Weggehen«) gefunden.

»Sie sitzt neben mir und trotzdem vermisse ich sie.«

» *Die Abschiede, die Angehörige von Menschen mit Demenz bewältigen müssen, sind unterschiedlich. Wie sehr, zeigen die folgenden beiden Beispiele:*

Geborgenheit fehlt.

Im ersten Fall berichtet eine Tochter, die noch als Erwachsene sehr viel psychischen Rückhalt und Unterstützung von ihrer Mutter bekam, wie sehr sie die Sicherheit und Geborgenheit gebende Mutter vermisst, die ihre Mutter jetzt nicht mehr ist, seit ihre Demenz in einem fortgeschrittenen Stadium ist:

»Die Krankheit hat meine Mutter sehr verändert. Vor drei Wochen ist meine Großmutter gestorben – sie war gleich tot. Aber meine Mutter verliere ich langsam. Sie ist schon gar nicht mehr die, die sie einmal war. Wie sie jetzt dasitzt, so still, so hilfsbedürftig. Manchmal sitze ich neben ihr und spüre eine starke Sehnsucht nach meiner Mutter – sie ist da und nicht da – sie sitzt neben mir und trotzdem vermisse ich sie!«

Angst ist da.

Im zweiten Fall leidet eine Frau auch unter einem Verlust: Ihr Mann war früher ein positiv eingestellter, aktiver Mensch, und das Paar hatte noch viele Pläne für ihre gemeinsame Zeit im Ruhestand. Doch durch seine frühe Demenz hat er sich sehr verändert: Er kann viele praktische Dinge nicht mehr, ist ängstlich geworden, möchte nur noch zu Hause bleiben und zieht sich immer mehr von den Menschen zurück. Jetzt, da auch sie in Rente gegangen ist, muss sie sich von ihren Zukunftsplänen verabschieden:

»Ich war fast 40 Jahre lang berufstätig und habe mich so auf die freie gemeinsame Zeit mit meinem Mann gefreut. Und jetzt bin ich in Rente gegangen, und habe einen Mann daheim, mit dem ich nichts mehr unternehmen kann. Ich brauche wohl noch lange Zeit, bis ich mich damit abgefunden habe!« «

Bei einem solchen Abschied auf Raten kann es zu sehr widersprüchlichen Empfindungen bei den Angehörigen kommen. Wenn eine Demenz den Betroffenen so in seiner Persönlichkeit und seinem Wesen verändert, dass er nicht mehr viel gemeinsam hat mit dem Menschen, der er früher einmal war, er aber physisch ja noch da ist, noch der »Alte« ist, kommt es zu diesem paradoxen und widersprüchlichen Erleben, das für viele Angehörige zum Alltag gehört. Solch widersprüchliche Erlebnisse sind Grenzsituationen, die äußerst schwer zu begreifen sind und nicht selten Schuldgefühle hervorrufen! Angehörige wünschen sich den »früheren« Menschen zurück, hätten lieber den »früheren« Menschen bei sich als den »jetzigen«, wünschen sich vielleicht sogar manchmal den Tod des »jetzigen«, damit sie endlich vollständig um ihn trauern können. Und gleichzeitig haben sie oft das Gefühl, dass ihr Wunsch einem Verrat an ihm gleichkommt, was dann massive Schuldgefühle bei ihnen auslöst.

Schuld empfinden

Viele Angehörige empfinden Schuld angesichts der Situation, in der sie leben: Eigentlich würden sie gerne etwas ändern – aber sie können es nicht.

Angehörige haben oft ein schlechtes Gewissen und empfinden Schuldgefühle, weil sie der erkrankten Person gerne ihre hundertprozentige Aufmerksamkeit schenken würden, das aber nicht können.

Angehörige empfinden oft wiederkehrend Schuldgefühle gegenüber dem erkrankten Menschen und fragen sich dann gleichzeitig, wodurch dieses Schulderleben eigentlich verursacht wird: Immerhin geben sie sich doch Mühe, unterstützen ihn und helfen ihm nach Möglichkeit! Und trotzdem empfinden sie Schuld – warum nur? Um diese Empfindungen zu verstehen ist es sehr hilfreich, eine Unterscheidung aus der Psychoanalyse zu kennen: So unterscheidet z. B. der Autor Mathias Hirsch zwischen einer sog. »realen« Schuld, die ein Mensch empfindet, der sich ein wirkliches Vergehen oder ein sträfliches Unterlassen zuschulden kommen lassen hat, und einem sogenannten »irrationalen« Schuldgefühl, das typischerweise erlebt wird, obwohl man sich selbst gar keines Fehlverhaltens bewusst ist.

Schuldgefühl aufgrund von Hilflosigkeit und Ohnmacht

Für Angehörige ist ein irrationales Schuldgefühl oft sehr quälend, eben, weil sie sich dieses Empfinden selbst nicht erklären können. Diese Form des Schulderlebens hat meist tiefere psychische Ursachen: Es entwickelt sich oft als Folgeerscheinung, wenn Menschen sich ohnmächtig, hilflos und überfordert fühlen. Und genau dies trifft ja auf viele Angehörige von Menschen mit Demenz zu: Sie müssen mit ansehen, wie ein nahestehender Mensch sich aufgrund einer lebensbegrenzenden Krankheit immer mehr verändert, Fähigkeiten verliert, abhängig, hilfs- und pflegebedürftig wird, und obwohl sie selbst sich oft sehr engagieren und bemühen, können sie diese Entwicklung weder umkehren noch aufhalten. Sie empfinden Misserfolg, Ohnmacht und Hilflosigkeit. Obwohl sie selbst diese Situation nicht verschuldet haben und auch nicht ändern können, empfinden sie ein Schuldgefühl.

»Ich kann ihr nicht helfen.«

» *Sehr belastend sei für ihn, so offenbart sich ein Mann, der seine an Demenz leidende Mutter zu Hause versorgt, dass er ihr nicht helfen könne:*

»Für mich ist das größte Problem, dass ich mich so machtlos fühle. Ich kann ihr nicht wirklich helfen. Sie steht oft nur da, sieht sich hilfesuchend um, aber ich weiß nicht, wie ich ihr helfen kann. Dieses Schuldbewusstsein, dass ich ihr nicht helfen kann, ist wirklich schlimm für mich!« «

Unerreichbare Idealvorstellungen

Eine andere Form von Schuldgefühl entsteht, wenn Angehörige etwas tun, was nicht ihren eigenen Idealvorstellungen von sich selbst entspricht. So möchten viele immer für die erkrankte Person da sein, sie in alle Entscheidungen, die sie und ihr Leben betreffen, miteinbeziehen, geduldig und einfühlsam mit ihr umgehen und selbst widerstandsfähig genug sein, die Auswirkungen ihrer Demenz zu akzeptieren und auszuhalten. Doch in der täglichen Versorgung und Betreuung müssen sie immer wieder feststellen, dass sie ihren eigenen Idealen nicht gerecht werden können:

Oft können sie nicht in dem Ausmaß für die erkrankte Person sorgen, wie sie es sich wünschten, weil sie noch andere Verpflichtungen haben, die Zeit erfordern, und weil sie auch ihr eigenes Leben leben wollen. Außerdem kommt es manchmal zu Situationen, in denen sie Entscheidungen treffen müssen, die den Wünschen der erkrankten Person nicht entsprechen, wenn sie z. B. dafür sorgen müssen, dass ein ambulanter Pflegedienst die Körperpflege übernimmt, obwohl die erkrankte Person das nicht möchte.

Angehörige erleben auch immer und immer wieder, dass ihnen – trotz ihres Wissens um die krankheitsbedingten Beeinträchtigungen der erkrankten Person – der Geduldsfaden reißt und sie aus der Haut fahren, wenn sie beispielsweise zehnmal hintereinander dieselbe Frage beantworten müssen. Dann entsteht schnell das Gefühl, dass sie mit den demenziellen Veränderungen doch nicht so gut zurechtkommen, wie sie es von sich selbst erwarten. Außerdem ist das sog. »reale Ich« eines Menschen in vielen Situationen durch Sachzwänge und andere Gründe in seinem Handlungsspektrum eingeschränkt, in denen er gar nicht tun kann, was er vielleicht gerne täte! Es entsteht eine Diskrepanz zwischen »realem Ich« und »idealem Ich«, welche ebenfalls Nährboden für zermürbende Schuldgefühle sein kann.

Besonders ausgeprägt ist das Schulderleben immer dann, wenn Angehörige sich eingestehen müssen, dass sie die erkrankte Person sehr oft als Belastung empfinden und daneben nur noch selten zu anderen, positiven Gefühlen für sie fähig sind.

»Obwohl ich doch weiß, dass sie krank ist ...«

» *Ein 75-jähriger Mann spricht über seine Schuldgefühle, die er empfindet, wenn er aufbrausend auf seine Frau reagiert hat, die an Demenz leidet. Obwohl er weiß, dass sie nichts für ihre Beeinträchtigungen kann, und er sich vorgenommen hat, ruhig zu bleiben, gelingt ihm das nicht immer:*

Sie versteht einfach nicht.

»Sie versteht oft die einfachsten und lapidarsten Dinge nicht. Und wenn ich es ihr schon mehrere Male erklärt habe, und sie versteht es immer noch nicht, dann bringt mich das manchmal in Harnisch! Weil es doch Trivialitäten sind! Dann platzt mir der Kragen – und gleich darauf habe ich Schuldgefühle und ein schlechtes Gewissen! Sie hat ihr Leben lang so viel für mich getan, und ich meckere an ihr herum, obwohl sie doch krank ist!«

Ähnlich geht es einer Tochter, deren Mutter sich aufgrund ihrer Demenz ständig wiederholt:

»Ich habe Schuldgefühle gegenüber meiner Mutter, weil sie mir bisweilen auf die Nerven geht. Immer dieses Wiederholen derselben Geschichten! Auf der anderen Seite weiß ich seit einem Jahr, dass es nichts Willentliches ist – sie ist ja krank! Und trotzdem schaffe ich es nicht immer, mich unter Kontrolle zu halten. Trotzdem explodiere ich und schimpfe sie. Und sofort denke ich: Das war nicht gut! Ich frage mich dann, wie ich überhaupt in der Lage sein kann, jemanden, der nicht mehr fähig ist, etwas richtig zuzuordnen, dafür zu schimpfen!«

Ich hätte ihr gegenüber lieber wieder schöne Gefühle.

Weil sie kaum mehr freie Zeit für sich hat, empfindet eine 50-jährige Frau ihre erkrankte Mutter nur noch als Belastung – weshalb sie von starken Schuldgefühlen geplagt wird:

»Ich kämpfe ständig mit mir selber und fühle mich schlecht. Meine Mutter ist immer in meiner Nähe, und ich empfinde sie nur noch als Belastung – obwohl ich das gar nicht will. Sie ist doch noch immer meine Mutter! Ich hätte so gerne wieder einmal positive und liebevolle Gefühle ihr gegenüber – aber die kommen nicht mehr! Das Einzige, was ich empfinde, ist Belastung! Von der Vernunft her weiß ich ja, dass sie nichts dafür kann, aber es ist einfach da!« «

Sich hin und her gerissen fühlen

Einfühlsam mit der erkrankten Person umgehen, aber auch die eigenen Bedürfnisse nicht vernachlässigen – das ist ein Spagat, aber keine unlösbare Aufgabe.

Zentral im Erleben vieler Angehöriger ist das gleichzeitige Auftreten von Empfindungen, die sich zu widersprechen scheinen, was sie als belastendes »Sich-hin-und-her-gerissen-Fühlen« bezeichnen. Weil sie sich als empathische Kommunikationspartnerinnen und -partner in die Lage der erkrankten Person hineinversetzen, die Welt mit ihren Augen sehen und ihre Perspektive übernehmen können, aber andererseits auch immer ihre eigene Weltsicht, eigene Bedürfnisse und eine eigene Wahrheit haben, erleben sie ein und dieselbe Situation – oft parallel – aus zwei verschiedenen Blickwinkeln. Das ist für die Angehörigen ein täglicher Spagat.

So berichten Angehörige in Beratungsgesprächen, dass sie im Beisammensein mit der erkrankten Person oftmals gleichzeitig Mitgefühl und Ärger empfinden: Auf der einen Seite spüren sie ihre Verletzlichkeit und fühlen mit ihr, auf der anderen Seite lösen ihre Verhaltensweisen dennoch ablehnende Gefühlsreaktionen bei ihnen aus.

»Ich werde mit diesem emotionalen Chaos nicht fertig.«

» *Als kaum auszuhalten bezeichnet eine Frau ihre emotionale Zerrissenheit, die sie im Umgang mit ihrer an Demenz leidenden Schwiegermutter empfindet:*

»Es ist so ein gefühlsmäßiges Hin und Her! Auf der einen Seite tut sie mir wirklich leid: Sie ist krank und wird immer hilfloser. Aber wenn ich dann mit ihr zusammen bin, spüre ich ganz schnell Ärger aufkommen. Und das kann ich einfach nicht abstellen. Obwohl ich die besten Vorsätze habe und berücksichtige, dass sie alt und krank ist und nicht anders kann. Aber wenn sie dann wieder so einen Unsinn erzählt, explodiere ich doch wieder – nervlich macht mich das völlig fertig!« «

Viele Angehörige erleben auch andere Aspekte von Zerrissenheit: Oft wissen sie nicht, ob sie die Beeinträchtigungen der erkrankten Person wirklich vollständig akzeptieren können - oder nicht doch dagegen ankämpfen wollen und die Person zu bestimmten Aktivitäten drängen sollten.

Häufig kommt es auch zu folgendem emotionalen Zwiegespaltensein: Die erkrankte Person hat das Bedürfnis, nur durch den Angehörigen versorgt zu werden. Der Angehörige kann das einerseits verstehen und würde diesem Bedürfnis auch gerne nachkommen, aber andererseits hat er selbst das dringende Bedürfnis nach mehr Ruhe und mehr Zeit für eigene Beschäftigungen und Aufgaben, also nach mehr Zeit, die er ohne die erkrankte Person verbringen will.

Und schließlich erleben Angehörige Ambivalenz auch in solchen Situationen, in denen sie eine bestimmte Entscheidung der erkrankten Person für nicht gut erachten. Dann müssen sie selbst entscheiden, ob sie der erkrankten Person nach wie vor das Recht auf Selbstbestimmung zugestehen oder ob sie sich durchsetzen und versuchen ihre eigenen Vorstellungen – notfalls auch über den Kopf der erkrankten Person hinweg – zu verwirklichen.

Die große Herausforderung, die diese Situationen für Angehörige darstellt, hat der Ehemann einer Frau mit Demenz sehr treffend auf den Punkt gebracht, als er sagte: »Man muss die richtige Ausbalancierung finden – sonst funktioniert es nicht!«

»Sie ist doch immer noch meine Mutter!«

» **Der Person mit Demenz ihren Willen lassen oder sich durchsetzen?**
Ein Sohn berichtet in der Beratung, dass es im Zusammenleben mit seiner Mutter, die an Demenz leidet, immer wieder Situationen gebe, in denen er einfach nicht wisse, wie er sich entscheiden solle: der Mutter ihren Willen lassen – immerhin sei sie doch noch immer seine Mutter und habe ein Recht auf Selbstbestimmung – oder durchsetzen, was er für richtig halte, auch wenn seine Mutter dies nicht gerne habe. Er fühle sich in solchen Momenten richtig zerrissen! So wolle die Mutter seit dem vergangenen Jahr plötzlich nicht mehr ihre Gehhilfe benutzen, stattdessen nehme sie nun immer einen alten Rollkoffer, den sie hinter sich herziehe und auf den sie sich stütze, wenn sie unsicher werde. Er fühle sich mit dieser Lösung nicht behaglich, doch nach langem Überlegen ließ er ihr den Willen – nicht ohne immer wieder an seiner Entscheidung zu zweifeln! «

Selbstklärung – ein Schritt aus der Krise

Es ist wichtig, die eigenen Bedürfnisse stets im Blick zu haben und für sich selbst ausreichend freie Zeit zu planen – um der eigenen Gesundheit willen.

Wahrscheinlich haben einige Angehörige sich beim Lesen der letzten Kapitel an einigen Stellen wiedererkannt. Dieses Wiedererkennen ist meist eine zweischneidige Erfahrung: Einerseits ist es schmerzlich, wenn so deutlich angesprochen wird, was man sich selbst nicht gerne so klar vor Augen hält. Andererseits hat es auch eine entlastende Funktion, wenn man erfährt, dass die eigenen Erfahrungen offenbar kein Einzelschicksal darstellen, sondern von anderen Angehörigen von Menschen mit Demenz auch so erlebt werden.

Zudem ist diese Bewusstmachung, die Psychologen Selbstklärung nennen, ein heilsamer Schritt auf dem Weg der Krisenbewältigung. Für Angehörige ist es wichtig, sich über die eigene Lebenssituation klar zu werden: Was verändert die Demenz für sie selbst?

Diese Form der Selbsterkenntnis ist zudem die Voraussetzung dafür, dass Angehörige sich selbst verstehen und begreifen, was mit ihnen los ist. Nur so können sie anderen Menschen ihre Situation erklären, gezielt für sich sorgen und sich Hilfe holen. Davon handeln die beiden letzten Kapitel dieses Buches.

Die eigenen Bedürfnisse erkennen

Im einfühlsamen Miteinander mit einem Menschen mit Demenz ist es immer wichtig, hinter seinen Äußerungen die versteckten Bedürfnisse und Gefühle wahrzunehmen, sie zu akzeptieren und auf sie zu reagieren. Dieses bedingungslose Annehmen des Kranken und seiner Erlebenswelt, die sich der Welt der Angehörigen immer stärker entfremdet, ist eine große Leistung, die Angehörigen viel abverlangt.

Aber nicht nur die dauernde Anforderung, sich empathisch auf die Realität der anderen Person und ihre häufig schwer nachvollziehbare Gefühlswelt einzulassen, zehrt an den Kräften der Angehörigen. Auch seelische Anspannung, körperliche Überlastung, Schlafstörungen, Mangel an Sozialkontakten oder Schuldgefühle können ihre Situation erschweren und sie zunehmend belasten. Bei all diesen Belastungen geraten ihre eigenen Bedürfnisse und Wünsche häufig immer stärker in den Hintergrund. Vor lauter Sorge um die andere Person kommt die Sorge um sie selbst oft zu kurz.

Es lässt sich von einer Vielzahl von Beispielen aus der Praxis berichten: Da erzählt eine Frau, sie müsste nach ihrer eigenen Krebsoperation eigentlich eine Rehabilitationsmaßnahme besuchen, doch tue sie es nicht, weil ihr Ehemann, der an Demenz leide, sonst in eine Kurzzeitpflegeeinrichtung müsse. Ein älterer Mann schildert, dass er alle seine Interessen aufgegeben habe, um nur noch für seine erkrankte Frau da zu sein.

Ständige Überforderung macht krank

Mögliche Folgen sind Muskelverspannungen, Kreislaufregulationsstörungen, Migräne, Rückenschmerzen, Magen- und Darmprobleme oder Schlafstörungen. Häufig stellen sich auch psychisch-emotionale Beeinträchtigungen ein wie anhaltender Ärger oder Unzufriedenheit, Antriebslosigkeit, depressive Verstimmungen, Angst oder gar Panik, Erschöpfungsgefühle, Nervosität, Konzentrationsschwäche und quälender Selbstzweifel.

Manche Angehörige werden ungeduldiger, aufbrausender, aggressiver oder ziehen sich selbst immer mehr zurück, bis sie schließlich Beziehungen oder Freundschaften aufgeben und sich isolieren.

Alkohol und Tabletten sind keine Lösung

Ein vermeintliches Abschalten von der ständigen Anspannung und Belastung versprechen Alkohol und Medikamente. Manche Angehörige greifen dennoch häufiger auf diese Mittel zurück: Ein erhöhter Alkohol-, Nikotin- und Tablettenkonsum stellt sich ein. Was kurzfristig scheinbar Entspannung bringt, verschlechtert jedoch langfristig meine Situation umso stärker: Erhöhter Alkohol- und Drogenkonsum schwächen insbesondere das Immunsystem, verschärfen die psychischen Probleme, verursachen zusätzliche Schuldgefühle und verhindern häufig das Finden anderer, besserer Lösungswege.

Wenn Impulse sich kaum mehr kontrollieren lassen

Wenn die Belastungen der Angehörigen überhandnehmen und sich zur andauernden Überforderung aufschaukeln, kann es sogar zu gewalttätigen Reaktionen gegen die erkrankten Personen kommen. Dabei ist Gewaltanwendung gegen abhängige Menschen eine Verhaltensweise, die Angehörige selbst natürlich als Unrecht empfinden und strikt ablehnen würden. Und dennoch kann es zu Situationen kommen, in denen manche von ihnen aus der Haut fahren, sich nicht mehr unter Kontrolle haben und der erkrankten Person Schlimmes androhen, sie anbrüllen oder sie gar schlagen.

Wenn Angehörige so etwas schon einmal erlebt haben, sollten sie dies als Warnzeichen dafür ansehen, dass sie dringend Hilfe und Freiräume brauchen, um wieder zu Kräften zu kommen.

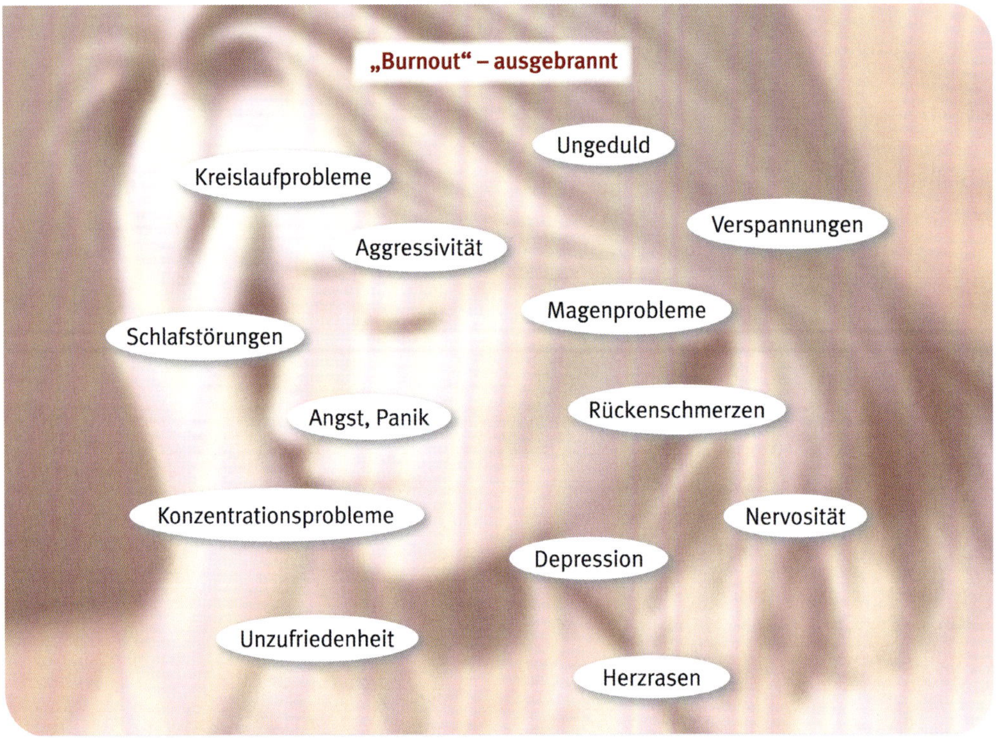

Lassen Sie es nicht so weit kommen, dass Sie sich völlig »ausgebrannt« fühlen! Wenn Sie die genannten Symptome verstärkt bei sich beobachten, sind dies Alarmzeichen, dass Sie dringend Erholung und Unterstützung brauchen.

Die Erfahrungen aus der Beratung zeigen, dass Angehörige, die schon einmal gewalttätig auf die erkrankte Person reagiert haben, sich meist sehr für ihre Entgleisung schämen. Viele nehmen sich dann vor, sich zukünftig einfach mehr zusammenzureißen, damit so etwas nicht wieder passiert. Doch gute Vorsätze allein – oft gepaart mit schlechtem Gewissen, Verschweigen und sozialer Isolation – sind keine Lösung! Denn wir wissen, dass die nächste überfordernde Situation, die ja mit Sicherheit wieder eintreten wird, die betreffenden Angehörigen wieder an ihre Grenzen bringen wird, und eine erneute gewalttätige Reaktion wahrscheinlich ist.

Burnout – alle Kräfte sind verbraucht

Alle geschilderten körperlichen und psychischen Symptome bauen sich meist im Laufe der Zeit langsam und teilweise unbemerkt auf. Es sind dies die typischen Erscheinungen, die sich auch bei Menschen in sozialen Berufen einstellen, die sich nicht mehr von ihrer Arbeit und ihrer Klientel distanzieren können. In der Psychologie fasst man diese Symptome unter dem Begriff »Burnout« zusammen, was so viel heißt wie »ausgebrannt«. Der Begriff macht auf sehr bildhafte Weise deutlich, was mit den Betroffenen passiert: Vor lauter Fürsorge und Pflege haben sie lange eigene Bedürfnisse ignoriert, sich selbst vernachlässigt und sind völlig kraft- und energielos. Spätestens dann brauchen sie selbst Hilfe und können für einen anderen Menschen keine Pflege- und Unterstützungsleistungen mehr erbringen.

Um all diese negativen Entwicklungen zu vermeiden, ist es für Angehörige von Menschen mit Demenz sehr wichtig, sich selbst nicht zu vergessen und auch für das eigene Wohlergehen zu sorgen und sich die Freiräume zu verschaffen, die zur Erholung notwendig sind.

Freie Zeit für sich selbst einplanen

Es ist falsch, für sich und seine eigenen Bedürfnisse keine Zeit einzuplanen und zu hoffen, dass irgendwo einmal ein bisschen Zeit übrigbleiben wird. Eigene Freiräume müssen Angehörige sich selbst schaffen und erhalten. Das erfordert meist einige Organisation und Planung. Und auf den ersten Blick scheinen mir diese Organisations- und Planungsleistungen noch mehr Arbeit und Belastung zu bereiten, aber auf lange Sicht zeigt sich der Vorteil: Nur so haben Angehörige die Chance, selbst gesund und bei Kräften zu bleiben! Und die Gesundheitsförderung der Angehörigen dient ja nicht nur ihrem eigenen Wohl, sondern auch dem der erkrankten Person: Sie ist auf ihre Angehörigen angewiesen. Wenn die Angehörigen wegen Krankheit oder Erschöpfung »ausfallen«, kommt es auch sicherlich für die erkrankte Person zu einer Krisensituation!

Deshalb müssen Angehörige lernen, sich ohne Schuldgefühle und ohne schlechtes Gewissen regelmäßig freie Zeit für sich selbst zu nehmen, in der sie ihre eigenen Bedürfnisse befriedigen, eigenen Interessen nachgehen und nur an sich selbst denken! Vielleicht hilft Angehörigen dabei ja die Erkenntnis, dass sie dies ja nicht nur für sich, sondern auch für die erkrankte Person tun.

Wenn Grundbedürfnisse zu kurz kommen

Nun haben Menschen zwar sehr unterschiedliche Bedürfnisse, aber in einer Reihe von »Grundbedürfnissen« gleichen sich offenbar alle Menschen. Die Maslow'sche Bedürfnispyramide wurde bereits vorgestellt (Seite 100).

In den folgenden Ausführungen soll Maslows Theorie der menschlichen Grundbedürfnisse noch einmal herangezogen werden. Dieses Mal wird mit ihrer Hilfe jedoch aufgezeigt, dass auch bei Angehörigen von Menschen mit Demenz diese Grundbedürfnisse häufig unerfüllt bleiben!

Körperliche Grundbedürfnisse

Hierzu zählen unter anderem die Grundbedürfnisse, sich zu ernähren, ausreichend Ruhe und Bewegung zu haben. Angehörige müssen darauf achten, genügend gesunde und schmackhafte Nahrung und ausreichende Flüssigkeitsmengen zu sich zu nehmen.

Das klingt banal, aber die Erfahrungen zeigen, dass bei Angehörigen, die mit einem Familienmitglied mit Demenz in einem Haushalt leben, oft bereits bei diesen Basisbedürfnissen die Vernachlässigung beginnt: Weil die erkrankte Person selbst nur noch Süßspeisen wie Joghurt oder Kuchen zu sich nehmen möchte, die Zubereitung einer Mahlzeit Zeit und Energie kostet und man dafür eigens einkaufen gehen müsste,

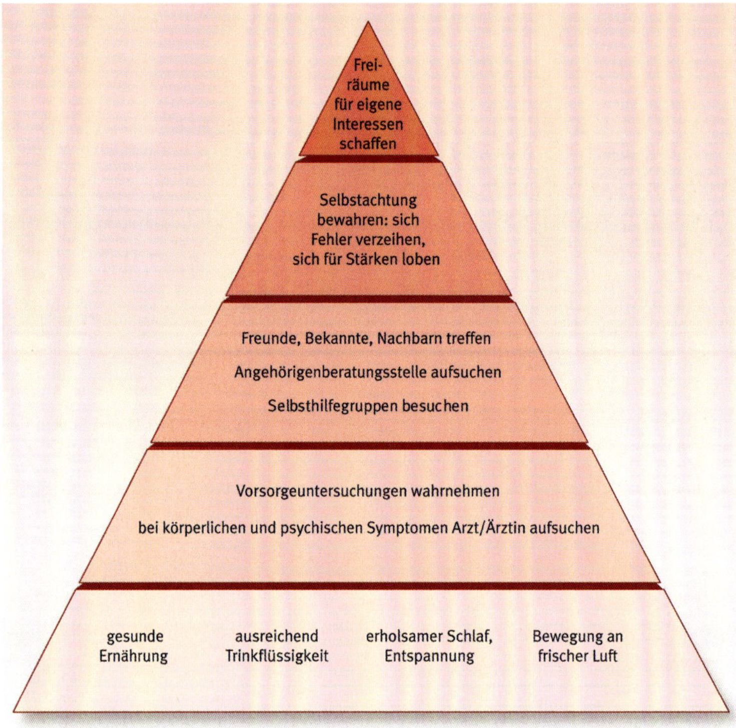

Die Abbildung zeigt, welche Grundbedürfnisse bei Angehörigen von Menschen mit Demenz häufig zu kurz kommen. Achten Sie daher besonders darauf, diese Bedürfnisse zu befriedigen.

begnügen sich viele Angehörige auch mit einem Joghurt oder einer Tütensuppe.

Auch das Bedürfnis nach Ruhe und Entspannung kommt bei vielen Angehörige zu kurz. Insbesondere wenn sie mit dem Menschen mit Demenz zusammenleben, wird ihr Nachtschlaf häufig durch seine Unruhe oder sein Umherwandern unterbrochen – möglicherweise mehrmals in der Nacht.

Ebenso bleibt ihr Bedürfnis nach Bewegung an frischer Luft vielfach unerfüllt, weil viele Angehörige durch eine 24-Stunden-Betreuung gebunden sind und für keine Minute mehr aus dem Haus kommen.

Sicherheitsbedürfnisse

Hierunter kann man insbesondere das Bedürfnis nach Krankheitsprävention und Schutz vor Schmerz verstehen. Weil ein Großteil ihrer Aufmerksamkeit durch die erkrankte Person und ihre Situation aufgesogen wird, tendieren viele Angehörige daher dazu, ihr eigenes Grundbedürfnis nach Gesundheit zu vernachlässigen: Sie ignorieren Schmerzen bzw. therapieren sie mit eigenen Hausmitteln, Tabletten und Salben, nehmen Vorsorgeuntersuchungen gar nicht mehr wahr oder verschieben sie »auf später« und lehnen Therapievorschläge, die Zeit und Selbstaufmerksamkeit erfordern – wie beispielsweise eine Kur –, ab.

Soziale Bedürfnisse

Das Grundbedürfnis nach Gesellschaft und Kontakt zu anderen Menschen bleibt bei Angehörigen von Menschen mit Demenz oft unbefriedigt: Weil sie nicht mehr aus dem Haus kommen und Bekannte und Freunde nicht mehr einladen – vielleicht sogar aus Scham über die Demenz des Familienmitglieds –, vereinsamen sie. Gerade in einer Situation, in der sie dringend mit anderen Menschen sprechen müssten, in der sie von sich und ihrer Situation, ihren Problemen und Ängsten, ihren Belastungen und Schuldgefühlen erzählen sollten, haben sie niemanden zum Reden. Dabei sollten sie zu ihrer eigenen Entlastung unbedingt Kontakt suchen!

Bedürfnisse nach Selbstverwirklichung

Die Spitze der Bedürfnispyramide von Maslow bilden die Bedürfnisse, sich selbst zu verwirklichen, sich selbst zu finden, entsprechend der eigenen Persönlichkeit und den eigenen Fähigkeiten zu leben. Auf die Situation von Angehörigen von Menschen mit Demenz übertragen meint dies in erster Linie das Bedürfnis, Zeit für sich selbst zu haben, um eigene Interessen zu verfolgen, Schönes zu erleben, eigenen Gedanken nachzugehen, eigene Lebensthemen zu durchdenken.

Doch Zeit für sich selbst ist genau die Ressource, an der es Angehörigen von Menschen mit Demenz am meisten mangelt! Durch die Folgen der Demenz haben sie sich zunehmend von ihren Interessen und Lebensthemen entfernt, sodass sie manchmal selbst gar nicht mehr genau wissen, was ihnen Spaß machen würde, wenn sie Zeit dafür hätten, welche unbefriedigten Bedürfnisse sie haben, wer sie überhaupt sind.

Viele Angehörige stehen auch unter dem enormen Druck einer Mehrfachbelastung, gehen neben der Betreuung ihres an Demenz leidenden Familienmitgliedes einem Beruf oder einer anderen Beschäftigung nach, versorgen noch andere Familienmitglieder, führen neben dem Haushalt der erkrankten Person noch einen eigenen Haushalt, erledigen die Geldangelegenheiten der erkrankten Person, waschen ihre Wäsche usw.

Die eigenen Bedürfnisse befriedigen

Angehörige kümmern sich tagtäglich um die erkrankte Person. Sie müssen dabei aber unbedingt dafür sorgen, dass ihre eigenen Bedürfnisse nicht auf der Strecke bleiben.

Weil Angehörige sich oftmals nur noch um die erkrankte Person kümmern, müssen sie wieder lernen, sich notwendige Freiräume zu schaffen, um wieder Kraft tanken zu können. Das fängt schon beim Essen an.

Ernähren Sie sich gesund

Schon Ludwig Feuerbach stellte fest: »Der Mensch ist, was er isst«! Tatsächlich beeinflusst die Ernährung gravierend unsere körperliche, seelische und geistige Leistungsfähigkeit. Die Zusammensetzung der Nahrung wirkt z. B. auf hormonelle Regelkreise, die wiederum von großer Bedeutung für die Nervenkraft sind. Wie wichtig gesunde, ausgewogene Ernährung ist, führt auch die Autorin Ingeborg Münzing-Ruef vor Augen, wenn sie in ihrem Kursbuch gesunde Ernährung aufzeigt, dass es tatsächlich »keine Funktion von Gehirn und Nerven ohne die Mitwirkung von Vitaminen« gibt. Heißt also: Damit Angehörige die Nerven behalten können, müssen sie ihre Nerven ausreichend versorgen!

Ausgewogene Ernährung beinhaltet Kohlehydrate (Getreide, Getreideprodukte, Obst, Kartoffeln), Fette (am besten ungesättigte Fettsäuren, z. B. gutes Pflanzenöl), Eiweiß (mageres Fleisch, Fisch, Getreide, Kartoffeln, Milchprodukte), Vitamine, Mineralstoffe und Spurenelemente (Obst, Gemüse, Fisch, Fleisch, Milchprodukte), Ballaststoffe (Leinsamen, Kleie, Hülsenfrüchte, Obst, Gemüse) und Wasser (ein gesunder Mensch sollte 1,5 bis 2 Liter Trinkflüssigkeit am Tag zu sich nehmen).

Wenn Angehörige – aus welchen Gründen auch immer – nicht mehr selbstständig für eine gesunde, ausgewogene Ernährung sorgen können, müssen sie sich dringend Hilfe und Unterstützung holen. Dabei sollten sie alle Möglichkeiten in Betracht ziehen: Nachbarn, Freunde, Verwandte, soziale Dienste, professionelle Dienstleister usw. Die Organisation und Mobilisation möglicher Helfer ist natürlich nicht immer einfach. Deshalb helfen Angehörigenberatungsstellen bei der Planung dieser Unterstützungsleistungen.

Für erholsamen Schlaf sorgen

Der Schlaf von Angehörigen von Menschen mit Demenz wird oft gestört: Oft ist die Ursache die nächtliche Unruhe der erkrankten Person, die die Nacht zum Tage macht. Dass es häufig zu einer Umkehr des Tag-Nacht-Rhythmus kommt, wurde bereits besprochen.

Schwaches Licht anlassen

Wandert die erkrankte Person nachts in der Wohnung umher, kann es schon sehr hilfreich sein, wenn Angehörige in einem separaten Raum schlafen. Wenn im Flur, in der Diele und vielleicht auch in einigen Räumen nachts ein kleines Licht anbleibt, findet sich erkrankte Person möglicherweise besser zurecht, kann sich orientieren und verhält sich dadurch leiser. Den Weg zur Toilette sollte auf jeden Fall – zumindest durch eine schwache Lichtquelle – beleuchtet werden. Vielleicht ist es für erkrankte Person auch hilfreich, wenn die Toilettentür durch ein Türschild oder ein entsprechendes Symbol als solche gekennzeichnet ist. Auch im Bad sollte etwas Licht brennen und der Schalter kann eigens gekennzeichnet sein. Denn viele Menschen mit Demenz sind – insbesondere, wenn sie nachts aus einem Traum erwachen und zur Toilette wollen – völlig orientierungslos. Je schneller sie sich durch externe Hilfen in den Räumlichkeiten zurechtfinden, desto ruhiger bleiben sie.

Medikamente für die erkrankte Person

Sollte das nächtliche Verhalten der erkrankten Person trotz aller räumlicher Vorkehrungen und Bemühungen Angehörige dennoch dauerhaft um den Nachtschlaf bringen, ist es angeraten, diese Unruhe medikamentös zu behandeln. Da es jedoch einige Medikamente gibt, die Menschen mit Demenz besser nicht verabreicht werden sollten, weil sie die geistigen Leistungen eher noch verschlechtern bzw. andere Nebenwirkungen haben, sollten Angehörige gerontopsychiatrische bzw. geriatrische Fachärzte konsultieren, die Erfahrungen in der Behandlung von alten Menschen und Menschen mit Demenz haben.

Eigene seelische Anspannung

Auf der anderen Seite können die Schlafstörungen von Angehörigen ja durchaus auch andere Ursachen haben. Häufig sind Ein- oder Durchschlafprobleme Zeichen psychischer Anspannung oder allgemeiner Überforderung. Deshalb ist es ja so wichtig, dass Angehörige beizeiten lernen, alle nur erdenkliche Hilfe zu aktivieren, um eine Überforderung abzuwenden und Freiräume für sich selbst zu schaffen. Wenn Angehörige überhaupt keine Zeit mehr für sich und ihre Interessen haben, geraten sie sehr schnell in einen Teufelskreis aus Überforderung, mangelnder Entspannung, Stress und der Unfähigkeit, Ruhe zu finden. Am Ende steht das völlige Ausgebranntsein, der Burnout.

Entspannung finden

Linderung versprechen auch Entspannungsverfahren, die ohne viel Aufwand erlernt werden können. Volkshochschulen und andere Bildungsträger bieten hierfür Kurse an. Darüber hinaus kann man CDs bzw. DVDs kaufen, die mit Anleitungen zu Entspannungsübungen besprochen sind. Wenn man regelmäßig – ca. 10 Minuten pro Tag – Entspannungsübungen durchführt, stärkt man die Fähigkeit, von den Belastungen und Anforderungen des Tages abzuschalten, zur Ruhe zu kommen, sich wieder selbst wahrzunehmen und zu spüren.

Regelmäßige Bewegung

Auch regelmäßige Bewegung und sportliche Aktivitäten tragen zur psychischen Entspannung und Erholung bei. Damit sind natürlich nicht Leistungssport und extremes Fitnesstraining gemeint, sondern eher spielerische Bewegungsformen wie Spazierengehen (am besten abends vor dem Zubettgehen), Federballspielen, Tischtennisspielen, Tanzen, Radfahren, Schwimmen usw.

Demenz ist immer noch oft tabu

Im Verlauf der Demenz eines Familienmitgliedes sind viele Angehörige zunehmend von Isolation betroffen. Wenn die erkrankte Person der einzige Mensch ist, mit dem der Angehörige noch Kontakt hat, und sie mit der Zeit aufgrund ihrer geistigen Beeinträchtigungen kaum mehr die Rolle eines interessierten und anregenden Gesprächspartners einnehmen kann, läuft der Angehörige Gefahr, völlig zu vereinsamen. Er kann sich nicht mehr über wichtige Dinge austauschen, kann niemandem von seinen oft belastenden Gefühlen erzählen und bekommt keinen Rat und keine Anregung durch andere Menschen mehr.

Der Grund für diesen sozialen Rückzug kann zu einem gewissen Teil auch darin bestehen, dass Angehörige sich schämen: Weil sie sich für die Verhaltensweisen und Störungen der Person mit Demenz schämen, vermeiden sie immer häufiger den Kontakt mit Freunden, Bekannten, Nachbarn und Verwandten.

Weil bestimmte Krankheiten, wie z. B. auch Gehirnerkrankungen, die zu Demenz führen, mit einem gesellschaftlichen Tabu belegt sind, fühlen sich die erkrankten Menschen und ihre Angehörigen nicht selten stigmatisiert. Stigmatisierung und Diskriminierung aufgrund von Beeinträchtigungen sind aber Phänomene, die den universellen Menschenrechten widersprechen! So fordert die UN-Behindertenrechtskonvention, dass allen Menschen das uneingeschränkte und selbstverständliche Recht zugestanden werden muss, an der Gesellschaft und Gemeinschaft teilzuhaben. Alle Menschen müssen also unabhängig ihrer Fähigkeiten und Voraussetzungen die Möglichkeiten haben, bei den sie betreffenden Angelegenheiten mitzubestimmen und mitzugestalten – dies gilt natürlich auch für »Menschen, die langfristige körperliche, seelische, geistige oder Sinnesbeeinträchtigungen haben, welche sie in Wechselwirkung mit verschiedenen Barrieren an der vollen, wirksamen und gleichberechtigten Teilhabe an der Gesellschaft hindern können« (Art. 1, Abs. 2 der Konvention), also auch für Menschen mit Demenz und ihre Angehörige!

Chronifizierung vermeiden

Lassen sich die Schlafstörungen auch durch Auszeiten nicht lindern, sollten Angehörige mit einem Arzt oder einer Ärztin darüber sprechen. Denn eine Chronifizierung von Schlafstörungen sollte dringend vermieden werden. Von chronifizierten Schlafstörungen spricht man, wenn der Organismus das gestörte Schlafverhalten als schlechte Angewohnheit »erlernt« hat. Sind Schlafstörungen erst einmal chronifiziert, ist ihre Behandlung häufig wesentlich langwieriger.

Wenn Angehörige sich dem gesellschaftlichen Druck beugen, um Stigmatisierungen aus dem Weg zu gehen, trifft es sie zudem doppelt bzw. dreifach schwer: Zum einen ist ihre Situation ohnehin schon belastend, zum anderen stehen sie dann mit dieser Belastung alleine da, weil sie sich niemandem anvertrauen, und zum dritten müssen sie versuchen, eine intakte Fassade aufrechtzuerhalten, damit kein Außenstehender etwas von der Demenz bemerkt. Dass ein solches Leben fast übermenschliche Kräfte erfordert und übergroßes Leiden mit sich bringt, liegt auf der Hand! Deshalb machen es sich immer mehr Institutionen zur Aufgabe, die Bevölkerung über Demenz aufzuklären und – ganz im Sinne der UN-Behindertenrechtskonvention – dafür zu sorgen, dass die Gesellschaft sich für Menschen mit Demenz und ihre Angehörigen öffnet. Denn nur umfangreiche Aufklärung kann helfen, dieses gesellschaftliche Tabu abzuschaffen und die Situation von Menschen mit Demenz und ihren Angehörigen zu erleichtern!

Sprechen Sie über Demenz Bis Demenz kein Tabuthema mehr ist, wird es sicherlich noch manch einen Angehörigen Mut und Kraft kosten, offen und offensiv mit der Demenz einer nahestehenden Person umzugehen. Doch liegt in dieser Offenheit eine große Chance: Nur wenn Angehörige und erkrankte Personen von ihrer Situation, ihren Problemen, ihren Ängsten und ihrem Unterstützungsbedarf berichten, kann ihre soziale Umwelt die Bereitschaft entwickeln, zu helfen. Wenn sie aber verschweigen oder verheimlichen, wie es ihnen geht, können sie nichts von ihrer Umwelt erwarten!
Die Erfahrung zeigt, dass die größte Hilfe manchmal von Menschen kommt, von denen man es vorher nie gedacht hätte.

Lassen Sie sich helfen

Es ist also ratsam, nicht vorschnell zu glauben, man könne sowieso keine Hilfe erwarten. Manche Menschen laufen zu Höchstform auf, wenn man sich ihnen anvertraut und Hilfe von ihnen erbittet! Deswegen sollten Angehörige allen nahen Menschen aus ihrem Umfeld eine Chance geben – und Zeit! Denn auch Nachbarn, Freunde und Bekannte müssen sich erst an die neue Situation gewöhnen und lernen, mit der erkrankten Person umzugehen. Daher sollten sie so früh wie möglich über die Demenz der erkrankten Person informiert werden, damit sie die Möglichkeit haben, sich daran zu gewöhnen, die Entwicklungen mitzuerleben und in ihre Helferrolle hineinzuwachsen.

Konkreten Hilfsbedarf formulieren

Natürlich gibt es auch viele Menschen, die einfach hilflos sind. Sie würden ja gerne helfen wollen, wissen aber nicht, wie! In diesem Fall ist es gut, wenn Angehörige sich genau überlegen, in welchen Bereichen sie Unterstützung brauchen.

Nun ist es für mich gar nicht so einfach, in dieser belastenden und überfordernden Situation, die sich ja ständig verändert, konkreten Hilfsbedarf zu benennen. Angehörige sind oft erfüllt von dem Gefühl, dass ihnen einfach alles zu viel ist. Daher haben es sich Angehörigenberatungsstellen auch zur Aufgabe gemacht, die benötigten Hilfen mit dem Angehörigen gemeinsam zu erarbeiten.

Kontakte pflegen

Den Kontakt mit Freunden, Bekannten, Verwandten und Nachbarn benötigen Angehörige jedoch nicht nur, um konkrete Hilfe zu erhalten, sondern auch, damit sie dadurch einmal von der Demenz abschalten und Kraft tanken können: einmal über etwas ganz anderes sprechen, zusammen lachen, Schönes erleben, gemeinsam einen Abendspaziergang machen oder ins Schwimmbad gehen.

Soziale Kontakte zu anderen Menschen sind natürlich auch deshalb wichtig für Angehörige, damit sie über sich und ihre Situation und ihre Gefühle sprechen können. Wut, Aggression, Trauer, Angst, Verzweiflung und Schuldgefühle sind normale emotionale Reaktionen in dieser Situation! Angehörige brauchen sich ihrer nicht zu schämen!

Und wenn Angehörige ihre Gefühle hin und wieder bei einem anderen Menschen »rauslassen« können und sie nicht in sich »hineinfressen« müssen, ist das für sie sehr erleichternd und erlösend! So betont auch

Wünsche aufschreiben

Die Alzheimer-Gesellschaft empfiehlt, eine Liste mit ganz konkreten Hilfewünschen anzulegen. Wer fragt, wie er helfen kann, kann sich aus der Liste etwas heraussuchen: von Hilfestellungen wie »aufmerksam werden, wenn die erkrankte Person alleine auf der Straße ist, und dem Angehörigen Bescheid sagen« über soziale Maßnahmen wie etwa »einmal in der Woche auf eine Tasse Kaffee bei mir vorbeischauen« bis hin zu ganz konkreter Unterstützung wie z. B. »Dienstagvormittag 1,5 Stunden die erkrankte Person betreuen, damit der Angehörige zur Gymnastik gehen kann«.

die moderne Pflegeforschung, dass professionellen Pflegern regelmäßig die Möglichkeit gegeben werden muss, über ihr Verhältnis zu den Kranken, über ihre Gefühle und ihre Umgehensweise zu sprechen. Dies ist eine wesentliche Maßnahme, um ihr »Ausbrennen« zu verhindern.

Freunden und Bekannten – die ja selbst insofern Außenstehende sind, als sie nicht zur Familie gehören – fällt es übrigens häufig leichter, Verständnis und Empathie für Angehörige aufzubringen und sie zu trösten, als näheren Verwandten. Verwandten, die in die Familienstruktur involviert sind, fällt es dagegen manchmal richtig schwer, aktiv und empathisch zuzuhören.

Das hat sicherlich viele Gründe: Einer ist möglicherweise, dass sie selbst Angst vor einer Demenz haben und es nicht aushalten können, dass ein Verwandter an einer Gehirnerkrankung leidet, die eine Demenz zur Folge hat. Deshalb tendieren sie vielleicht dazu, die Demenz zu ignorieren und sie den Angehörigen »ausreden« zu wollen. Vielleicht schämen sie sich aber auch für ihren Familienangehörigen mit Demenz, oder sie fühlen sich hilflos angesichts seiner Veränderungen. Die Erfahrung zeigt, dass auch die anderen Verwandten lernen können, mit der Situation »Demenz in der Familie« umzugehen – wenn sie sich Informationen und Beratung holen!

Selbsthilfegruppen besuchen

Viele Angehörige machen die Erfahrung, dass nur die Menschen ihre Probleme wirklich nachvollziehen können, die selbst erleben, was sie persönlich gerade erleben. Menschen, die noch nie mit einer nahestehenden Person mit Demenz zu tun hatten, können sich oft kein realistisches Bild von der Situation der Angehörigen machen.

Das Wissen, dass es anderen Menschen ähnlich ergeht, stärkt Angehörigen außerdem in ihrer Erkenntnis, dass es offensichtlich kein persönliches Problem ist, das sie bedrückt. Es zeigt ihnen, dass es nicht etwa an ihrem eigenen Versagen oder ihren Schwächen liegt, sondern dass ihre Probleme insofern »ganz normal« sind, als andere Angehörige von Menschen mit Demenz die gleichen Probleme haben!

In der Ähnlichkeit der Erfahrung liegt die besondere entlastende und unterstützende Kraft einer Selbsthilfegruppe. Manche Probleme muss man sich gegenseitig gar nicht detailliert schildern: Schon nach wenigen Worten wissen die anderen sehr genau, was ich meine – schließlich haben sie Ähnliches auch schon erlebt.

Die Teilnehmerinnen und Teilnehmer können sich gegenseitig bestärken in ihrem Mut, offen und offensiv mit der Demenz einer nahestehenden Person umzugehen. Durch das Wir-Gefühl der Gruppe verlieren Angehörige den Eindruck, einsame Einzelkämpfer zu sein, und gewinnen die Kraft, sich für ihre eigenen Interessen und Bedürfnisse einzusetzen. Darüber hinaus können die Teilnehmerinnen und Teilnehmer Erfahrungen austauschen und einander gute Ratschläge und Tipps geben: Wie kann man schnell einen Platz in der Tagespflege bekommen? Welche Maßnahmen der Wohnungsanpassung haben sich bewährt? usw.

Selbstachtung bewahren

Erfolgreiche Verständigung setzt einerseits voraus, dass man seine Gesprächspartnerin bzw. seinen Gesprächspartner genau so akzeptiert, wie er bzw. sie nun einmal ist, und andererseits, dass man sich selbst ebenfalls genau so annimmt, wie man selbst nun einmal ist! Dieser kommunikationspsychologische Grundsatz war bereits Thema (Seite 106) und wurde auf den einfachen Nenner gebracht: »Du bist o.k., ich bin o.k.«

Das klingt ja auch ganz plausibel! Und was so einleuchtend klingt, müsste doch auch ganz leicht zu befolgen sein! Doch leider trifft auch auf dieses Grundprinzip zu, was schon Goethe über alles Leichte (in Faust) feststellte: »Zwar ist es leicht, doch ist das Leichte schwer«.

Gerade die Fähigkeit, sich selbst zu akzeptieren und zu achten, sollte selbstverständlich für jeden Menschen sein. Doch scheint es eine der schwierigsten Lebensaufgaben zu sein, diese Grundeinstellung zu sich selbst zu gewinnen und zu erhalten. Immer wieder gerät jenes Fundament durch Selbstzweifel und überzogene Ansprüche an sich selbst ins Wanken – insbesondere in Zeiten, in denen psychische und körperliche Belastungen an den Kräften zehren. In Krisensituationen setzt daher nicht selten ein Teufelskreis ein: Selbstachtung und -akzeptanz schwinden, dadurch verschlechtern sich unsere kommunikativen Beziehungen, wodurch sich die Krise verschärft und Selbstakzeptanz und -achtung noch weiter schrumpfen. Wie kann ich also die Achtung vor mir selbst stärken?

Sich Selbstkritik »abgewöhnen«

Im Umgang mit einem Menschen mit Demenz kommt es immer wieder einmal zu Situationen, in denen Angehörige trotz »besseren Wissens« Dinge tun oder denken, die sie – rückblickend betrachtet – bedauern:

- Obwohl sie wissen, dass die kranke Person es nicht absichtlich tut, fahren sie trotzdem regelmäßig aus der Haut, wenn sie zum zehnten Mal dieselbe Frage stellt.
- Obwohl sie sich vorgenommen haben, ruhig und geduldig zu bleiben, reagieren sie noch immer manchmal ungehalten und schroff, wenn die erkrankte Person einfach nicht begreift, was man ihr sagt.
- Obwohl sie ihnen leid tut, verspüren sie immer wieder den Wunsch, alles hinzuwerfen, die erkrankte Person jemand anderem anvertrauen und wieder frei sein.
- Obwohl sie die erkrankte Person lieben, sind sie immer wieder auch wütend auf sie usw.

Solche Situationen kennen wohl alle Angehörigen! Nicht selten führen sie zu Schuldgefühlen, Selbstzweifeln und schlechtem Gewissen!

> *Doch statt sich selbst zu kritisieren, wäre es viel angemessener, wenn Angehörige sich eingestehen könnten, dass solche Reaktionen und Gefühle nur allzu menschlich sind! Auf belastende Lebenssituationen reagieren Menschen nun einmal auch gefühlsmäßig, und diese Gefühle lassen sich nicht abschalten!*

Nur wenn Angehörige diese Gefühle akzeptieren, können sie lernen, ihnen Raum zu geben, ohne einem anderen Menschen oder sich selbst Gewalt anzutun. Deshalb ist es so wichtig zu akzeptieren, dass kein Mensch perfekt ist und sich daher auch kein Mensch unter Druck setzen sollte, perfekt sein zu wollen! Wenn Angehörige Übermenschliches von sich verlangen, werden sie sich selbst niemals akzeptieren können.

Sich »Fehler« verzeihen

Wenn Angehörige die erkrankte Person einmal schroff anreden oder die Geduld verlieren, ist es zwar sicherlich gut, wenn sie sich anschließend bei ihr entschuldigen, doch hinterher sollten sie es halten wie die erkrankte Person selbst: das Gewesene schnell vergessen. Denn es ist wichtig, dass Angehörige sich selbst verzeihen und »alte Geschichten« loszulassen lernen. Wer sich selbst eigene Fehler ewig nachträgt und sich nicht vergeben kann, bindet sehr viel seiner Energie an die Vergangenheit, die er sowieso nicht mehr ändern kann. Erst wer einen Schlussstrich hinter Vergangenes setzt, hat seine ganze Kraft für die Gegenwart.

Zur Selbstakzeptanz gehört auch die Bereitschaft, geduldig mit sich selbst zu sein! Angehörige sollten daher akzeptieren, dass der Umgang mit einem Menschen mit Demenz eine völlig neue Situation für sie ist! Es wird zwar immer wieder einmal die Meinung geäußert, dass Menschen mit Demenz wie kleine Kinder sind, doch das ist nicht wahr! Die Kommunikation und der Umgang mit einem kleinen, sich noch entwickelnden und lernenden Kind ist mit der Beziehung zu einem Menschen mit Demenz, der ja seinen Erfahrungsschatz und die Spuren seines ganzen Lebens in sich trägt, aber sich nicht mehr weiterentwickeln und lernen kann, nicht zu vergleichen. Das Verhalten in dieser Situation muss daher von Angehörigen völlig neu gelernt werden. Und dies erfordert sehr viel Geduld mit sich selbst!

Sich Hilfe holen und Freiräume schaffen

Möglicherweise fühlen Angehörige sich besonders dadurch überbeansprucht, dass sie rund um die Uhr von dem unter Demenz leidenden Familienmitglied gebraucht werden. Dieses Gefühl, 24 Stunden am Tag für die erkrankte Person verfügbar sein zu müssen, trägt außerordentlich stark zur Erschöpfung der Angehörigen bei. Deshalb ist es so wichtig, dass sie lernen und zulassen, andere Personen in die Betreuung der erkrankten Person mit einzubeziehen und damit Freiräume für sich selbst schaffen.

Einen Besuchsdienst engagieren

Angehörigenberatungsstellen vermitteln auf Wunsch Personen, die sich in einem Besuchsdienst engagieren. Hierbei handelt es sich um Laienhelfer, die aber im Umgang mit Menschen mit Demenz geschult sind. Sie übernehmen stundenweise die häusliche Betreuung der erkrankten Person. In dieser Zeit können die Angehörigen unbesorgt das Haus verlassen und Erledigungen machen oder eigenen Interessen nachgehen. Besuchsdienste arbeiten zwar ehrenamtlich, doch bekommen sie eine geringe stündliche Aufwandsentschädigung, die bis zu einem bestimmten Betrag von der Pflegekasse übernommen wird, wenn die erkrankte Person einen Pflegegrad hat bzw. zusätzliche Betreuungsleistungen bei eingeschränkter Alltagskompetenz erhält.

Leider machen die Mitarbeiter von Angehörigenberatungsstellen immer wieder die Erfahrung, dass Angehörige die Entlastungsmöglichkeiten, die ihnen aufgezeigt werden, nicht annehmen. Als Begründung sagen sie, sie würden ein schlechtes Gewissen und Schuldgefühle bekommen, wenn sie die erkrankte Person einem fremden Menschen anvertrauten, weil sie ja wüssten, dass es ihr nicht gefällt, von einem anderem betreut zu werden. Täten sie es dennoch, hätten sie das Gefühl, sie im Stich zu lassen.

Es ist kurzsichtig, Hilfe abzulehnen

Da ein solches Gefühl bei Angehörigen meist tief verwurzelt ist, fällt es ihnen oft sehr schwer, diese Haltung zu korrigieren. Es ist jedoch eines der wichtigsten Ziele der Angehörigenberatung, Angehörigen die Augen dafür zu öffnen, wie kurzsichtig es ist, immer, d. h. ohne Erholungspausen, für die erkrankte Person zuständig sein zu wollen! Denn wenn eine Pflegeperson nicht regelmäßig die Möglichkeit hat, Abstand von der Pflegesituation zu bekommen, um wieder Kraft zu schöpfen, droht ihr der Burnout, d. h. der Zusammenbruch.

Wenn Angehörige aber erst einmal einen derartigen Zusammenbruch erlitten habe, kommt es meist zu einer Situation, die sie der ihr nahestehenden erkrankten Person eigentlich ersparen wollten: Weil der Angehörige – vielleicht sogar ganz akut – ins Krankenhaus oder eine andere Heilbehandlungseinrichtung muss, ist es erforderlich, dass die erkrankte Person in einer Pflegeeinrichtung untergebracht wird. Und wenn es sich hierbei um einen akuten Notfall handelt, bleibt dem Angehörigen nicht einmal mehr Zeit, sich verschiedene Pflegeheime anzusehen, ein gutes auszusuchen und die erkrankte Person auf diese Umstellung vorzubereiten. Die Erfahrungen zeigen, dass sowohl die erkrankte Person als auch der Angehörige aufgrund der mangelnden Vorbereitungsmöglichkeit nur schlecht mit dieser neuen Situation zurechtkommen.

Anerkennung und (Selbst-)Lob

Anerkennung ist eine zentrale Kraftquelle. Wer einen Menschen mit Demenz betreut, erhält aber meist wenig positive Rückmeldungen. Sich selbst zu loben und eigene Leistungen anzuerkennen ist daher wichtig.

Als der Psychologe Abraham Maslow seine Theorie darüber aufstellte, welche Grundbedürfnisse universell sind, d. h. für alle Menschen gelten, nannte er unter anderem die »Geltungsbedürfnisse«. Darunter verstand er auf der einen Seite das Bedürfnis nach Anerkennung, die man durch andere Menschen erhält, auf der anderen Seite aber auch das Bedürfnis nach Selbstachtung und einem stabilen Selbstwertgefühl.

Angehörige von Menschen mit Demenz erhalten aber meist wenig positive Rückmeldung aus ihrem sozialen Umfeld.

Kommen Freunde, Verwandte oder Nachbarn einmal zu Besuch, zeigt sich erkrankte Person meist »mit einer guten Fassade«, d. h. von ihrer besten, gesellschaftsfähigen Seite, weshalb sich den Besucherinnen und Besuchern die Situation gar nicht »so schlimm« darstellt, wie die bzw. der Angehörige sie vielleicht geschildert hat. Besucher bzw. Besucherinnen sagen dann Sätze wie: »Also, ich weiß ja nicht! Deine Frau sieht gar nicht aus, als ob sie krank wäre!«, »Deine Mutter ist doch eine gepflegte Frau! Das kann doch gar nicht sein, dass sie in die Hose macht!«, »Der Vati kann doch noch so schön von früher erzählen! So schlecht kann sein Gedächtnis ja wohl nicht sein!« usw.

Sicherlich entspringen solche Äußerungen nicht der Boshaftigkeit dieser Menschen! Doch immerhin führt ihre Unwissenheit dazu, dass Angehörige für die Schwerstarbeit, die sie leisten, und die belastenden Gefühle – wie Trauer, Aggression und Schuldgefühle –, die sie immer wieder aushalten müssen, keinerlei Anerkennung bekommen. Niemand sagt einmal: »Ich bewundere dich für deine Geduld, mit der du mit deinem Mann umgehst!«, »Ich habe allerhöchste Achtung vor dir und deinen Bemühungen, mit deiner Mutter einfühlsamer zu kommunizieren!« Dabei wäre genau diese wertschätzende Bestätigung so wichtig und kraftspendend für Angehörige!

Doch das Bedürfnis nach Anerkennung durch andere Menschen macht ja nur einen Teil des Geltungsbedürfnisses aus. Das Bedürfnis nach Selbstachtung und Anerkennung eigener Leistungen wird bei Angehörigen von Menschen mit Demenz ebenfalls selten ausreichend befriedigt. Vielmehr werden sie häufig durch Selbstzweifel und Schuldgefühle geplagt und belastet, also Gefühle, die man als »Gegenspieler« der Selbstachtung bezeichnen könnte! Immer wieder fühlen sie sich schlecht und schuldig aufgrund negativer Gedanken, mit denen sie hin und wieder über die erkrankte Person nachdenken, wegen regelmäßig wiederkehrender Ungeduld, angesichts ihres Wunsches, einfach alles hinzuschmeißen und zu verschwinden, aufgrund der Angst, nicht genug für die erkrankte Person zu tun, wegen der Momente, in denen sie gegen den Willen der erkrankten Person handeln müssen, oder angesichts der Zeiten, in denen sie die Betreuung der erkrankten Person einem anderen Menschen übertragen haben.

Das heißt, nicht nur durch andere Menschen erhalten Angehörige von Menschen mit Demenz wenig Anerkennung und wertschätzende Bestätigung – nicht einmal sie selbst zollen sich Anerkennung und Achtung.

Erfahrungen aus der »positiven Psychologie« zeigen aber, dass angemessenes und auf konkrete Aspekte bezogenes Selbstlob eine Quelle positiver Gefühle ist, die Menschen auch in schweren Zeiten sehr stärken und befähigen können.

Wer darin aber nicht geübt ist, wird feststellen, dass Selbstlob gar nicht so einfach ist. Das liegt unter anderen daran, dass uns altmodische Sprichwörter wie »Eigenlob stinkt« vermitteln, es sei nicht anständig – oder im Gegenteil: sogar hochnäsig –, sich selbst zu loben. Solche Redensarten sollten aber wohl besser in der Mottenkiste veralteter Sprüche verschwinden! Heute wissen wir, dass wertschätzende Gedanken und Wohlwollen sich selbst gegenüber das Leben erleichtern und dabei helfen, auch schwierige Lebenssituationen gut zu bewältigen, die eigene Kraft zu erkennen, geduldig mit sich selbst sein und sich weiterzuentwickeln.

Deshalb sollten Angehörige es sich zur guten Angewohnheit machen, sich selbst zu loben

- für jeden Konflikt mit der erkrankten Person, den sie vermieden haben,
- für jede schwierige Situation, die sie mit Geduld ertragen haben,
- für jede phantasievolle Ablenkung, mit der sie die erkrankte Person beruhigt haben,
- für jede Hilfestellung, die sie ihr gegeben haben,
- für jeden schönen und angenehmen Moment, den sie der erkrankten Person bereitet haben,
- für jeden Augenblick ihrer Solidarität und Loyalität mit einem kranken Menschen,
- und auch für jeden Freiraum, den sie sich selbst geschaffen haben,
- für jede Situation, in der sie einmal nur an sich selbst denken, und
- für die vielen weiteren Momente und Situationen ihres alltäglichen Lebens, die sie gemeistert haben und die ihre ganze Kraft, Phantasie, Geduld, Ausdauer, (Eigen-)Liebe und ihr Verständnis erfordern.

Die meisten Menschen, denen in psychotherapeutischen Sitzungen empfohlen wird zu lernen, sich selbst zu loben, reagieren auf diesen Rat skeptisch, weil sie meinen, dass »man das doch nicht macht!« Vielleicht fiele es uns leichter, diesen heilsamen Rat zu befolgen, wenn wir schon in Kinderjahren gehört hätten: »Aufrichtiges und authentisches Eigenlob riecht ganz wunderbar! Es duftet herrlich nach Selbstachtung und Selbstakzeptanz!«

Hilfe anzunehmen beweist Stärke

Weil es die Angehörigen sind, mit denen die Betreuung der erkrankten Person zu Hause steht und fällt, müssen sie lernen, für sich selbst zu sorgen. Diese Selbstsorge beinhaltet, die Verantwortung für die erkrankte Person abgeben zu können, um regelmäßig für sich selbst Freiräume zu schaffen, in denen man den eigenen Interessen und Bedürfnissen nachgehen kann.

Um Verantwortung abgeben zu können, müssen Angehörige Hilfe annehmen können oder sich Hilfe holen! Das fällt ihnen insbesondere dann schwer, wenn sie sich selbst als einen Menschen ansehen, der immer alles allein schafft.

Tatsächlich zeugt es von Stärke, Mut und sozialer Kompetenz, wenn Angehörige ihre Grenzen erkennen, sich selbst genügend wertschätzen, um sich Hilfe zu holen, und in der Lage sind, »Gutes« anzunehmen.

Wenn alle Menschen außerstande wären, sich Hilfe zu holen, gäbe es keine Hilfe und Mitmenschlichkeit mehr!

Notieren Sie, was Sie für sich gemacht haben

Ein Tagebuch zu führen, in dem man täglich tabellarisch notiert, welche der eigenen Bedürfnisse wie befriedigt wurden und was als unterstützend, entspannend und hilfreich erlebt wurde, kann helfen, sich immer wieder darüber bewusst darüber zu werden, welche Kraftquellen es gibt, und sich daran zu erinnern, sich immer wieder Zeit für selbst einzuräumen.

Nebenstehend finden Sie eine Tabelle, die als Kopiervorlage dienen kann. Sinnvoll ist es hierbei, wenn man abends den Tag Revue passieren lässt und sich überlegt: Habe ich genug getrunken, mich ausreichend und ausgewogen ernährt? Wie viele Stunden habe ich geschlafen? Habe ich gut geschlafen? Habe ich ausreichend soziale Kontakte gehabt? Habe ich mich bewegt? Was war heute nicht so gut? Was war wirklich gut bzw. schön?

Für jeden Tag steht eine ganze Zeile zur Verfügung, die nun stichpunktartig ausgefüllt werden kann. Am Ende jeder Zeile ist Platz für ein kurzes Fazit des Tages. Dort kann man gute Vorsätze aufschreiben: Was will ich ab morgen anders/besser machen? Was werde ich so beibehalten, weil es mir wirklich guttut? In der untersten Zeile soll ein Wochenfazit gegeben werden, das mir zeigt, wie gut ich für mich sorge. Natürlich müssen Sie nicht das vorgegebene Formular benutzen. Eine andere Form des Tagebuchführens ist selbstverständlich auch hilfreich, doch sollten Sie auch dabei körperliche Bedürfnisse, Sicherheitsbedürfnis, soziales Bedürfnis, Geltungsbedürfnis und Selbstverwirklichungsbedürfnis beachten.

» Lieben Sie sich jetzt – warten Sie nicht, bis Sie es richtig können. […] Wenn Sie heute nicht bereit sind, sich selbst zu lieben, dann werden Sie sich auch morgen nicht lieben, denn die Entschuldigung, die Sie heute benutzen, werden Sie auch morgen noch haben. «

(Louise L. Hay, amerikanische Lebensberaterin)

Was habe ich heute für mich getan?

	Ruhen und Schlafen				Essen und Trinken		Bewegung/ Sport	soziale Kontakte schöne Erlebnisse Hobbys	Was war nicht so gut?	Fazit
			Std.	gut/ schlecht	Was wurde wann gegessen?	Liter				
Mo										
Di										
Mi										
Do										
Fr										
Sa										
So										
Wochenfazit										

Wo finden Angehörige Hilfe?

Beratungsstellen helfen dabei, sich Entlastung im Alltag zu organisieren. Auch bei Fragen der späteren Versorgung und Betreuung stehen sie Angehörigen zur Seite.

Mit der Betreuung, Versorgung und Pflege einer Person mit Demenz haben Angehörige eine schwere und durchaus auch erfüllende Aufgabe übernommen. Aber glücklicherweise werden sie damit nicht allein gelassen. Es gibt verschiedene Einrichtungen der freien und öffentlichen Wohlfahrtspflege, in denen Angehörige in allen relevanten Angelegenheiten beraten und unterstützt werden. Welche Hilfsmöglichkeiten es gibt, wo sie zu fordern sind und welche rechtlichen Schritte bei der Pflege wichtig sind, schildert dieses Kapitel.

Welche Hilfen bieten Beratungsstellen?

Angehörigenberatungsstellen bieten vielfältige Hilfe und Entlastung an, um Angehörige bei der Betreuung einer Person zu unterstützen, die an Demenz leidet. Sie helfen auch bei der Suche nach geeigneten Versorgungsmöglichkeiten bzw. Wohnformen für die erkrankte Person, wenn der Angehörige die Betreuung, Versorgung und Pflege vorübergehend oder langfristig nicht mehr leisten kann. Meistens gibt es in den Beratungsstellen auch angeleitete Gruppen, in denen sich Angehörige austauschen und einander mit Rat und Verständnis zur Seite stehen.

Einstufung in Pflegegrade

1994 wurde das Gesetz zur sozialen Absicherung des Risikos der Pflegebedürftigkeit – das Pflegeversicherungsgesetz – verabschiedet. Das Ziel dieser Sozialversicherung ist es, Menschen zu helfen, die aufgrund einer Krankheit oder Behinderung bei den Verrichtungen des täglichen Lebens Hilfe benötigen. Zu diesen Verrichtungen gehören insbesondere Hilfen bei der täglichen Körperpflege, der Ernährung, der Haushaltsführung, dem Aufrechterhalten sozialer Kontakte, der Kommunikation und Informationsaufnahme, der Teilnahme an Veranstaltungen, der Mobilität, der Wahrnehmung von Arztbesuchen und Therapien etc.

Am 1.1. 2017 trat das Zweite Pflegestärkungsgesetz (PSG II) in Kraft. Seitdem wird die Pflegebedürftigkeit einer Person nicht mehr danach beurteilt, wie viele Minuten sie täglich auf die Hilfe anderer angewiesen ist, sondern danach, wie stark ihre Fähigkeit, den Alltag zu bewältigen, beeinträchtigt ist.

Mithilfe eines neuen Begutachtungssystems wird von einer Gutachterin bzw. einem Gutachter des Medizinischen Dienstes der Krankenkassen (MDK) das Ausmaß der jeweiligen Beeinträchtigungen der Selbständigkeit ermittelt. Drei Kriterien spielen hierbei eine entscheidende Rolle: die jeweiligen Beeinträchtigungen der zu begutachtenden Person, ihr Bedarf an Betreuung und ihre Möglichkeiten zur Teilhabe an gesellschaftlichen Aktivitäten. Während der Begutachtung der erkrankten Person in deren Wohnung vergibt die Gutachterin bzw. der Gutachter Punkte in den 6 folgenden Lebensbereichen: »Mobilität«, »kognitive und kommunikative Fähigkeiten«, »Verhaltensweisen und psychische Problemlagen«, »Selbstversorgung«, »Gestaltung des Alltagslebens und sozialer Kontakte«, »Bewältigung von und selbständiger Umgang mit krankheits- oder therapiebedingten Anforderungen oder Belastungen«. Auf der Grundlage dieser Bepunktung erfolgt schließlich die Einstufung in einen der 5 Pflegegrade.

Je nach Pflegegrad erhält die pflegebedürftige Person, die den Antrag gestellt hat, unterschiedlich hohe Geld- und/oder Sachleistungen. Pflegegeld bekommt sie, wenn sie von einer Privatperson, also in der Regel einem Angehörigen, betreut, versorgt oder gepflegt wird. Mit Pflegesachleistungen werden Leistungen bezahlt, die durch Pflegedienste ambulant erbracht werden. Pflegegeld und Pflegesachleistungen können auch anteilig kombiniert werden.

- Pflegegrad 1 erhalten die Menschen, bei denen sich durch die Begutachtung eine »geringe Beeinträchtigung der Selbstständigkeit« zeigt,
- Pflegegrad 2 erhalten die Menschen mit »erheblicher Beeinträchtigung der Selbstständigkeit«,
- Pflegegrad 3 steht für eine »schwere Beeinträchtigung der Selbstständigkeit«,
- Pflegegrad 4 steht für »schwerste Beeinträchtigung der Selbstständigkeit« und
- Pflegegrad 5 steht für »schwerste Beeinträchtigung der Selbstständigkeit und mit besonderen Anforderungen an die pflegerische Versorgung«.

Je höher der Pflegegrad, desto größer der Umfang der Leistungen.

Leistungen aus der Pflegeversicherung beantragen Wer Leistungen der Pflegeversicherung beziehen möchte, muss dies bei seiner Pflegekasse beantragen. Diese schickt daraufhin zu einem vereinbarten Zeitpunkt eine Person des Medizinischen Dienstes der Krankenkassen (MDK) in den Haushalt der erkrankten Person, um den Hilfebedarf zu begutachten. Hierbei versucht der MDK festzustellen, bei welchen Verrichtungen der Betreffende Hilfe und Unterstützung braucht, und schätzt das Ausmaß der Beeinträchtigungen ab.

Für Angehörige ist es möglicherweise sehr wichtig, dass die erkrankte Person einen Pflegegrad erhält, weil sie Pflegegeld und/ oder Pflegesachmittel brauchen, um Hilfs- und Unterstützungsangebote zu bezahlen, die sie ohne die Leistungen der Pflegeversicherung nicht finanzieren könnten, wie z.B.

Pflegehilfsmittel, ambulante Hilfen durch eine Sozialstation, teilstationäre Tagespflege, stationäre Kurzzeitpflege oder eine stundenweise Betreuung durch einen Besuchsdienst.

Vorbereitung auf den MDK-Besuch Es ist sinnvoll, wenn Angehörige sich – möglicherweise gemeinsam mit der erkrankten Person – bereits vor dem Besuch des MDK überlegen, in welchen Bereichen des alltäglichen Lebens die erkrankte Person welche Schwierigkeiten und Probleme hat und welche sie Unterstützung braucht. Besonders hilfreich ist es, die Beeinträchtigungen differenziert nach den oben beschriebenen 6 Lebensbereichen zu sammeln. Die nebenstehenden Grafiken, die der MDK veröffentlicht hat, zeigen, welche Beeinträchtigungen von Bedeutung sind und wie diese bei der Begutachtung später gewichtet werden.

Lassen Sie sich von einer Beratungsstelle unterstützen

Aus diesen Gründen ist es für Angehörige empfehlenswert, bei der Beantragung eines Pflegegrades für die erkrankte Person die Profis einer Angehörigenberatungsstelle oder eines ambulanten Pflegedienstes zurate zu ziehen. Hier erhalten sie Unterstützung in den formalen Angelegenheiten und Tipps, wie sie sich während der Begutachtung selbst verhalten können. Auf diese Weise können manche Aussagen der erkrankten Person ins rechte Licht gerückt werden, sodass der MDK sich ein realistisches Bild von den Beeinträchtigungen der Person machen kann.

Außerdem sollten alle relevanten Arztbriefe und medizinischen Unterlagen, Medikamentenpläne und Pflegedokumentationen von ambulanten Pflegediensten (falls vorhanden) vorbereitet werden. Und zuletzt soll noch darauf hingewiesen werden, dass die erkrankte Person bei der Begutachtung besser nicht allein sein sollte, sondern ein Angehöriger oder jemand, der die häusliche Betreuungs-, Versorgungs- und Pflegesituation gut kennt, anwesend ist.

Weitere Informationen kann man natürlich auch im Internet, z. B. auf Seiten des MDK (www.mdk.de/versicherte/pflegebegutachtung/) finden.

Bei der Begutachtung durch den MDK Menschen mit Demenz bemühen sich oft – gerade vor fremden Personen –, sich von ihrer besten Seite zu zeigen. Dies tun sie auch, wenn eine Gutachterin oder ein Gutachter des MDK zu ihnen nach Hause kommt. Sie geben sich also alle Mühe, so kompetent, leistungsfähig und unbeeinträchtigt wie möglich zu wirken, sodass die begutachtende Person möglicherweise ein völlig falsches Bild von ihrer tatsächlichen häuslichen Situation bekommt.

Unterstützung organisieren

Für Angehörige ist es meist gar nicht so leicht, sich in Belastungssituationen Hilfe zu holen. Zum einen sind sie es vielleicht nicht gewohnt, sich Unterstützung zu holen, und sind daher sehr unsicher, wie sie es anstellen sollen. Zum anderen scheinen ihnen die Überlegungen, welche konkrete Hilfe sie wann und wie oft benötigen und wer als Helfer dafür überhaupt infrage käme, zunächst eine zusätzliche Anstrengung zu sein.

Viele Angehörige denken dann: »In der Zeit, die ich brauche, um mir Hilfe von anderen zu organisieren, habe ich meine Aufgaben schon dreimal selbst erledigt!« Zwar mag dies für die einzelne Situation ja tatsächlich zutreffen, doch ist diese Haltung auf Dauer falsch! Vielleicht ist es wirklich mühsam und aufwendig, sich Unterstützung zu organisieren, und eventuell kommt es auch anfänglich zu einigen Schwierigkeiten mit den »neuen« Helfern, Unterstützern und Dienstleistern. Doch je besser sich das »Hilfsprogramm« eingespielt hat, desto mehr wird für Angehörige spürbar, dass sie tatsächlich dadurch entlastet werden und Freiräume für sich gewinnen.

Einen Kreis von Unterstützerinnen und Unterstützern aufbauen Weil die Erfahrungen zeigen, dass Angehörige von Menschen mit Demenz häufig Probleme haben, sich aus eigenem Antrieb Hilfe zu organisieren, haben es sich Beratungsstellen auch zum Ziel gemacht, Hilfe zur Selbsthilfe anzubieten: Gemeinsam mit den Angehörigen stellen die Mitarbeiterinnen und Mitarbeiter zunächst Überlegungen an, in welchen Aufgabenbereichen die pflegende Person wie entlastet werden könnte. Als Ergebnis dieser Überlegungen kann eine Liste mit ganz konkreten Aufgaben aufgestellt werden, bei denen sich die Angehörige Hilfe und Unterstützung wünscht. Anschließend gilt es festzustellen, wer aus dem Verwandten-, Bekannten-, Freundes- und Nachbarkreis grundsätzlich für welche Hilfs- bzw. Unterstützungsleistung infrage käme und gefragt werden könnte. Schritt für Schritt werde Angehörige bei der Organisation und Planung ihres »Kreises von Unterstützerinnen und Unterstützern« begleitet.

Eine geeignete Unterbringung finden

Wenn die häusliche Pflege und Betreuung der Person mit Demenz entweder endgültig nicht mehr oder nur noch zeitweilig aufrechterhalten werden kann, stehen Angehörige vor der schwierigen Frage, wo die

Schauen Sie sich früh um

Es existieren mittlerweile eine ganze Reihe von Betreuungs- Versorgungs-, Pflege- und Wohnmöglichkeiten für Menschen mit Demenz: ambulante Pflegedienste, Tagespflegeeinrichtungen, Kurzzeitpflegeplätzen, Pflegeheime, ambulant betreute Wohngemeinschaften, Betreuungsgruppen etc. Einige dieser Einrichtungen sind speziell auf die Bedürfnisse von Menschen mit Demenz ausgerichtet.
Auch wenn Angehörige glauben, dass es für ihre erkrankte Person (noch) nicht infrage kommt, von anderen Personen oder Institutionen betreut, versorgt oder gepflegt zu werden, sollten sie sich doch sicherheitshalber einmal umsehen und sich über spezielle Angebote für Menschen mit Demenz informieren. Die Sicherheit, eine gute Möglichkeit gefunden zu haben, die einen positiven Eindruck macht und von der man annehmen kann, dass die erkrankte Person dort gut versorgt sein würde, stellt für Angehörige eine große Entlastung dar – auch wenn sie diese Möglichkeit jetzt noch gar nicht brauchen!

erkrankte Person zukünftig betreut, versorgt und gepflegt werden kann.

Über die verschiedenen Betreuungs-, Versorgungs- und Wohnmöglichkeiten informiert die Beratungsstelle und berät darüber, welche Alternative in der jeweiligen Situation sinnvoll erscheint.

Finanzierung Die Kosten all dieser Betreuungs-, Versorgungs-, Pflege- und Wohnmöglichkeiten sind bis zu einem gewissen Umfang durch die Leistungen der Pflegeversicherung gedeckt. Wie groß der Anteil der Kosten ist, die die erkrankten Personen selbst bzw. die Angehörigen zusätzlich tragen müssen, hängt zum einen davon ab, ob und welchen Pflegegrad die erkrankte Person hat, und zum anderen vom Umfang der Leistungen, die in Anspruch genommen werden.

Beratungsstellen informieren über die aktuellen Möglichkeiten und unterstützen den Angehörigen in den finanziellen Fragen.

Beratung, Gespräche und Selbsthilfegruppen

Um Angehörige in psychischer Hinsicht zu unterstützen und zu begleiten, bieten Angehörigenberatungsstellen regelmäßig Sprechzeiten an, in denen Angehörige über belastende Gedanken und Gefühle reden und sich bei aktuellen Problemen Rat holen können.

> *Angehörigenberatungsstellen sind neben vertrauten Menschen aus der privaten Umgebung wichtige Ansprechpartner für Angehörige von Menschen mit Demenz. Sie unterstützen und begleiten sie von Beginn der Demenz an mit Rat und Tat.*

Darüber hinaus organisieren die meisten dieser Beratungsstellen entweder angeleitete Angehörigengruppen oder bieten Raum und Möglichkeit für die Bildung von Selbsthilfegruppen, die nicht angeleitet werden.

Diese unterstützende Begleitung sollten Angehörige unbedingt in Anspruch nehmen. Mit der Hilfe, die ihnen von verschiedenen Seiten zuteilwird, können sie es schaffen, die Belastungen nicht mehr alleine auf sich zu nehmen, sondern auf mehrere Schultern zu verteilen. So kann ihre Situation als betreuende, versorgende und pflegende Angehörige nachhaltig verbessert werden. Dadurch reduziert sich die Gefahr, zum »heimlichen Opfer der Demenz« zu werden, wie manche Autoren Angehörige nennen, die durch die Betreuung, Versorgung und Pflege der erkrankten Person selbst krank werden.

Vielleicht gelingt es Angehörigen dann – zumindest hin und wieder –, auch positive Aspekte darin zu erkennen, dass sie einen ihnen nahestehenden Menschen versorgen, der an einer Demenz leidet. Vielleicht gelingt es ihnen dann auch, Zufriedenheit zu empfinden, wenn es der erkrankten Person gutzugehen scheint, manche »ungewöhnliche« Situation auch einmal mit Humor zu nehmen, und sich der erkrankten Person auf einer emotionalen Ebene der Beziehung nahe zu fühlen.

Vorsorgende Maßnahmen

Am besten regelt man Fragen der späteren Versorgung und Betreuung rechtzeitig. Zu diesen wichtigen Dingen gehören Patientenverfügung, Betreuungsverfügung und/oder Vorsorgevollmacht.

Viele Menschen glauben, dass sie keine Vorsorge treffen müssen für den Fall, dass sie aufgrund einer Krankheit oder eines Unfalls nicht mehr selbst für sich entscheiden können, weil sie davon ausgehen, ihr Ehepartner, ihre Kinder oder Geschwister könnten in einer solchen Situation die Entscheidung für sie fällen. Ohne besondere Voraussetzungen ist dies jedoch nicht so einfach möglich: Hat der Angehörige nämlich keine eindeutige, schriftlich niedergelegte Willensbekundung der erkrankten Person vorzuweisen, ist er nicht ermächtigt, für sie zu verfügen. Dies gilt grundsätzlich auch für Angehörige von Menschen mit Demenz.

Angehörigenberatungsstellen klären darüber auf, welche Vorsorgemaßnahmen überhaupt infrage kommen, und helfen bei der Wahl der Maßnahme, die für den individuellen Einzelfall am sinnvollsten scheint.

Grundsätzlich gibt es drei juristische Instrumente, über die Beratungsstellen informieren und bei deren Realisierung sie behilflich sein können, nämlich die
- Vorsorgevollmacht,
- Betreuungsverfügung und
- Patientenverfügung.

Sorgen Sie vor

Daher ist es wichtig und äußerst sinnvoll, dass Angehörige die erkrankte Person darin bestärken und unterstützen, hinreichende Vorsorgemaßnahmen zu treffen – und zwar am besten in einem frühen Demenzstadium, in dem sie noch selbstbestimmt Stellung zu den wichtigen Fragen ihres Lebens nehmen kann. Auch für Angehörige, die später möglicherweise für die erkrankte Person Entscheidungen fällen müssen, ist es wichtig, ihren Willen genau zu kennen und die entsprechenden Unterlagen von ihr zu erhalten.

Vorsorgevollmacht

Mit einer Vorsorgevollmacht erteilt man einer Vertrauensperson die Erlaubnis und die Macht, einen selbst zu einem zukünftigen Zeitpunkt zu vertreten und in seinem Auftrag zu handeln. Diesen zukünftigen Zeitpunkt kann man selbst bestimmen. So kann man festlegen, dass die Vollmacht erst dann wirksam ist, wenn durch ein fachärztliches Attest die eigene Geschäftsunfähigkeit bestätigt wird. Doch ist dies nicht ratsam, da eine Vollmacht, die an Bedingungen geknüpft ist, nicht schnell einsatzfähig ist.

Die Vollmacht kann sich – im Falle sogenannter Spezialvollmachten – nur auf spezielle, vorab festgelegte Aufgabenbereiche beziehen, wie z. B. die Verfügung über die Konten oder die Vertretung bei gesundheitsbezogenen Entscheidungen. Demgegenüber erlaubt man im Rahmen einer Generalvollmacht die Vertretung in allen Bereichen und Fragen des Lebens. Beide Vollmachten (Spezial- und Generalvollmachten) können eine Einzelperson oder mehrere Personen bevollmächtigen.

Es gibt aber Situationen, in denen die bevollmächtigte Person trotz Generalvollmacht nicht ermächtigt ist, wirksame Entscheidungen alleine zu fällen, z. B. wenn es um Fragen
- lebensgefährlicher medizinischer Eingriffe,
- Unterbringung in eine geschlossene Institution oder
- Organspenden

geht. Auch erkennen Banken eine Vollmacht meist nur dann an, wenn die Unterschrift in der Bank selbst oder durch einen Notar beglaubigt wurde. Grundsätzlich ist eine notarielle Beurkundung einer Vollmacht nicht erforderlich, außer wenn es auch um die Verfügung über Grundstücke geht.

Angehörige sollten mit der erkrankten Person besprechen, ob eine solche Vorsorgevollmacht für sie infrage kommen könnte. Diese Entscheidung wird ihr dann sicher leichtfallen, wenn ein wirkliches Vertrauensverhältnis zwischen ihr und dem Angehörigen besteht.

Eine solche Vollmacht hat zwar den Vorteil, dass sie Angehörigen die Möglichkeit zum schnellen, unbürokratischen Handeln im Notfall gibt. Es darf jedoch auch nicht verschwiegen werden, dass eine Vollmacht durchaus auch eine gewisse Gefahr des Missbrauchs in sich birgt, weil sie den Bevollmächtigten – je nach Formulierung – weitreichende Befugnisse einräumen kann. Es gibt natürlich eine ganze Reihe Möglichkeiten für die ausstellenden Personen, sich vor möglichem Missbrauch der Vollmacht zu schützen. Hierfür ist es dringend geraten, sich in Beratungsstellen (oder bei einem Rechtsanwalt oder einem Notar) Informationen einzuholen.

Kümmern Sie sich frühzeitig

Wenn die Vorsorgevollmacht meines an Demenz erkrankten Angehörigen rechtswirksam sein soll, setzt dies voraus, dass sie zum Zeitpunkt des Erteilens voll geschäftsfähig ist. Ihr behandelnder Arzt bzw. ihre Ärztin kann – wenn dies gewissenhaft geprüft wurde – bestätigen, dass die erkrankte Person zum Zeitpunkt der Unterschrift die Tragweite ihres Handelns verstanden hat und voll testierfähig war. Die Vollmacht besitzt in dem Moment Außenwirksamkeit, in dem sie ausgestellt ist. Sie ist jedoch nur wirksam, wenn der Angehörige als Bevollmächtigter die Vollmachtsurkunde besitzt.

Betreuungsverfügung

Am 1. Januar 1992 ist das Betreuungsrecht in Kraft getreten und hat damit das Entmündigungsverfahren abgelöst. Von einer Betreuung sind erwachsene Menschen betroffen, die ihre Angelegenheiten des täglichen Lebens entweder gar nicht mehr oder nur noch teilweise erledigen können – aufgrund einer psychischen Krankheit oder einer körperlichen, einer geistigen oder einer seelischen Behinderung. Was heißt das konkret? Wenn ein Mensch aufgrund einer Erkrankung, die zu geistigen Beeinträchtigungen führt – wie dies bei einer Demenz der Fall ist – z. B. nicht mehr in der Lage ist, seine Geldgeschäfte zu führen, dann bestellt das Gericht einen Betreuer. Neben den Aufgabenkreisen der Vermögens-, Renten- und Wohnungsverwaltung gibt es auch die Bereiche Gesundheitsvorsorge und Aufenthalt.

Betreuerinnen und Betreuer sind die gesetzliche Vertretungen der betreuten Personen – aber nur für die Aufgabenkreise, die vom Gericht festgelegt wurden. Das Gericht wird normalerweise keine gesetzliche Betreuung einrichten, wenn die erkrankte Person einem Angehörigen eine Vorsorgevollmacht erteilt hat und das Gericht Kenntnis von dieser Vollmacht hat. Gibt es keine solche Vollmacht, ist in solchen Situationen, in der

Menschen ihre Angelegenheiten nicht mehr erledigen können, die Einrichtung einer Betreuung erforderlich.

Bei der Wahl eines Betreuers oder einer Betreuerin berücksichtigt das Gericht Verwandte und Bekannte der erkrankten Person. Ist aber niemand aus diesen Kreisen aus familiären, beruflichen oder sonstigen Gründen in der Lage oder bereit, die Betreuung zu übernehmen, wird ein Berufsbetreuer bzw. eine Berufsbetreuerin eingesetzt.

Da der Wunsch der betroffenen Person auch für das Gericht von großer Bedeutung ist, ist es sinnvoll, für den Betreuungsfall eine sogenannte Betreuungsverfügung zu verfassen. Auch Menschen mit Demenz können noch in »guten Tagen« eine solche Betreuungsverfügung abfassen, in der sie bestimmen können, wen sie sich als Betreuer oder Betreuerin wünschen und wen sie hingegen für diese Funktion ausschließen. Sie können darin auch festlegen, welche Wünsche von einem Betreuer bzw. einer Betreuerin respektiert werden sollen. Die schriftlich abgefasste Verfügung sollte eine Person des Vertrauens erhalten, die diese im Betreuungsfall dem Gericht übergibt.

Während Betreuer vom Gericht kontrolliert werden, ist dies bei bevollmächtigten Personen, also Person, die eine Vorsorgevollmacht erhalten haben, nicht der Fall. Diese »Freiheit« der Bevollmächtigten kann für Menschen mit Demenz von Vorteil sein, wenn diese bevollmächtigten Personen wirklich vertrauensvoll im Sinne der erkranken Personen handeln. Hierbei gibt es weniger bürokratische Hürden und weniger formale Kontrollen. Diese »Freiheit« kann sich jedoch für erkrankte Personen auch nachteilig auswirken, wenn die bevollmächtigte Person nicht vertrauenswürdig ist und die ihr übertragene Macht für eigene Zwecke ausnutzt. Die Erteilung einer Vollmacht setzt daher ein besonderes Vertrauensverhältnis voraus. Besteht jedoch der Verdacht, dass eine bevollmächtigte Person die Vollmacht missbraucht, kann das Gericht eine Kontrollperson einsetzen, die das Recht und die Pflicht hat, die Entscheidungen der bevollmächtigten Person zu kontrollieren.

Patientenverfügung

Solange ein Mensch mit Demenz Grund, Verlauf und Folgen von medizinischen Untersuchungen und Behandlungen verstehen und nach dem eigenen Willen Entscheidungen über seine medizinische Behandlung treffen kann, muss sich jede Ärztin und jeder Arzt an seine Willensbekundungen halten. Entscheidet sich z. B. ein Mensch, der in einem frühen Stadium an einer Demenz erkrankt ist, gegen eine Grippeimpfung, dann darf keine Ärztin und kein Arzt ihm diese Spritze verabreichen – und zwar selbst dann nicht, wenn sie oder er davon überzeugt ist, dass aufgrund des allgemeinen Gesundheitszustandes der erkrankten Person eine solche Impfung dringend erforderlich wäre. Dennoch ist diese Situation ganz klar und eindeutig: Wenn die erkrankte Person die Behandlung nicht will, wird sie nicht durchgeführt! Gäbe die Ärztin oder der Arzt der Person die Spritze dennoch, machten sie sich strafbar.

Mutmaßlicher Wille des Kranken Wesentlich schwieriger ist die Situation für Ärzte und Angehörige, wenn ein Mensch mit Demenz nicht mehr entscheidungs-, bzw. einwilligungsfähig ist und die Folgen von Behandlungen und Behandlungsverzicht nicht mehr überblicken kann. In diesem Fall muss man sich nach dem sogenannten mutmaßlichen Willen der erkrankten Person entscheiden. Dann gilt es also zu überlegen, welchen Willen die Person hätte, wenn sie die ganze Situation noch verstünde und eine Entscheidung aus freiem Willen treffen könnte.

Um diese schwierige Situation zu vermeiden und um zu verhindern, dass eine Person mit Demenz medizinische Untersuchungen und Behandlungen bekommt, die sie nicht möchte, kann sie in Zeiten, in denen sie noch selbstbestimmt entscheiden kann, eine Patientenverfügung abfassen. In dieser Patientenverfügung bestimmt sie, auf welche Behandlungen und Untersuchungen sie unter welchen Umständen verzichten möchte, welche Behandlungen unter welchen Umständen abgebrochen und welche fortgeführt werden sollen. Kombiniert sie eine Patientenverfügung mit einer Vorsorgevollmacht oder einer Betreuungsverfügung, kann sie dadurch festlegen, wer ihrem mutmaßlichen Willen später einmal Ausdruck verleihen soll, wenn sie selbst es nicht mehr kann. Bei speziellen Fragen empfiehlt es sich, die Patientenverfügung gemeinsam mit der behandelnden Ärztin bzw. dem behandelnden Arzt auszufüllen.

Vordrucke

Empfehlenswert z. B. für Bayern sind die Vordrucke des Bayerischen Staatsministeriums der Justiz. Sie sind veröffentlicht in der Broschüre: »Vorsorge für Unfall, Krankheit und Alter durch Vollmacht, Betreuungsverfügung, Patientenverfügung« und können entweder im Internet unter der Adresse www.justiz.bayern.de/service/broschueren/ heruntergeladen oder im Buchhandel gekauft werden.

Klären Sie die rechtliche Seite möglichst frühzeitig

Diese drei juristischen Instrumente zur Vorsorge können auch kombiniert werden. In jedem Fall sollten Angehörige, falls dies noch möglich ist, mit der erkrankten Person über diese verschiedenen Möglichkeiten sprechen, um die beste Lösung für ihre individuelle Situation zu finden. Solche Gespräche geben Angehörigen größere Sicherheit, sodass ihnen später Entscheidungen leichter fallen werden. Hilfe beim Abfassen solcher Verfügungen bzw. Vollmachten geben Angehörigenberatungsstellen.

Angehörige wird es vielleicht schwerfallen, mit der erkrankten Person über das Thema »Vorsorge« zu sprechen. Denn zum einen ist die Beschäftigung mit der letzten Lebensphase und der Möglichkeit, selbst einmal entscheidungsunfähig zu sein, bei vielen Menschen sehr stark mit Angst besetzt und ruft daher große Abwehr hervor. Zum anderen verbinden viele Kranke mit diesen Vorsorgemaßnahmen noch immer den Gedanken an Entmündigung und Entrechtung, weshalb sie häufig misstrauisch auf derartige Vorschläge der Angehörigen reagieren.

Diesen Abneigungen können Angehörige teilweise dadurch begegnen, dass sie die »Vorsorge« als gemeinsames Projekt angehen: Die erkrankte Person und die Angehörige machen sich gemeinsam Gedanken über mögliche Vorsorgemaßnahmen und verfassen beide jeweils für sich selbst die entsprechenden Vollmachten bzw. Verfügungen – zur gegenseitigen Absicherung. Möglicherweise können noch weitere Familienangehörige oder Freunde zu solchen Vorsorgemaßnahmen motiviert werden. Durch das gemeinsame Besprechen und Handeln verliert die Abfassung von Vollmachten und Verfügungen die Bedrohlichkeit. Denn es zeigt der erkrankten Person, dass auch andere Menschen sich Gedanken um ihre Zukunft machen und für solche möglichen Situationen vorsorgen wollen, in denen sie nicht mehr selbstständig Entscheidungen für sich treffen können.

Online-Video: Lernen zu verstehen

Die Kommunikation mit Menschen mit Demenz stellt eine große Herausforderung dar. Mit der Methode der einfühlsamen Kommunikation gelingt es, die Bedürfnisse von Demenzkranken zu erkennen und sich darauf einzulassen. Das Kommunikationsmodell von Schultz von Thun hilft dabei, zu verstehen, was in der Kommunikation zwischen Demenzkranken und ihren Angehörigen häufig schiefläuft und warum es immer wieder zu Konflikten kommt.
Das Online-Video zeigt, wie es besser gelingt und worauf es bei der Kommunikation mit Demenzkranken ankommt. Lernen Sie, in einfachen Worten und Gesten zu sprechen, ein harmonisches Miteinander zu schaffen und typische Konflikte zu lösen.

Das Video finden Sie auf dem TRIAS Verlag-Youtube-Kanal unter https://youtu.be/GXblxVXcka8

Service

Zitierte Literatur

Engel S. Belastungserleben bei Angehörigen Demenzkranker aufgrund von Kommunikationsstörungen. Berlin: LIT; 2007a

Engel S. Gestörte Kommunikation bei Demenz aus Sicht der Angehörigen. Zeitschrift für Gerontopsychologie und -psychiatrie 2007b; 20 (4): 269–276

Harris TA. Ich bin o.k. Du bist o.k. Reinbek bei Hamburg: rororo; 1975

Hirsch M. Schuld und Schuldgefühl. Vandenhoek & Ruprecht: Göttingen; 2017

Howorth P, Saper J. The dimensions of insight in people with dementia. Aging Ment Health 2003, 7 (2): 113–122

Münzing-Ruef I. Kursbuch gesunde Ernährung. München: Heyne; 2000

Kitwood T. Demenz: der person-zentrierte Ansatz im Umgang mit verwirrten Menschen. Bern: Hogrefe; 2019

Hay LL. Das große Buch der heilenden Gedanken. Berlin: Ullstein; 2004

Maslow AH. Motivation und Persönlichkeit. Reinbek bei Hamburg: Rowohlt; 2018

Powell J. Hilfen zur Kommunikation bei Demenz. Köln: KDA; 2002

Romero B, Eder G. Selbst-Erhaltungs-Therapie (SET). Konzepte einer neuropsychologischen Therapie bei Alzheimer-Kranken. Zeitschrift für Gerontopsychologie und -psychiatrie 1992, 5: 267–282

Schulz von Thun F. Miteinander reden. Reinbek bei Hamburg: rororo; 2014

Adressen, die weiterhelfen

Multiplikatorinnen und Multiplikatoren der Angehörigenschulung »EduKation demenz«
https://schulung-demenz.de/angehoerigenschulungen-in-ihrer-naehe/

Deutsche Alzheimer Gesellschaft e. V.
Friedrichstr. 236, 10969 Berlin
Tel.: 030–2 59 37 95–0, Fax 030–2 59 37 95–29
www.deutsche-alzheimer.de

Auf dieser Seite gibt es sehr viele Informationen für Angehörige – außerdem stehen die Beraterinnen für Informationen zur Verfügung unter der bundeseinheitlichen Telefonnummer: 0 18 03–17 10 17.

Alzheimer Angehörigen-Initiative e. V.
Reinickendorfer Str. 61,
13347 Berlin
Tel.: 030–47 37 89 95, Fax: 030–47 37 89 97
E-Mail: aai@alzheimerforum.de
www.alzheimerforum.de

Angehörige von Demenzkranken erhalten hier Adressen regionaler Betreuungs- und Entlastungsangebote sowie der Beratungsstellen und Selbsthilfegruppen in Wohnortnähe.

Bundesarbeitsgemeinschaft für Angehörigenberatungsstellen (BAGA)
www.baga.de
Direkter Kontakt über Josef Reeker,
Tel.: 0171–87 74 55,
E-Mail: info@baga.de

Hier erhalten Angehörige Informationen über Beratungsstellen und Unterstützungsangebote in Wohnortnähe.

Register

A

B

C

D

Liebe Leserin, lieber Leser,

hat Ihnen dieses Buch weitergeholfen? Für Anregungen, Kritik, aber auch für Lob sind wir offen. So können wir in Zukunft noch besser auf Ihre Wünsche eingehen. Schreiben Sie uns, denn Ihre Meinung zählt!

Ihr TRIAS Verlag

E-Mail-Leserservice
kundenservice.trias-verlag.de

Lektorat TRIAS Verlag
Postfach 30 05 04
70445 Stuttgart

Abonnieren Sie unsere Newsletter:
www.trias-verlag.de/newsletter

Besuchen Sie uns auf facebook
www.facebook.com/trias.tut.mir.gut

Besuchen Sie uns auf facebook
www.facebook.com/mama.mag.trias

Folgen Sie uns auf Instagram
www.instagram.com/trias_verlag

Lassen Sie sich inspirieren
www.pinterest.com/triasverlag

Bibliografische Information der Deutschen Nationalbibliothek
Die Deutsche Nationalbibliothek verzeichnet diese Publikation in der Deutschen Nationalbibliografie; detaillierte bibliografische Daten sind im Internet über http://dnb.d-nb.de abrufbar.

Programmplanung: Katja Liese
Projektmanagement: Annalena Müller
Redaktion: Dr. Thamar Triebel
Bildredaktion: Christoph Frick, Caroline Merdian
Umschlaggestaltung und Layout: CYCLUS · Visuelle Kommunikation, Stuttgart

Bildnachweis:
Fotos im Innenteil: Simone Schneider, Stuttgart
Zeichnungen: S. 61, 62, 107, 110, 115, 149:
Grafikbüro Schaaf, Bellheim; alle übrigen: Martin Koch

Die abgebildeten Personen haben in keiner Weise etwas mit der Krankheit zu tun.

Dank geht an die beiden Schauspielerinnen Kathrin Kestler und Gundi-Anna Schick, die als Models an diesem Buch mitgewirkt haben.

3. überarbeitete Auflage 2021

© 2021. Thieme. All rights reserved.
TRIAS Verlag in Georg Thieme Verlag KG
Rüdigerstraße 14, 70469 Stuttgart, Germany
www.trias-verlag.de

© 1. und 2. Auflage 2006, 2012 TRIAS Verlag in MVS Medizinverlage Stuttgart GmbH & Co. KG, Oswald-Hesse-Straße 50, 70469 Stuttgart

Printed in Germany

Reemers Publishing Services GmbH, Krefeld
gesetzt in Adobe Indesign CC 2020
Druck: Westermann Druck Zwickau GmbH, Zwickau

Gedruckt auf chlorfrei gebleichtem Papier

ISBN 978-3-432-10873-5
Auch erhältlich als E-Book:
eISBN (ePub) 978-3-432-10874-2

1 2 3 4 5 6

Wichtiger Hinweis: Wie jede Wissenschaft ist die Medizin ständigen Entwicklungen unterworfen. Forschung und klinische Erfahrung erweitern unsere Erkenntnisse. Ganz besonders gilt das für die Behandlung und die medikamentöse Therapie. Bei allen in diesem Werk erwähnten Dosierungen oder Applikationen, bei Rezepten und Übungsanleitungen, bei Empfehlungen und Tipps dürfen Sie darauf vertrauen: Autoren, Herausgeber und Verlag haben große Sorgfalt darauf verwandt, dass diese Angaben dem Wissensstand bei Fertigstellung des Werkes entsprechen. Rezepte werden gekocht und ausprobiert. Übungen und Übungsreihen haben sich in der Praxis erfolgreich bewährt.

Eine Garantie kann jedoch nicht übernommen werden. Eine Haftung des Autors, des Verlags oder seiner Beauftragten für Personen-, Sach- oder Vermögensschäden ist ausgeschlossen.

Geschützte Warennamen (Warenzeichen) werden nicht besonders kenntlich gemacht. Aus dem Fehlen eines solchen Hinweises kann also nicht geschlossen werden, dass es sich um einen freien Warennamen handelt.

Das Werk, einschließlich aller seiner Teile, ist urheberrechtlich geschützt. Jede Verwertung außerhalb der engen Grenzen des Urheberrechtsgesetzes ist ohne Zustimmung des Verlags unzulässig und strafbar. Das gilt insbesondere für Vervielfältigungen, Übersetzungen, Mikroverfilmungen und die Einspeicherung und Verarbeitung in elektronischen Systemen.

Datenschutz
Wo datenschutzrechtlich erforderlich, wurden die Namen und weitere Daten von Personen redaktionell verändert (Tarnnamen). Dies ist grundsätzlich der Fall bei Patienten, ihren Angehörigen und Freunden, z. T. auch bei weiteren Personen, die z. B. in die Behandlung von Patienten eingebunden sind.